Emma

Ein anderer Blick

UNRAST

Emma

Ein anderer Blick

Feministischer Comic gegen die Zumutungen des Alltags

aus dem Französischen
von Julia Schaefermeyer

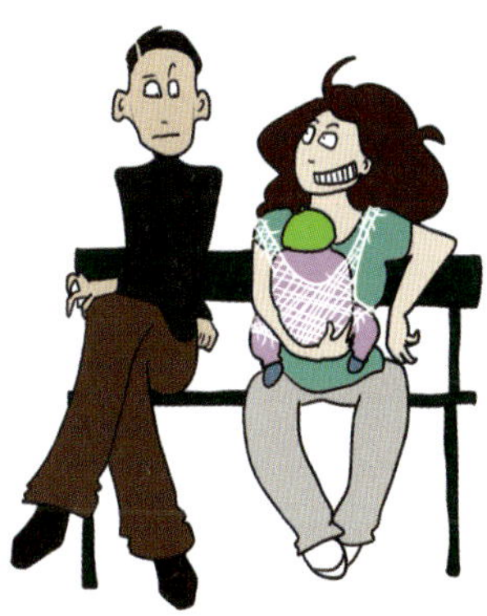

UNRAST

Bibliografische Information der Deutschen Bibliothek
Die Deutsche Bibliothek verzeichnet diese Publikation in der Deutschen Nationalbibliografie; detaillierte bibliografische Daten sind im Internet über http://dnb.de abrufbar.

Emma
Ein anderer Blick
3. Auflage, Januar 2024
ISBN 978-3-89771-330-7

www.unrast-verlag.de – kontakt@unrast-verlag.de
Mitglied in der assoziation Linker Verlage (aLiVe)

Titel der Originalausgabe:
Un autre regard
Trucs en vrac pour voir les choses autrement,
Band 1 und Band 2

Umschlag: Unrast, Münster
Satz: UNRAST Verlag, Münster
Druck: Multiprint, Kostinbrod

Inhaltsverzeichnis

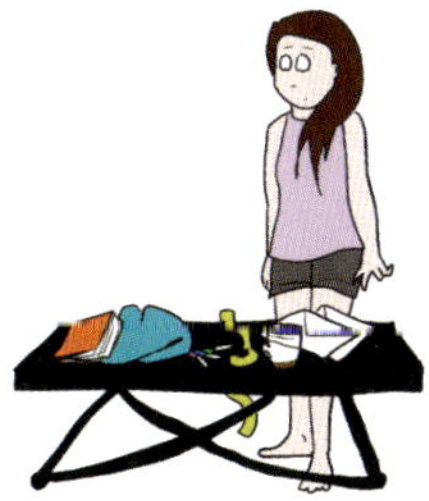

1

Du hättest nur fragen müssen

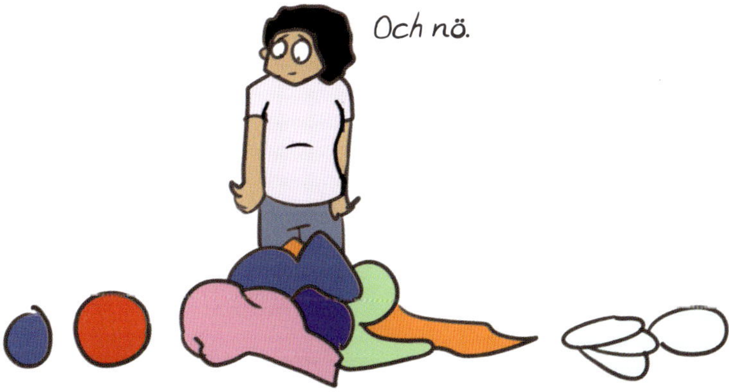

Kurz nachdem ich meinen ersten Job angefangen hatte, war ich bei einer Kollegin zum Abendessen eingeladen.

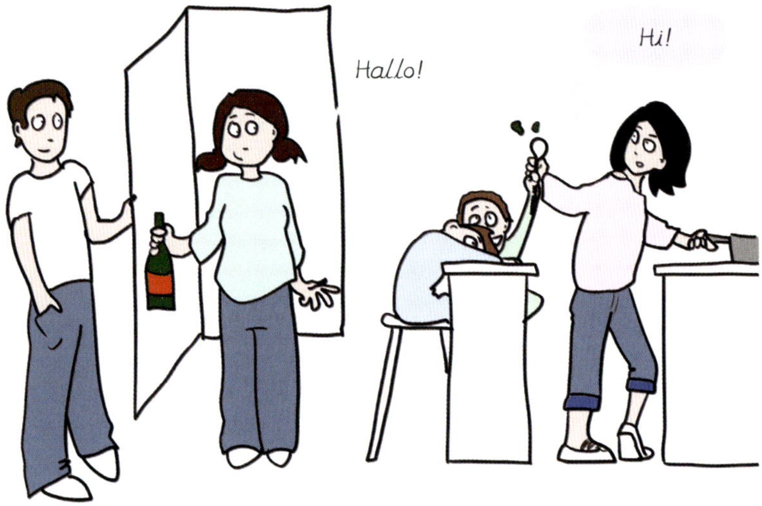

Als ich bei ihr ankam, versuchte sie gerade, ihren Kindern zu essen zu geben und gleichzeitig das Abendessen für uns vorzubereiten.

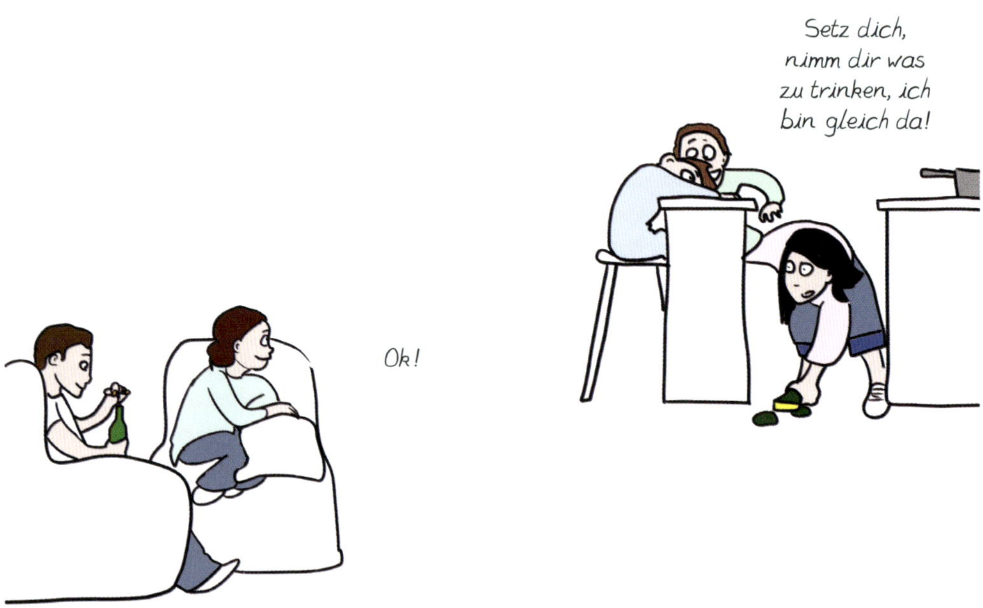

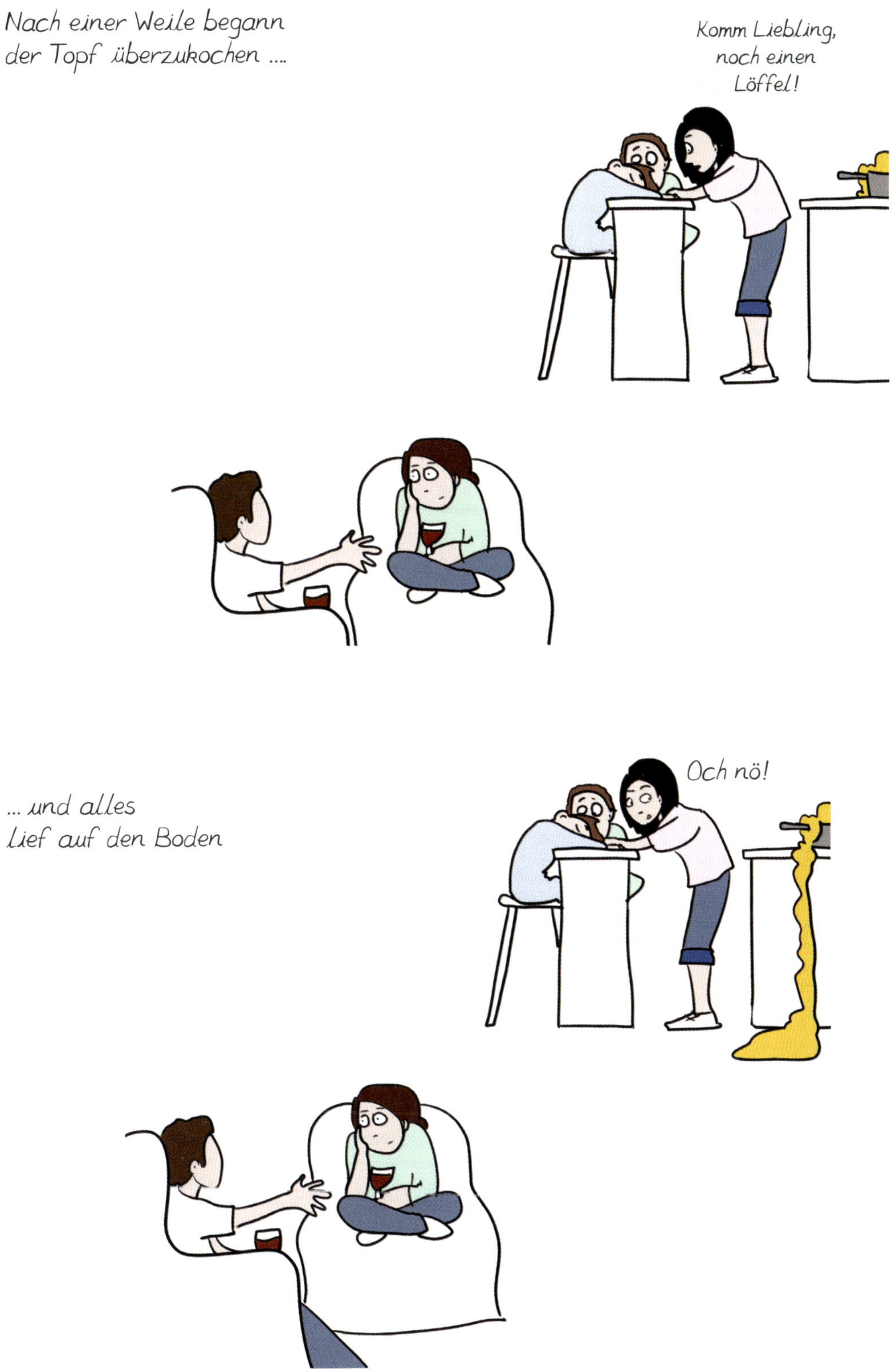
Nach einer Weile begann der Topf überzukochen ....
Komm Liebling, noch einen Löffel!
... und alles lief auf den Boden
Och nö!

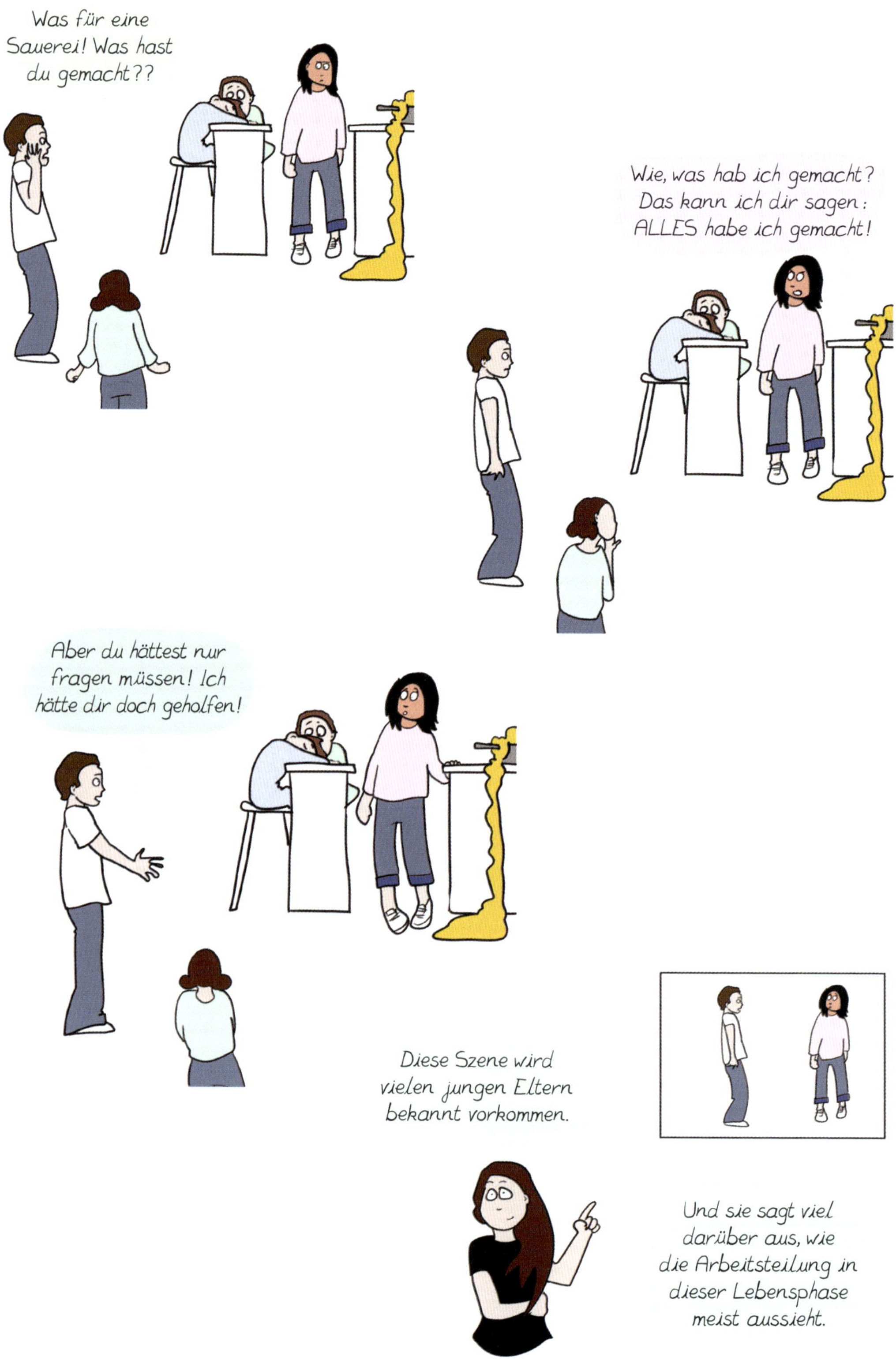
Was für eine Sauerei! Was hast du gemacht??
Wie, was hab ich gemacht? Das kann ich dir sagen: ALLES habe ich gemacht!
Aber du hättest nur fragen müssen! Ich hätte dir doch geholfen!
Diese Szene wird vielen jungen Eltern bekannt vorkommen.
Und sie sagt viel darüber aus, wie die Arbeitsteilung in dieser Lebensphase meist aussieht.

Wenn der Partner von seiner Freundin erwartet, dass sie **ihn darum bittet, Aufgaben zu übernehmen,** sieht er sie als die **Hauptverantwortliche** für die Hausarbeit.

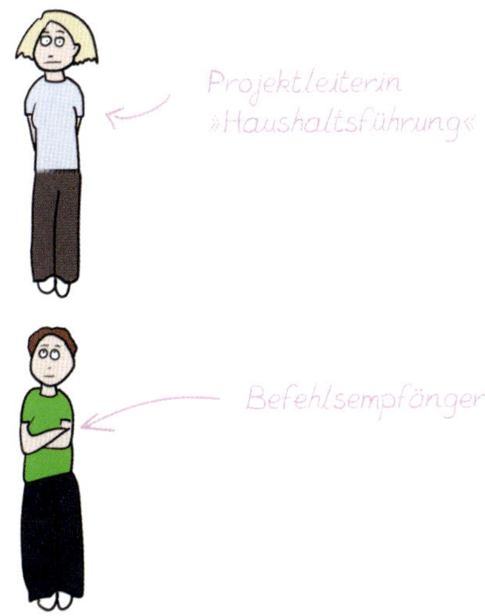

Es ist also an ihr, zu wissen, was zu tun ist und wann es zu tun ist.

Das Problem daran ist, dass bereits Planung und Organisation **an sich** schon ein Vollzeitjob sind.

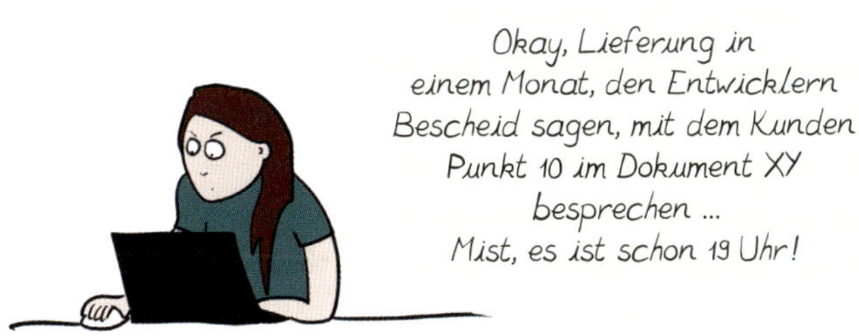

Als ich bei der Arbeit angefangen habe, Projekte zu leiten, habe ich schnell aufgehört, an der Umsetzung mitzuarbeiten. Ich hatte nicht die Zeit dazu.

Wenn also von Frauen erwartet wird, dass sie diese ganze Organisation, aber gleichzeitig auch einen Großteil der Ausführung übernehmen, dann sind das am Ende 75% der Arbeit.

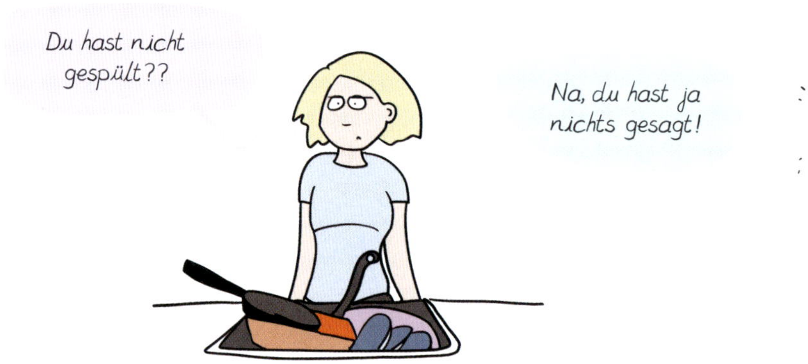

Feminist*innen bezeichnen diese Arbeit als **Mental Load**[1].

Mental Load heißt, immer an alles denken zu müssen.

Daran zu denken, dass noch Wattestäbchen auf den Einkaufszettel müssen,

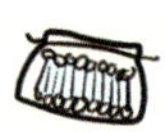

dass heute die Gemüsekiste für nächste Woche bestellt werden muss,

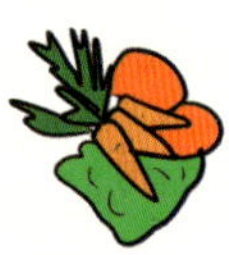

und dass der Hausmeister längst hätte bezahlt werden müssen.

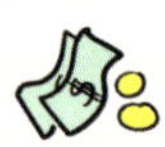

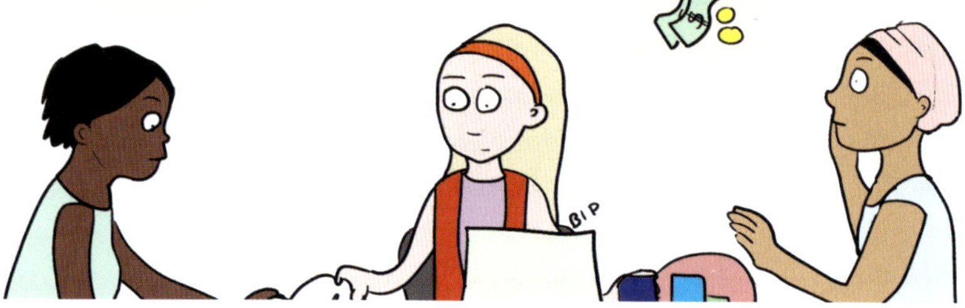

1: auf Deutsch etwa »mentale Belastung«

Dass der Jüngste wieder 3 Zentimeter gewachsen ist und keine passenden Hosen mehr hat,

dass die zweite Impfung ansteht,

oder dass der Partner kein einziges sauberes Hemd mehr hat.

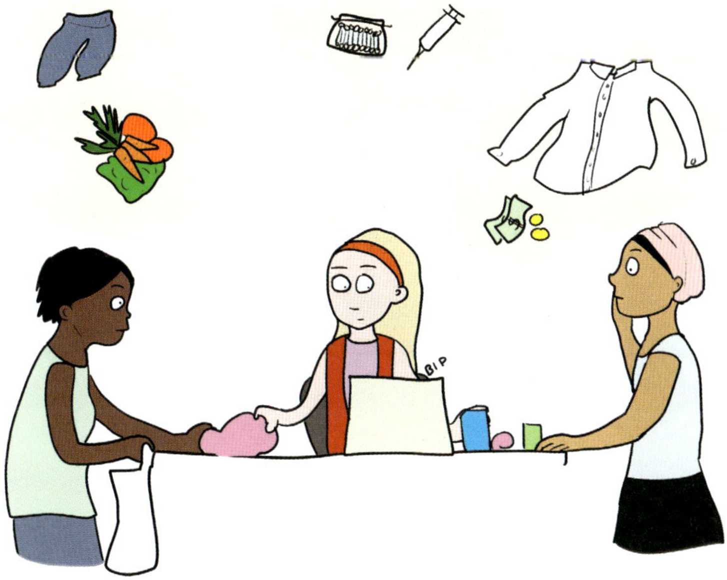

Der Mental Load liegt fast ausschließlich auf den Schultern der Frauen.

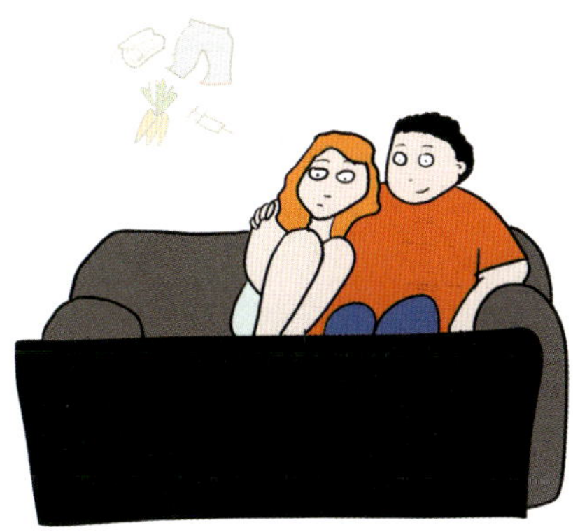

Es ist eine ermüdende und niemals endende Arbeit. Und sie ist unsichtbar.

Die meisten heterosexuellen Männer in meinem Bekanntenkreis behaupten, dass sie die Haushaltspflichten gerecht mit ihren Partnerinnen teilen.

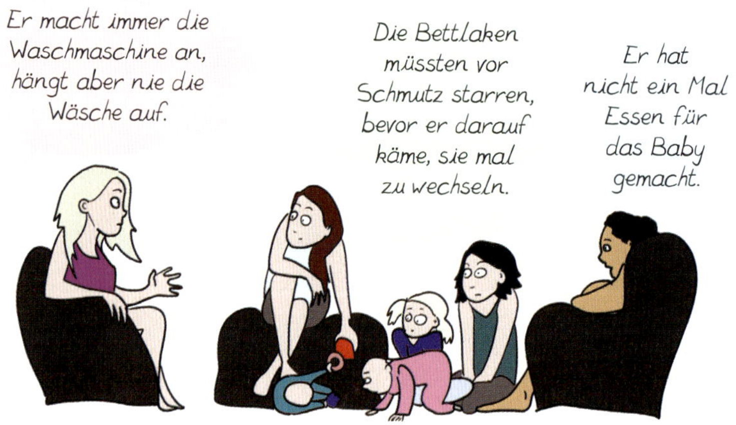

Aus Sicht besagter Partnerinnen sieht das Ganze aber etwas anders aus.

Für mich wird diese Last offensichtlich, wenn ich mich einer einfachen Aufgabe zuwende, wie zum Beispiel den Wohnzimmertisch aufzuräumen.

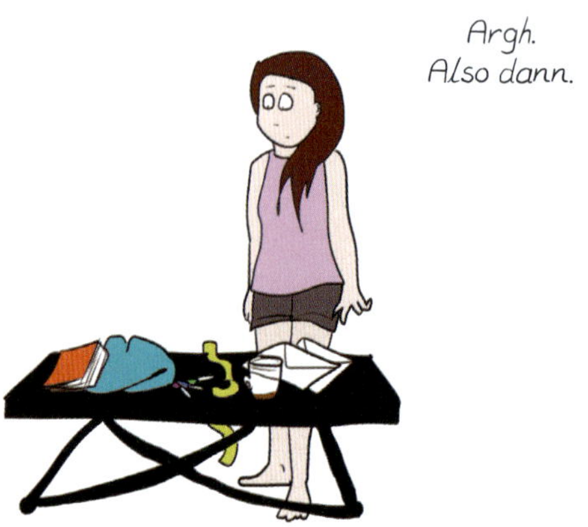

Ich nehme eine Sache, um sie wegzuräumen,

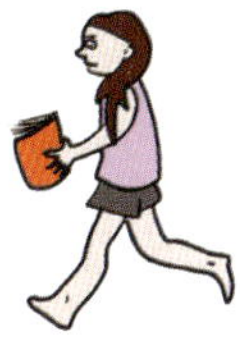

aber auf dem Weg stolpere ich über ein dreckiges Handtuch, das ich in den Wäschekorb schmeißen will,

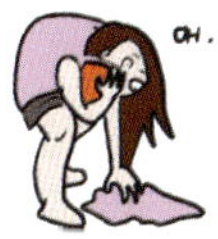

der aber schon voll ist.

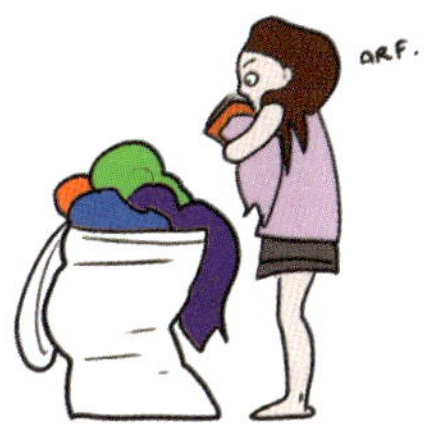

Also stelle ich die Waschmaschine an,

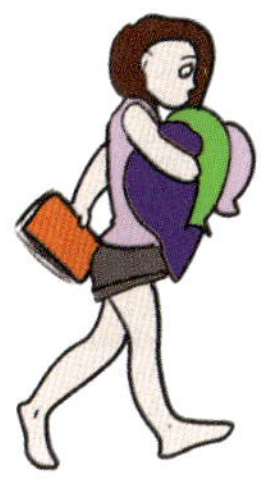

... und bemerke die Gemüselieferung, die ich dringend kühlstellen muss.

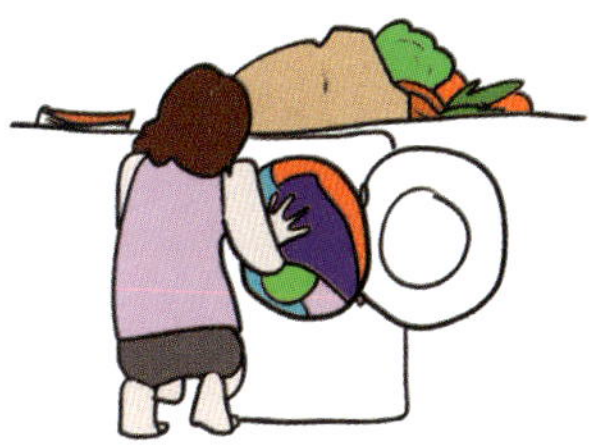

Während ich das Gemüse einräume, fällt mir ein, dass ich Senf auf den Einkaufszettel schreiben muss.

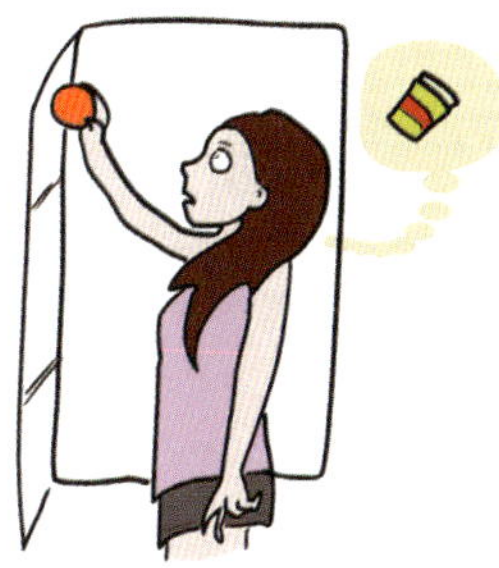

Und so weiter.
Letztendlich werde ich 2 mühsame Stunden damit verbracht haben, den Tisch aufzuräumen.

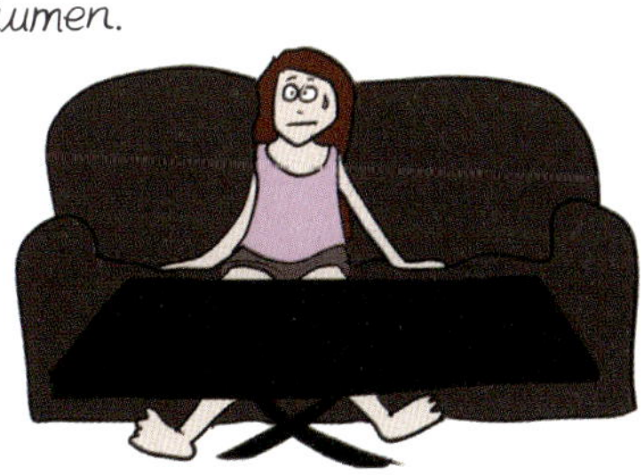

Nur um ihn am Abend wieder
voller Zeug vorzufinden.

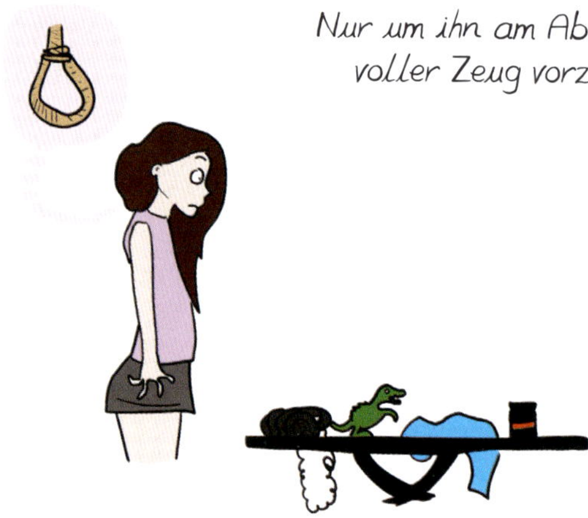

Wenn ich meinen Freund bitte, den Tisch aufzuräumen,
dann räumt er einfach nur den Tisch auf.

Das Handtuch bleibt
auf dem Boden,

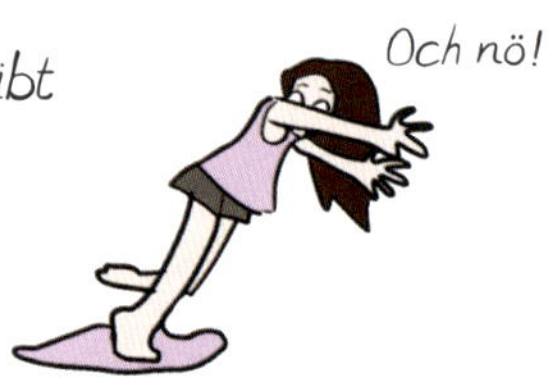

das Gemüse verrottet
auf der Ablage,

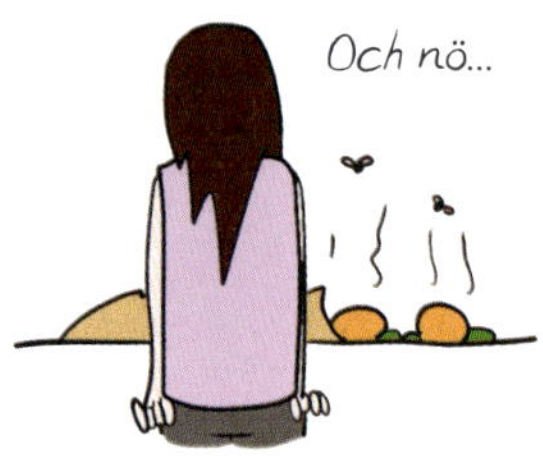

und zum Abendessen gibt es keinen Senf.

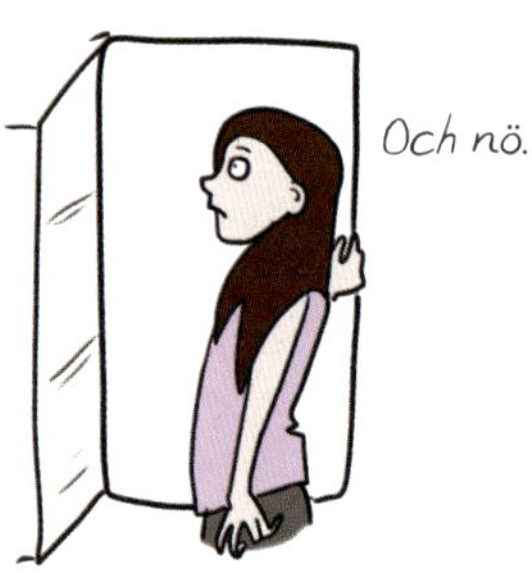

So war das auch, als meine Freundin J. auf dem Weg ins Bett ihren Mann bat:

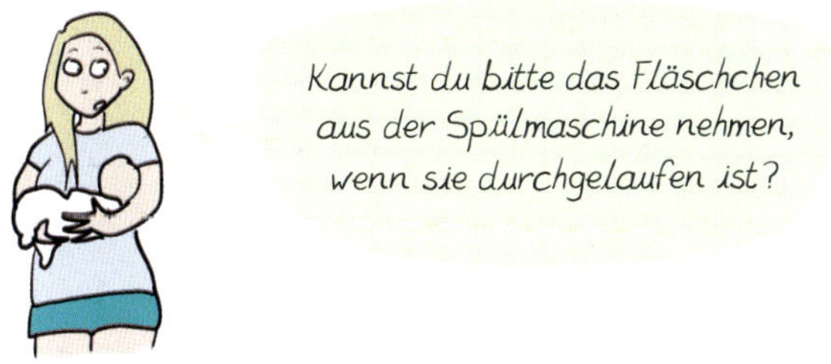

... und als sie das erste Mal nachts aufstand, um das Baby zu füttern, fand sie die Spülmaschine offen und voller Geschirr, nur das Fläschchen war herausgenommen.

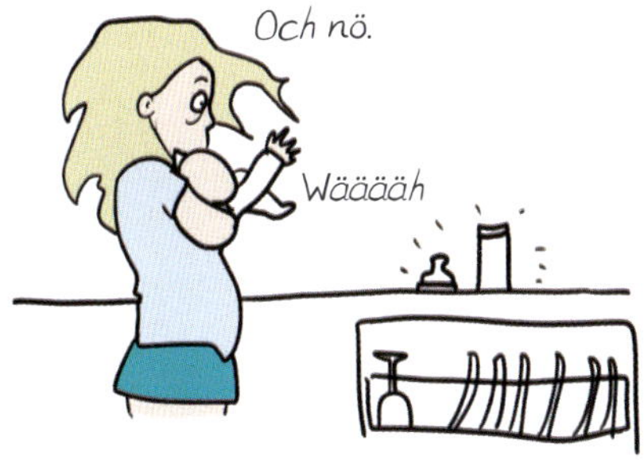

Wenn unsere Partner also von uns erwarten, dass wir ihnen Haushaltsaufgaben auftragen, bedeutet das in Wirklichkeit, dass sie sich weigern, ihren Teil des Mental Load zu übernehmen.

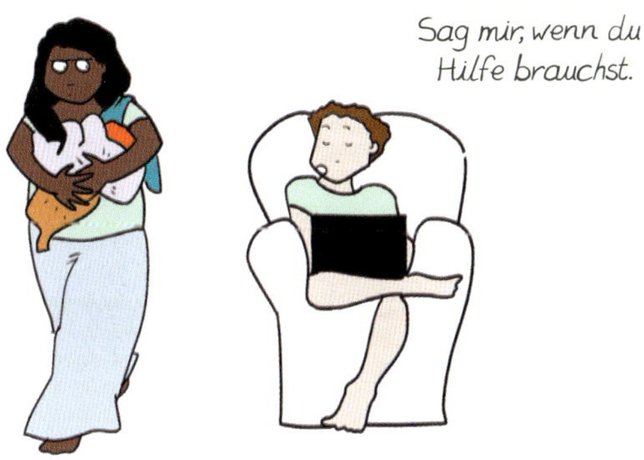

Es versteht sich von selbst, dass dieses Verhalten nicht genetisch bedingt oder angeboren ist.

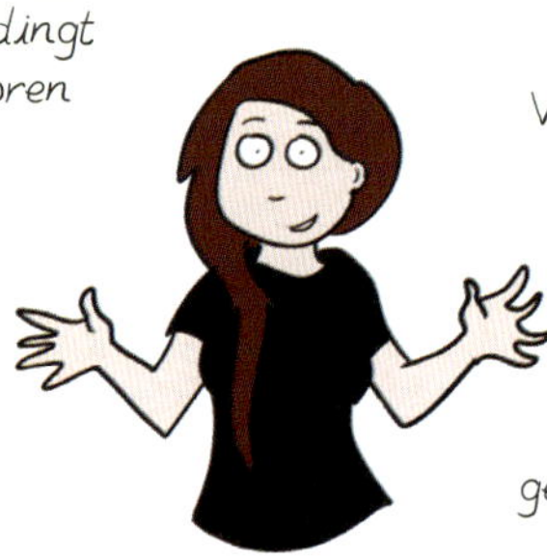

Wir werden nicht mit einem unbändigen Verlangen geboren, den Tisch aufzuräumen,

genau wie Jungs nicht mit einem kompletten Desinteresse an herumliegenden Dingen zur Welt kommen.

Stattdessen werden wir in eine Gesellschaft hineingeboren,

in der man uns sehr früh Puppen und Mini-Staubsauger zum Spielen gibt

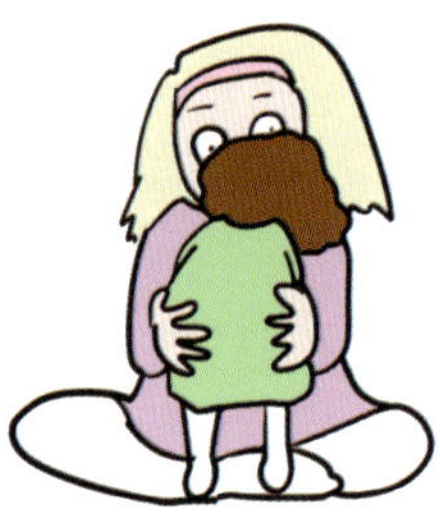

und in der Jungs sich schämen müssen, wenn sie diese Spielzeuge mögen.

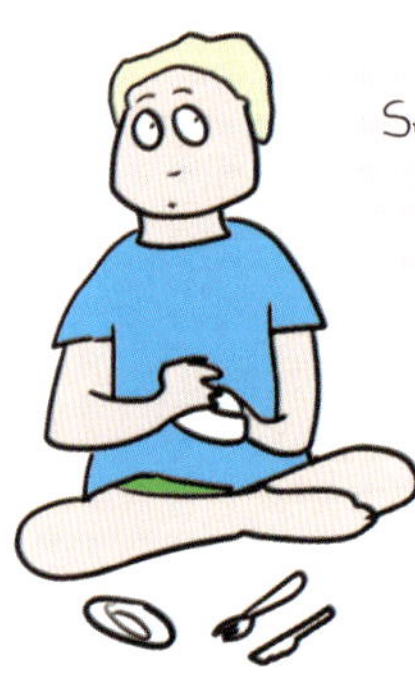

Seht nur diesen zarten Jungen, mit seinem Puppenservice!

In der wir unseren Müttern dabei zusehen, wie sie den ganzen Haushalt organisieren, während unsere Väter nur an der Ausführung beteiligt sind.

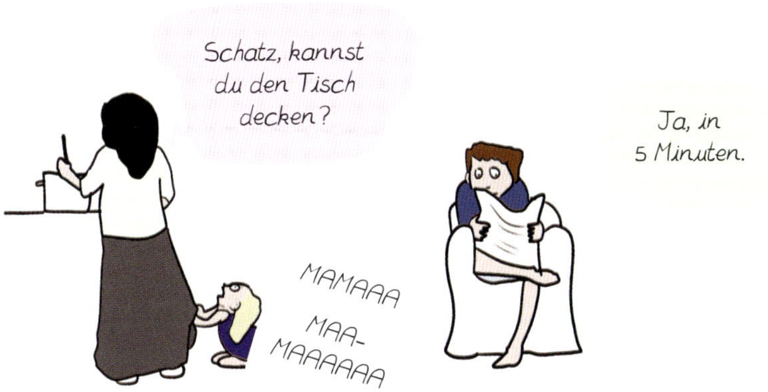

Und in der in Kunst und Medien Frauen hauptsächlich als Mütter und Ehefrauen dargestellt werden, während Männer Helden sind, die zu spannenden Abenteuern in weiter Ferne aufbrechen.

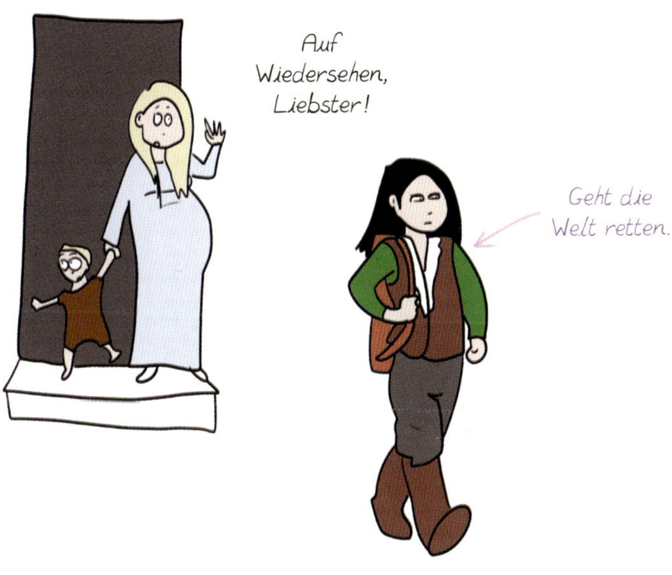

Diese Konditionierung beginnt im jüngsten Kindesalter
und setzt sich bis ins Erwachsenenleben fort.

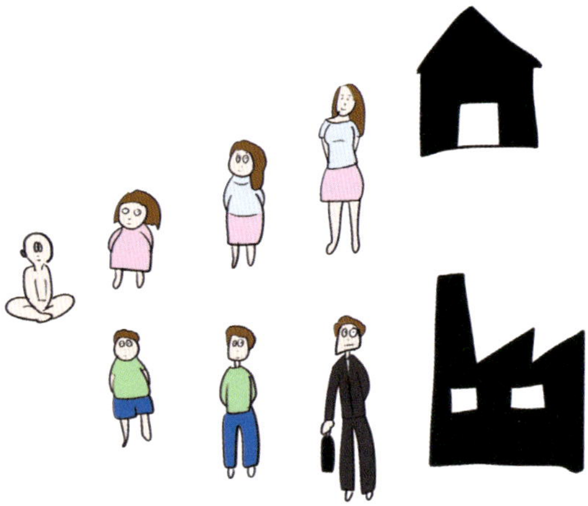

Und während Frauen zwar mehr und mehr Zugang
zum Arbeitsmarkt haben, bleiben sie trotzdem
die Alleinverantwortlichen im Haushalt.

Sobald wir Mütter werden, fliegt uns diese
Doppelverantwortung um die Ohren.

Schon kurze Zeit, nachdem wir die Entbindung
überstanden haben, geht unser
Partner wieder zur Arbeit.

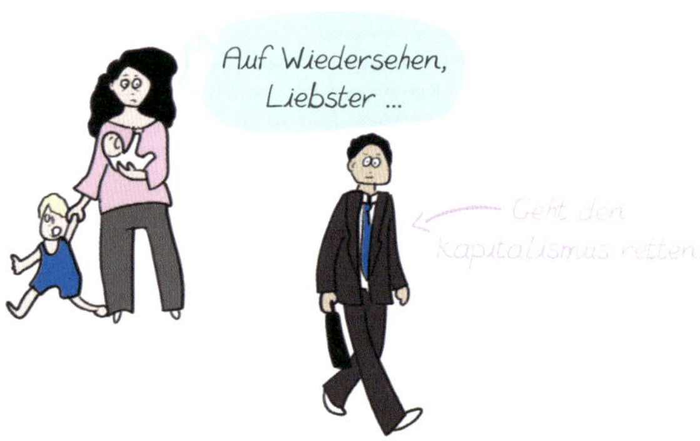

Und das wird ihm ganz normal vorkommen.

In dieser Zeit, in der wir uns zwischen schlaflosen Nächten langsam von den Strapazen der Geburt erholen, werden wir lernen, an all das zu denken, was es für das Leben mit einem Baby braucht.

Die Wahl der Tagesmutter ...

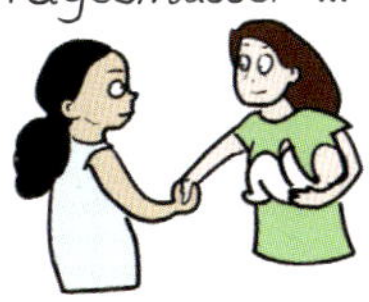

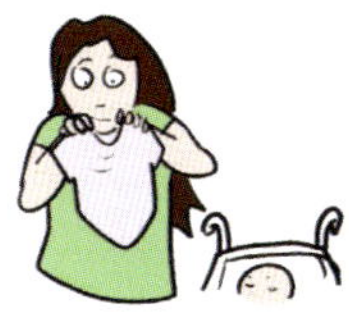

... der Kauf von Kleidung ...

... Arzttermine ...

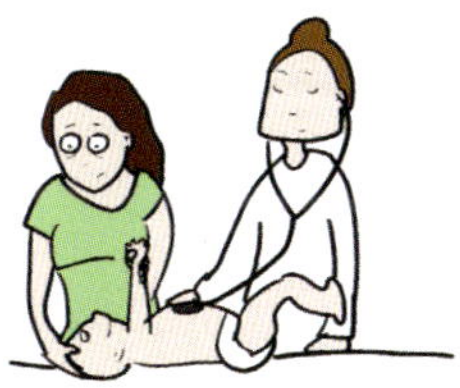

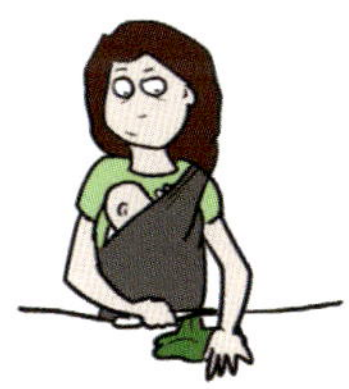

... die Essenszubereitung.

Und wenn wir wieder anfangen zu arbeiten, müssen wir so ein höllisches Tempo an den Tag legen, dass es uns einfacher erscheinen wird, all diese Dinge weiterhin selbst zu erledigen, als mit unserem Partner zu streiten, damit er seinen Teil übernimmt.

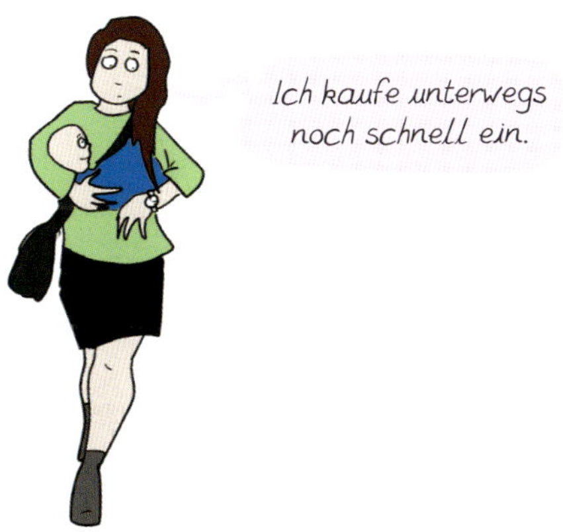

Und so trifft man auf Väter von relativ großen Kindern, die immer noch nicht wissen, wo sie ihnen etwas zum Anziehen kaufen können, was sie ihnen zu essen machen sollen, wann der Termin für die nächste Impfung ansteht oder wie die Nummer der Babysitterin lautet.

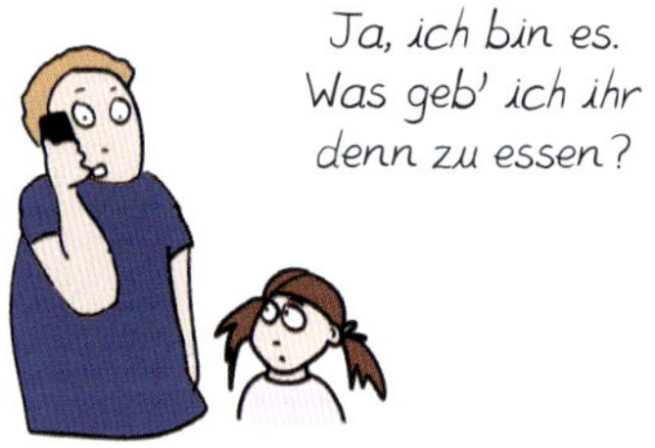

Natürlich zwingt uns nichts dazu, all diese Aufgaben zu übernehmen. Aber wenn wir damit aufhören, leidet die ganze Familie.

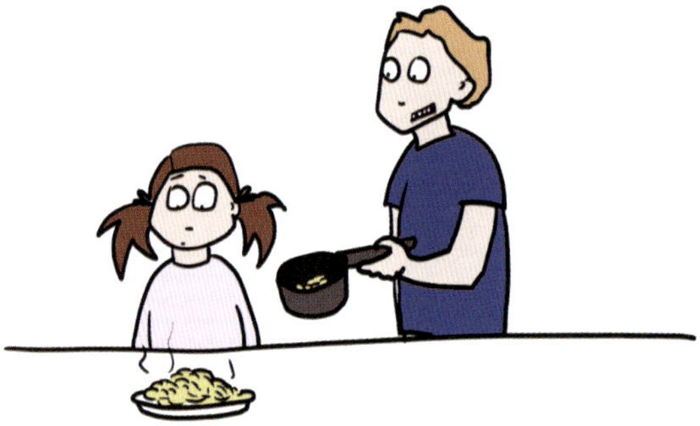

Also finden sich die meisten von uns damit ab, den Mental Load alleine zu tragen, und opfern Arbeitszeit und auch Freizeit, um alles organisieren zu können.

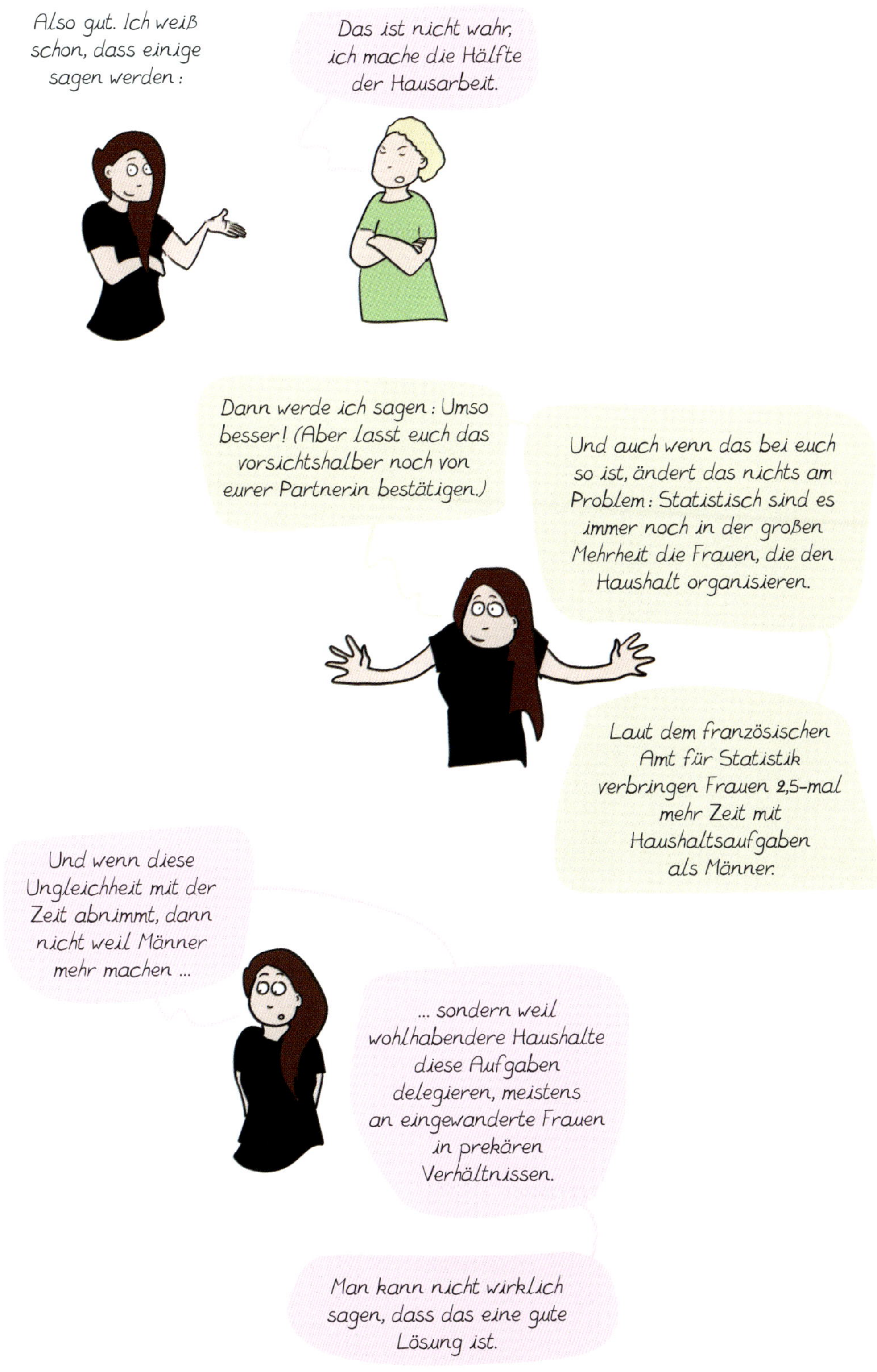
Also gut. Ich weiß schon, dass einige sagen werden:
Das ist nicht wahr, ich mache die Hälfte der Hausarbeit.
Dann werde ich sagen: Umso besser! (Aber lasst euch das vorsichtshalber noch von eurer Partnerin bestätigen.)
Und auch wenn das bei euch so ist, ändert das nichts am Problem: Statistisch sind es immer noch in der großen Mehrheit die Frauen, die den Haushalt organisieren.
Laut dem französischen Amt für Statistik verbringen Frauen 2,5-mal mehr Zeit mit Haushaltsaufgaben als Männer.
Und wenn diese Ungleichheit mit der Zeit abnimmt, dann nicht weil Männer mehr machen …
… sondern weil wohlhabendere Haushalte diese Aufgaben delegieren, meistens an eingewanderte Frauen in prekären Verhältnissen.
Man kann nicht wirklich sagen, dass das eine gute Lösung ist.

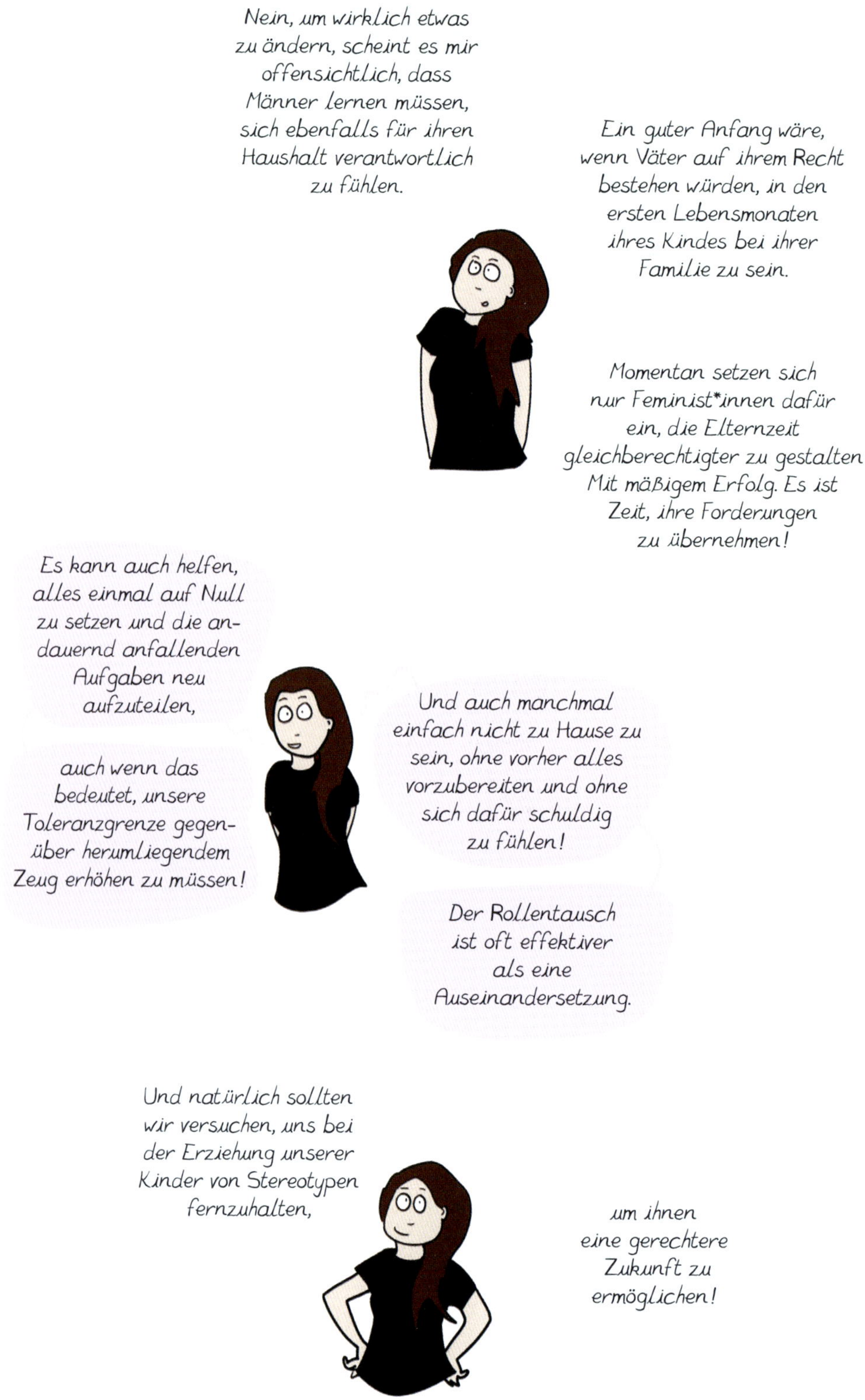
Nein, um wirklich etwas zu ändern, scheint es mir offensichtlich, dass Männer lernen müssen, sich ebenfalls für ihren Haushalt verantwortlich zu fühlen.
Ein guter Anfang wäre, wenn Väter auf ihrem Recht bestehen würden, in den ersten Lebensmonaten ihres Kindes bei ihrer Familie zu sein.
Momentan setzen sich nur Feminist*innen dafür ein, die Elternzeit gleichberechtigter zu gestalten Mit mäßigem Erfolg. Es ist Zeit, ihre Forderungen zu übernehmen!
Es kann auch helfen, alles einmal auf Null zu setzen und die andauernd anfallenden Aufgaben neu aufzuteilen,
auch wenn das bedeutet, unsere Toleranzgrenze gegenüber herumliegendem Zeug erhöhen zu müssen!
Und auch manchmal einfach nicht zu Hause zu sein, ohne vorher alles vorzubereiten und ohne sich dafür schuldig zu fühlen!
Der Rollentausch ist oft effektiver als eine Auseinandersetzung.
Und natürlich sollten wir versuchen, uns bei der Erziehung unserer Kinder von Stereotypen fernzuhalten,
um ihnen eine gerechtere Zukunft zu ermöglichen!

Und trotz allem dürfen wir nicht vergessen, dass es ziemlich schwierig ist, den Haushalt zu bestreiten, wenn beide Eltern Vollzeit arbeiten.

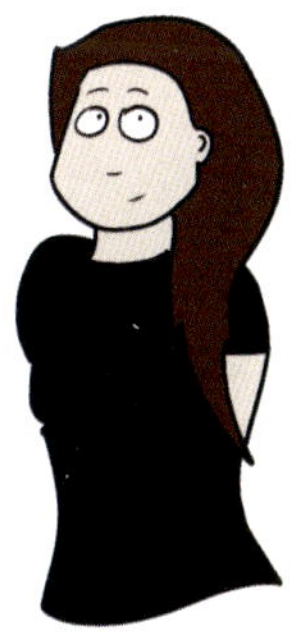

Mir scheint es auch wichtig, dass wir uns fragen, warum wir so wenig freie Zeit für all das haben.

Sind wir wirklich gezwungen, so wenig Zeit zu Hause und so viel Zeit bei der Arbeit zu verbringen?

Ich glaube, darüber lässt sich streiten!

Emma.

2

Die fantastische Geschichte von Mohamed

Nach den Terroranschlägen in Paris sind Ende 2015 Polizeirazzien weit verbreitet. Der Ausnahmezustand bringt fast 3.000 Hausdurchsuchungen mit sich. Mitten in der Nacht werden Türen eingetreten, Familien in Angst und Schrecken versetzt und ihre Wohnungen durchsucht – aus Gründen, die oft gar nichts mit Terrorismus zu tun haben.

Ich bin in der U-Bahn und höre eine Kultursendung im französischen Radio. Darin erzählt Mohamed, wie die Polizei sein Haus mitten in der Nacht in Schutt und Asche legte.

Mohamed ist 27 Jahre alt.
Er kommt aus Ägypten.

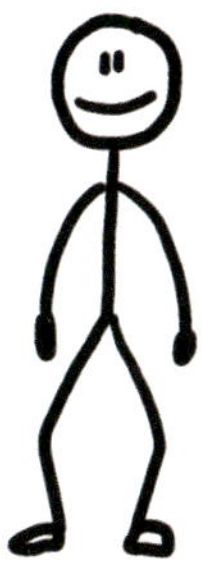

Er ist Anstreicher.

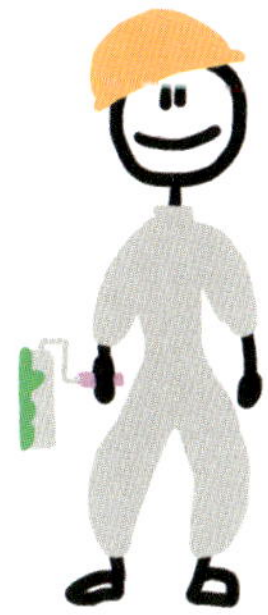

Er teilt sich eine Einzimmerwohnung mit einem Freund in einer Pariser Banlieue.

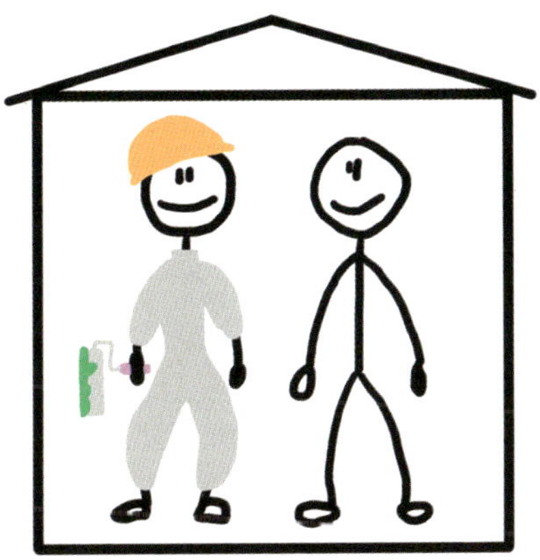

Eines Nachts im November 2015 schlafen Mohammed und sein Freund in ihrer kleinen Wohnung.

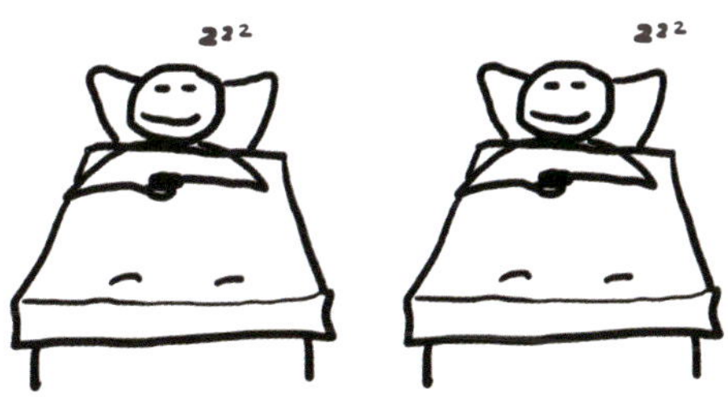

Um 4 Uhr morgens werden sie durch Explosionen aus dem Schlaf gerissen.

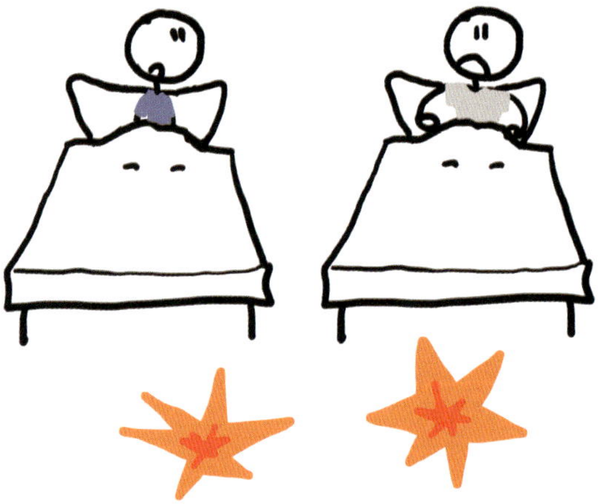

Mohamed macht sein Fenster auf und sieht jede Menge Polizist*innen im Gebäude gegenüber.

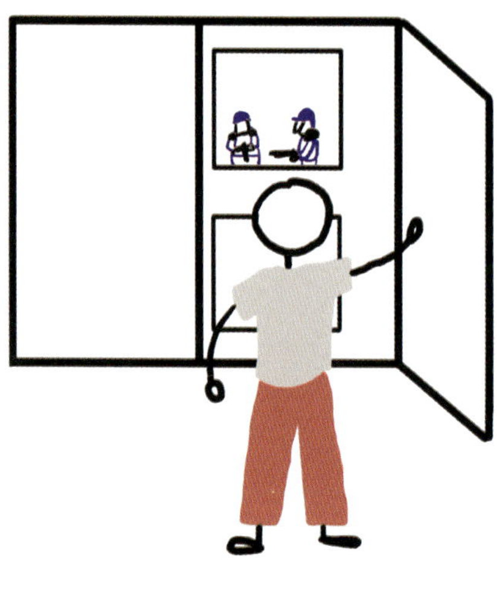

Die Polizist*innen schreien ihn an, auch den anderen Fensterflügel zu öffnen, also beeilt er sich.

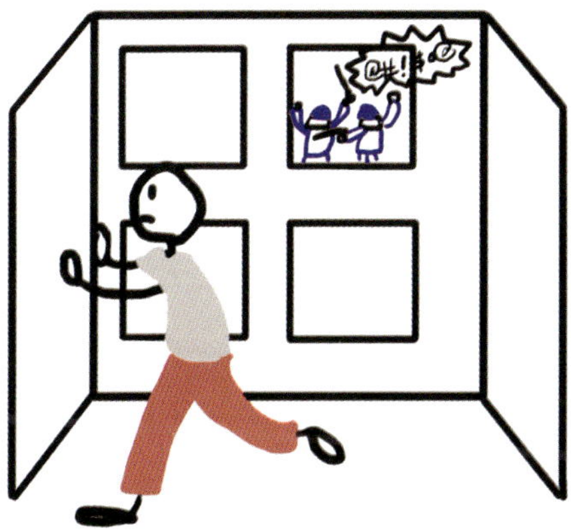

Und legt seine Hände an den Kopf.

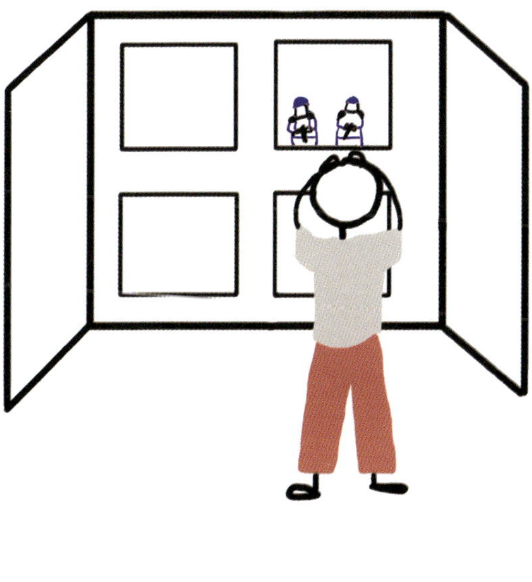

Da wird auf ihn geschossen.

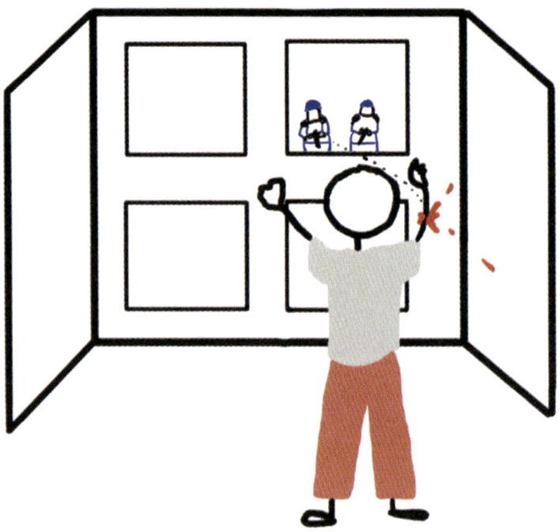

Sein Freund und er bekommen große Angst und rennen weg.

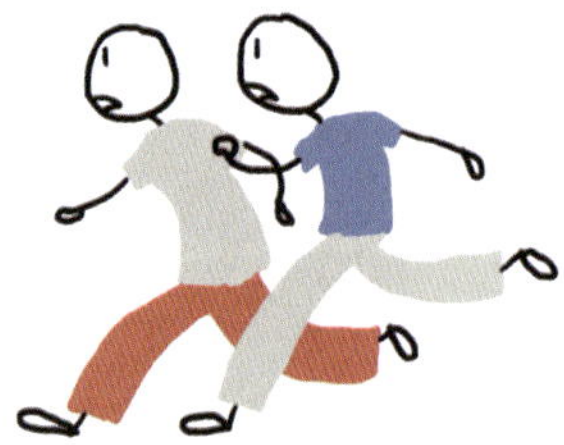

Sie verstecken sich im Badezimmer.

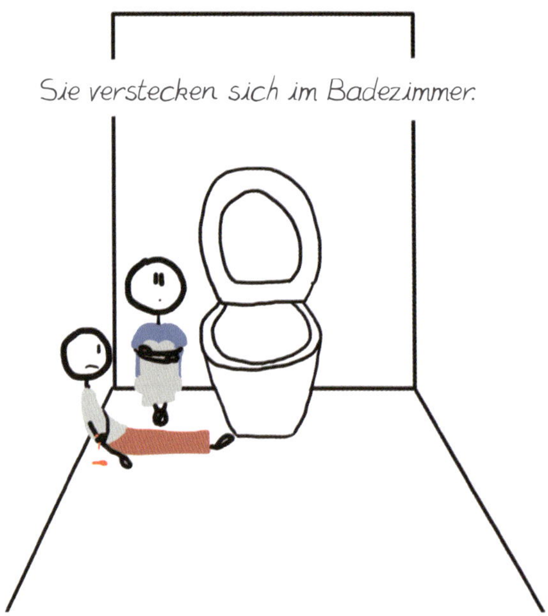

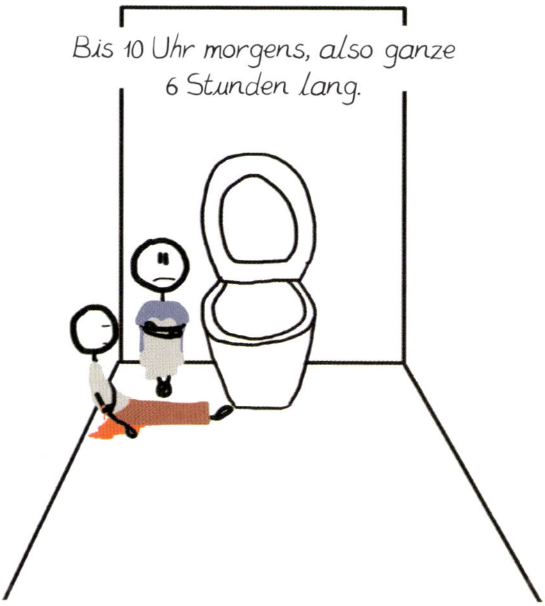

Um 10 Uhr treten die Polizist*innen die Wohnungstür ein.

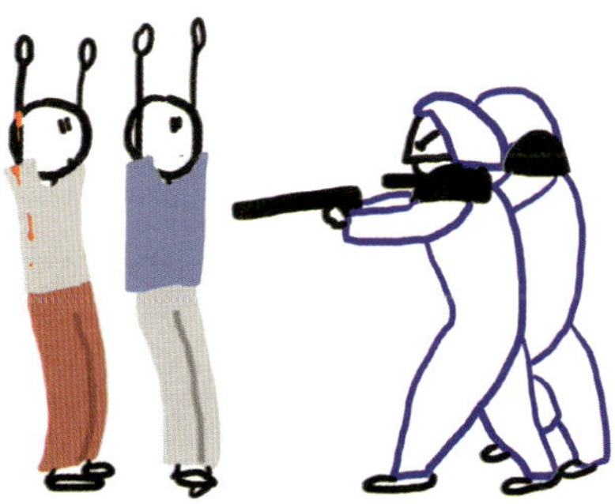

Sie richten ihre Waffen auf Mohamed und seinen Freund, ziehen mit den Füßen ihre Hosen und Unterhosen herunter, zwingen sie auf die Straße hinaus und stellen sie zur Durchsuchung gegen die Wand.

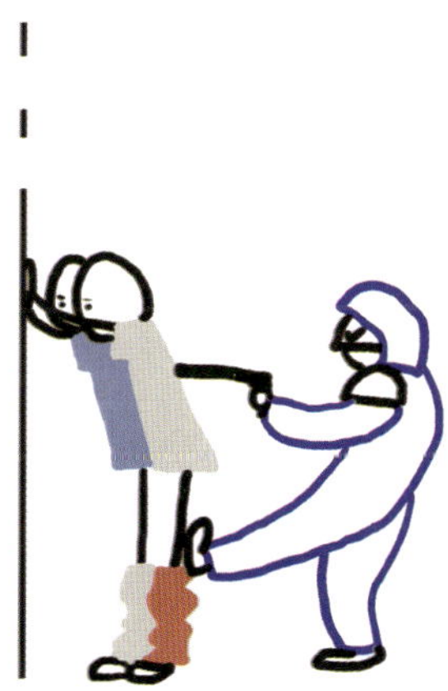

Nach der Durchsuchung wird Mohamed mit dem Krankenwagen abgeholt, um die Blutung zu stoppen und ihn ins Krankenhaus zu bringen.

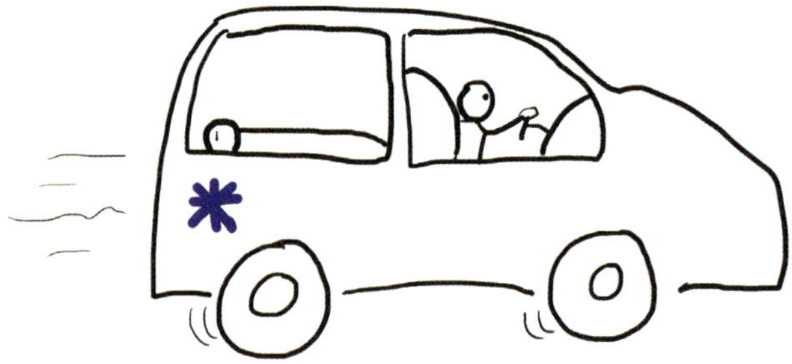

Im Krankenhaus fesseln die Polizist*innen Mohamed mit einem Arm und einem Bein ans Bett und befragen ihn ...

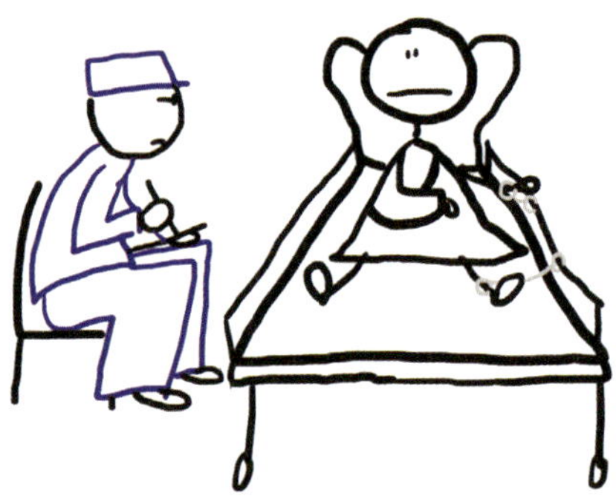

... vier Tage lang, ohne ihm zu sagen, warum er dort ist.

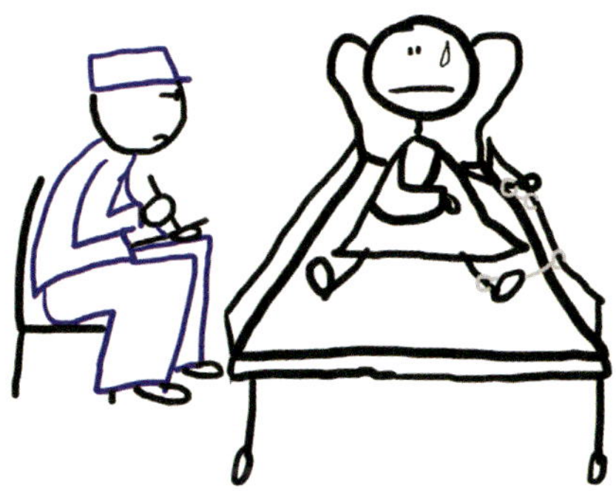

Am Samstag sagen sie Mohamed, dass er unschuldig ist, und schicken ihn »nach Hause«.

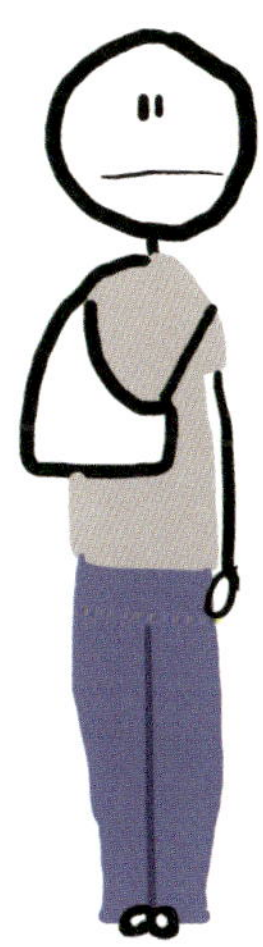

Seitdem wohnen Mohamed und sein Freund in einem 10 m²-Zimmer in einem Hostel. Mohamed kann wegen seiner Armverletzung nicht mehr arbeiten.

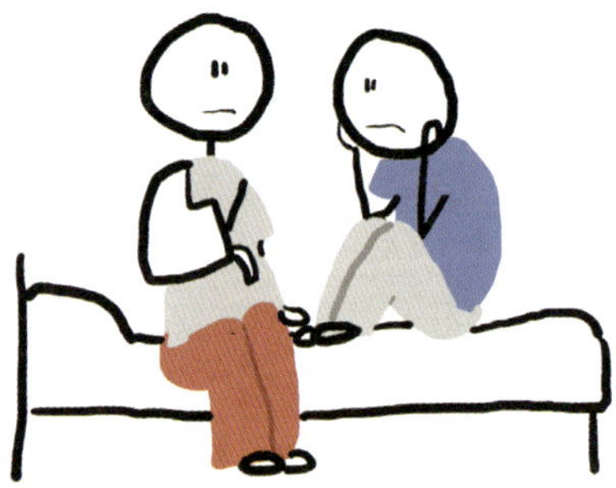

Außerdem sind sie von Abschiebung bedroht: Einige der Opfer des Angriffs in ihrem Banlieue haben die Aufforderung erhalten, das Land zu verlassen.

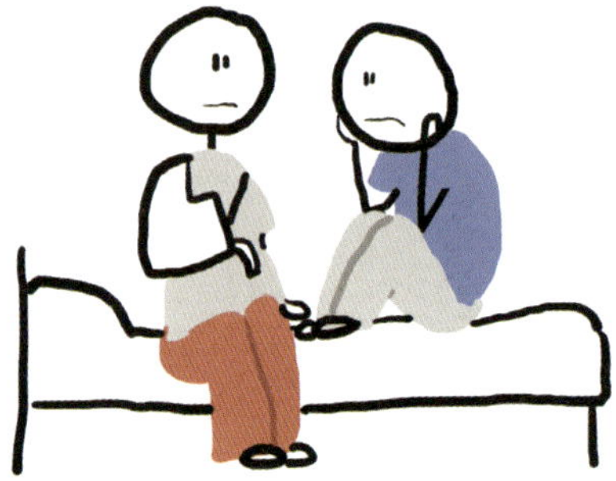

Das Haus ist seit dem Angriff unbewohnbar.
Von 50 Familien wurden nur 6 in
andere Wohnungen umgesiedelt.
Die Bewohner*innen sind traumatisiert.
Aus Angst, dass sie nachts rausmüssen,
schlafen die Kinder in ihren Kleidern.
Wer Eigentümer*in einer Wohnung
ist, zahlt weiter die Raten für ein
zerstörtes Wohnhaus und hat
kein Geld, um umzuziehen.

Ist es nicht wunderschön, das Land der Freiheiten?

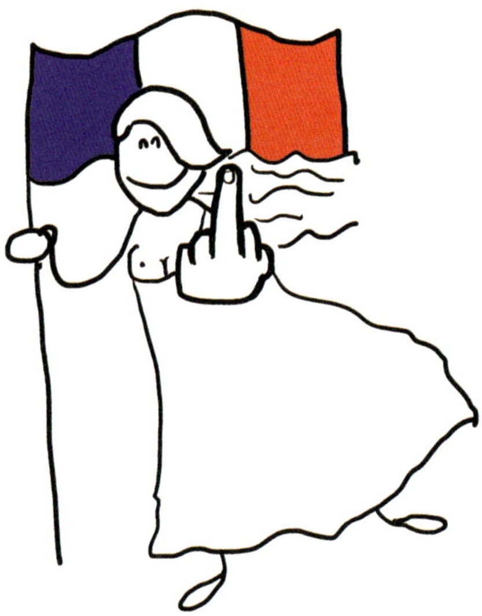

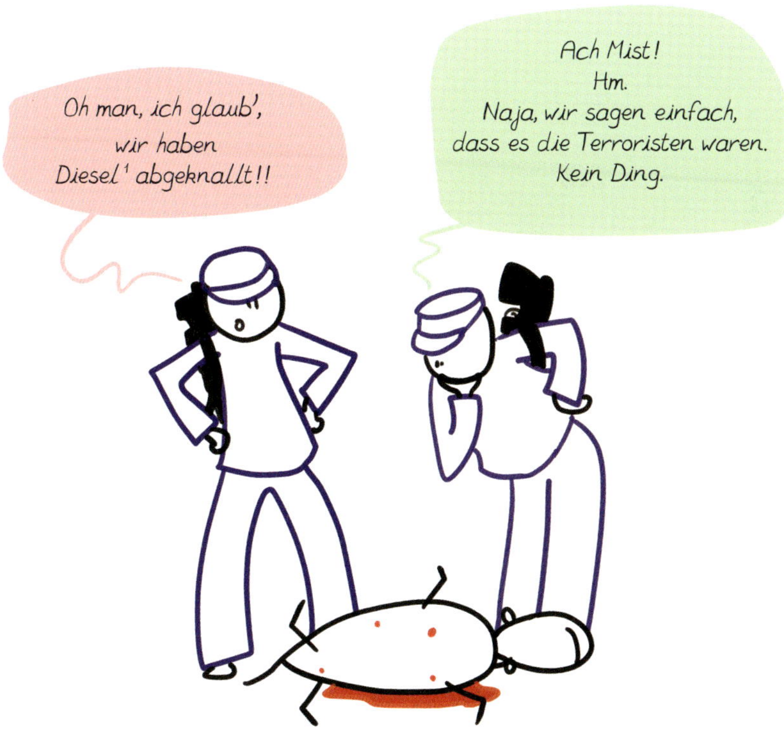

1 Anm. d. Ü.: Diesel war ein französischer Polizeihund, dessen Tod bei den Razzien für großes Aufsehen in den Social-Media-Kanälen sorgte.

3

Die Gewalt der Unterdrückten

Es ist Februar 2016 und die französische Regierung hebelt die Arbeitnehmer*innenrechte aus.
Die Mehrheit der französischen Bevölkerung ist dagegen.
Also demonstrieren wir.
Und erfahren Polizeigewalt in ihrer ganzen Brutalität.
Demonstrierende werden spontan zu Sanitäter*innen, um den Verletzten Erste Hilfe zu leisten.
Aber davon spricht in den Nachrichten niemand. Man hört nur von den »Randalierern«, den Demonstrierenden, die Werbetafeln zerstören und Eier auf Hundertschaften werfen. Ich muss an die Demonstrationen der Suffragetten denken und wie auch zu ihrer Zeit nur die Gewalt derjenigen gezeigt wurde, die für ihre Rechte eintraten.

Vor 6 Jahren stieg ich in ein extrem männerdominiertes berufliches Umfeld ein.

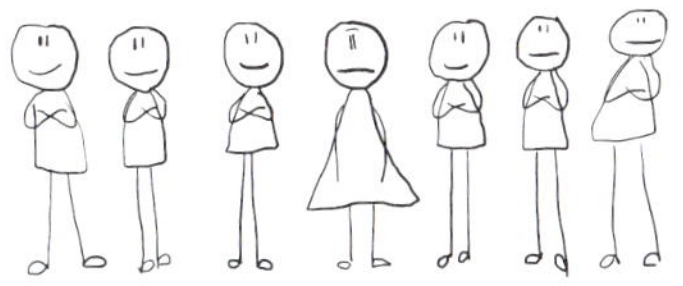

Um meine Lage zu erschweren, war es auch noch meine Aufgabe, die Arbeit von Typen zu organisieren, denen ich nicht wirklich vorgesetzt war, und zudem war ich schwanger.

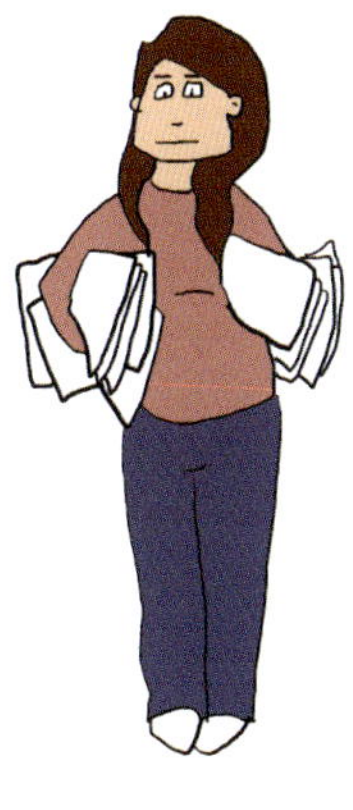

Ich durfte also erfahren, was ein feindseliges Arbeitsumfeld ist.

Mein Alltag bestand aus so netten Interaktionen wie diesen:

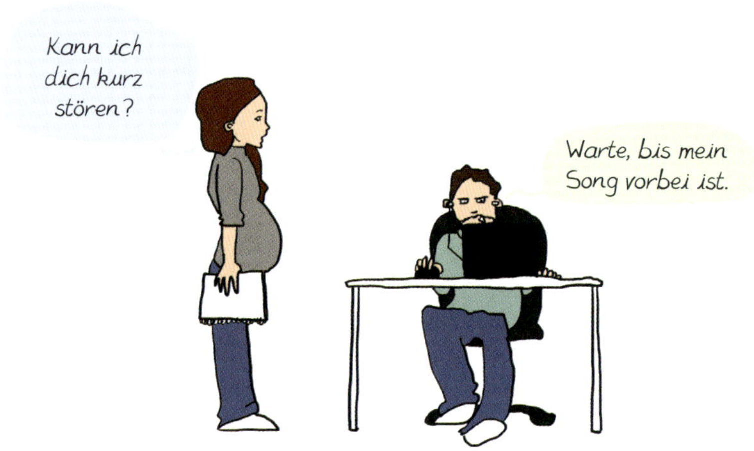

Oder solchen:

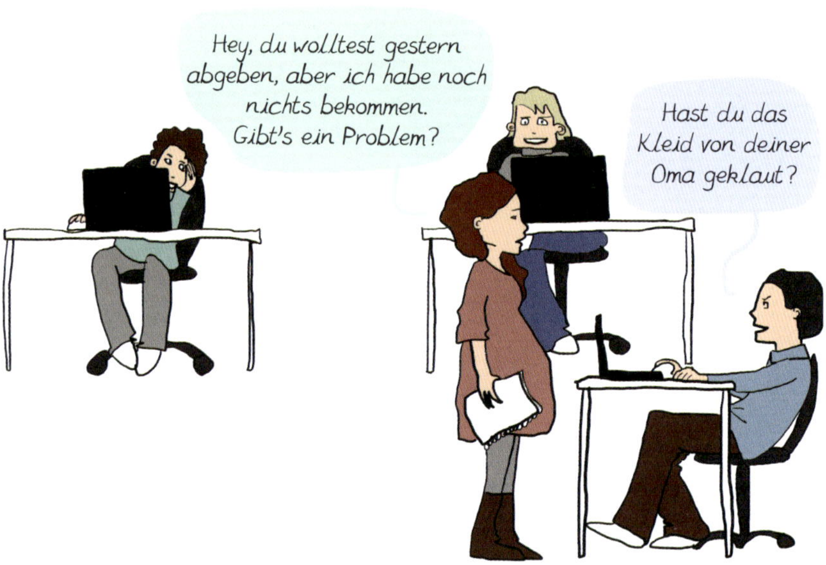

Damit komme ich zum eigentlichen Thema: In Situationen wie diesen wäre es legitim, sich aufzuregen und den Typen zurechtzuweisen. Nur, dass eine Frau, die sich aufregt, solche Reaktionen hier hervorruft:

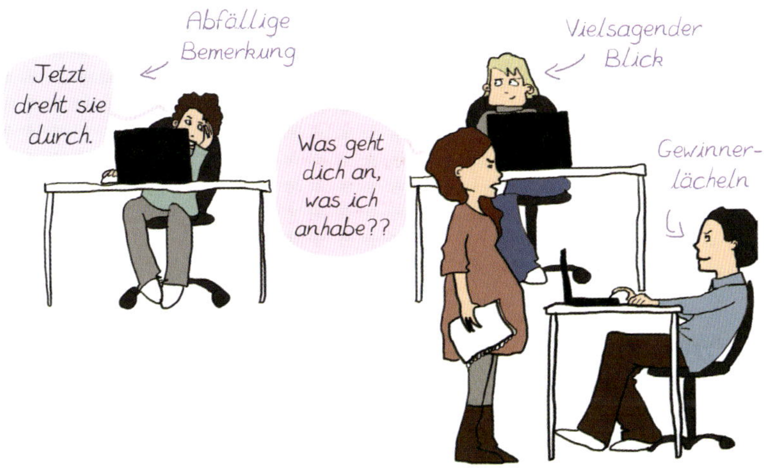

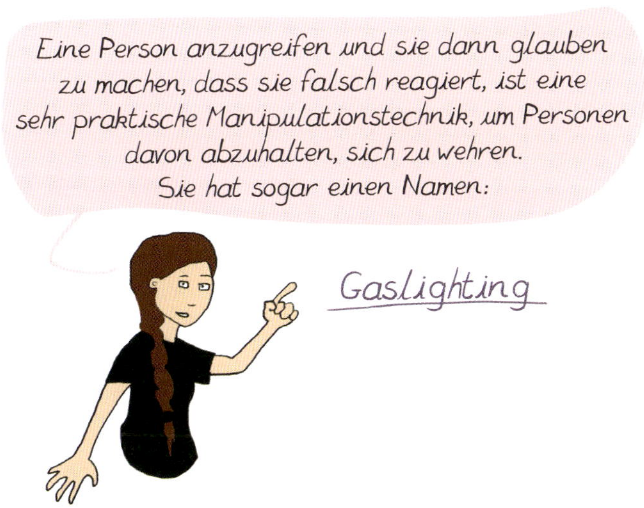

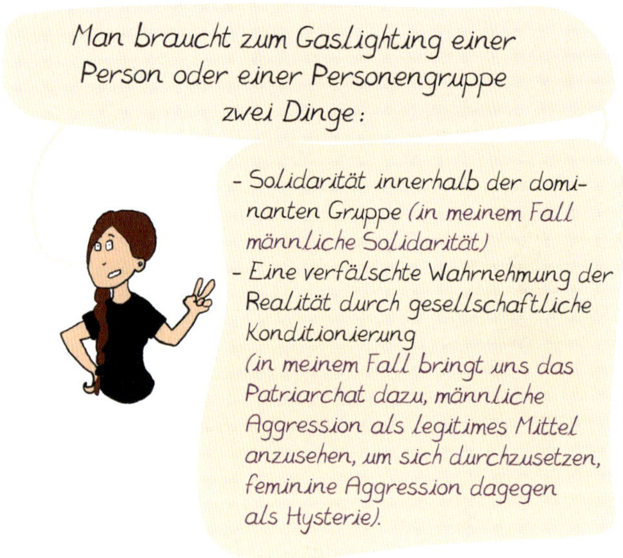

Die Geschichte der Suffragetten ist ein typisches Beispiel für Gaslighting. Zu Beginn des 20. Jahrhunderts gab es kein Wahlrecht für Frauen. Das bedeutet, dass man sie nicht WIRKLICH als autonome menschliche Wesen sah.

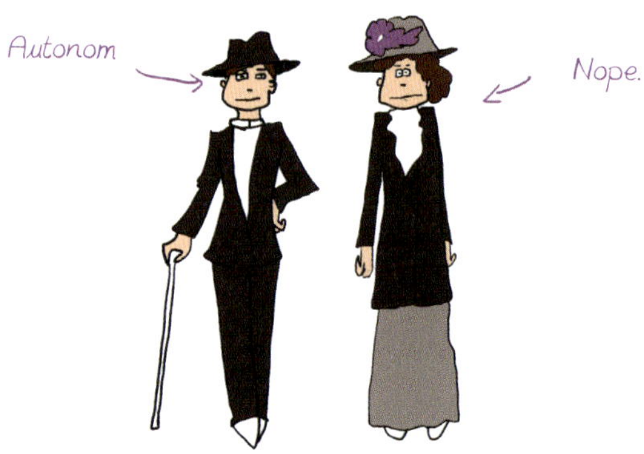

So ziemlich überall in Europa kämpften die Frauen ohne großen Erfolg für ihr Wahlrecht.

Ab 1903 formierte sich die Bewegung der Suffragetten und ging zu extremeren Aktionsformen über, wie beispielsweise

sich an öffentliche Gebäude ketten,

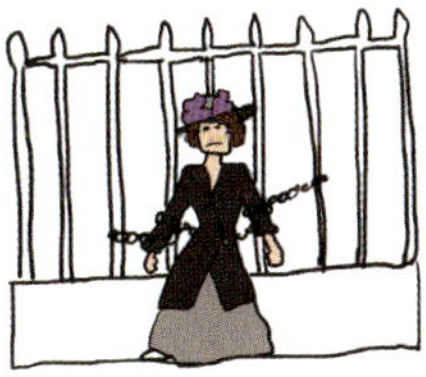

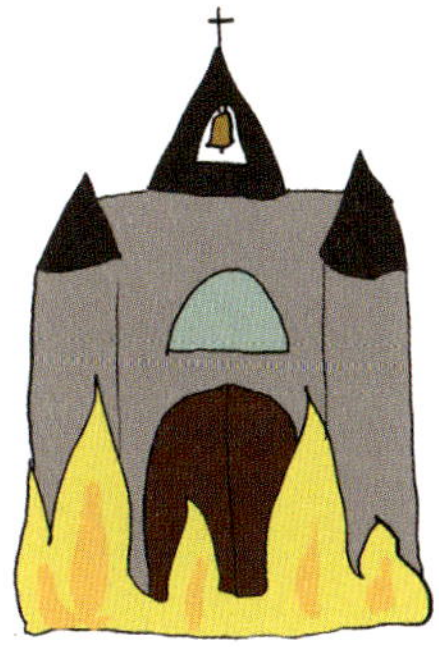

symbolträchtige Orte männlicher Dominanz anzünden,

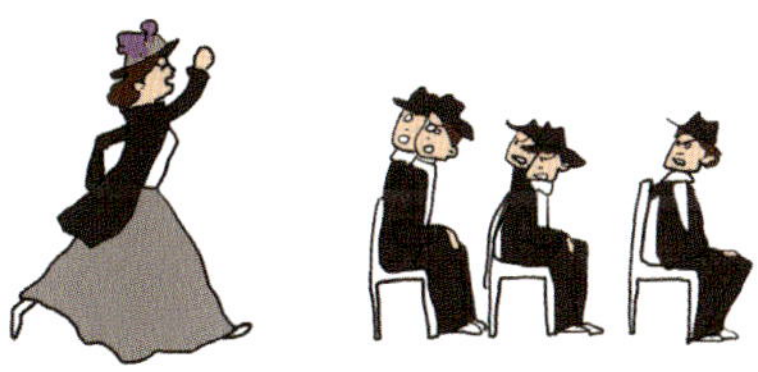

oder Versammlungen von Männern stören.

Diese Aktionen brachten viele der Frauen ins Gefängnis. Wenn sie dort in den Hungerstreik traten, wurden sie zwangsernährt.

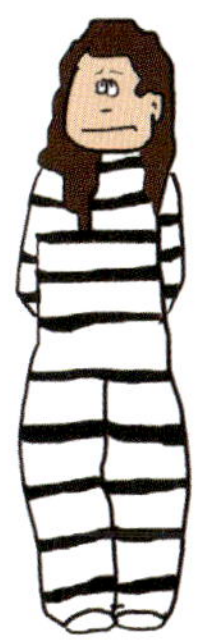

Sie veranstalteten auch Demonstrationen, während derer sie von der Polizei belästigt wurden. Gruppen von Männern zogen einzelne Demonstrantinnen in Seitenstraßen und vergewaltigten sie, die Polizei sah weg.

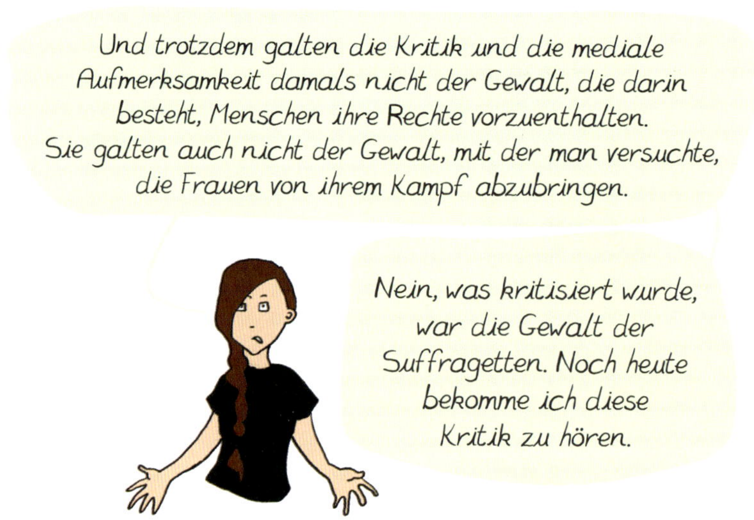
Und trotzdem galten die Kritik und die mediale Aufmerksamkeit damals nicht der Gewalt, die darin besteht, Menschen ihre Rechte vorzuenthalten. Sie galten auch nicht der Gewalt, mit der man versuchte, die Frauen von ihrem Kampf abzubringen.
Nein, was kritisiert wurde, war die Gewalt der Suffragetten. Noch heute bekomme ich diese Kritik zu hören.

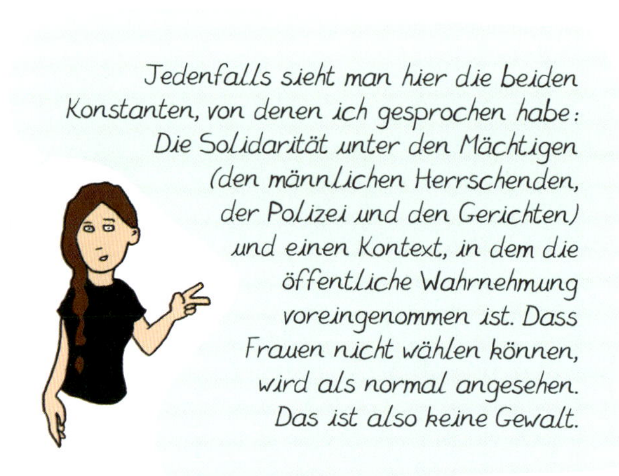
Jedenfalls sieht man hier die beiden Konstanten, von denen ich gesprochen habe: Die Solidarität unter den Mächtigen (den männlichen Herrschenden, der Polizei und den Gerichten) und einen Kontext, in dem die öffentliche Wahrnehmung voreingenommen ist. Dass Frauen nicht wählen können, wird als normal angesehen. Das ist also keine Gewalt.

Dasselbe geschieht mit aktuellen aufständischen Bewegungen. Sei es ein Arbeiter, der das Hemd des Managers zerreißt, der gerade sein Leben zerstört,[1]

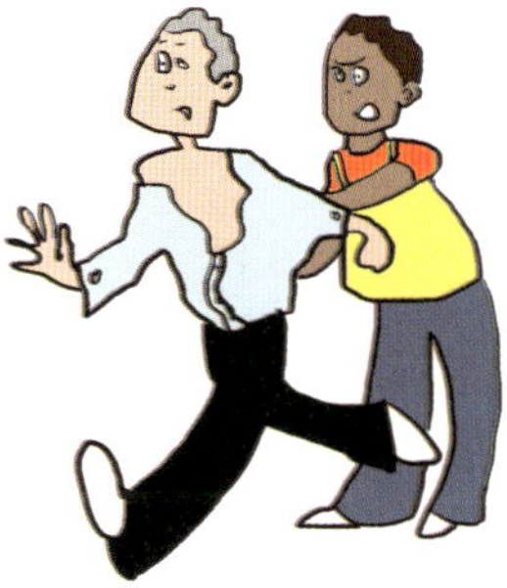

ein*e Demonstrant*in, die ein Luxusauto anzündet,

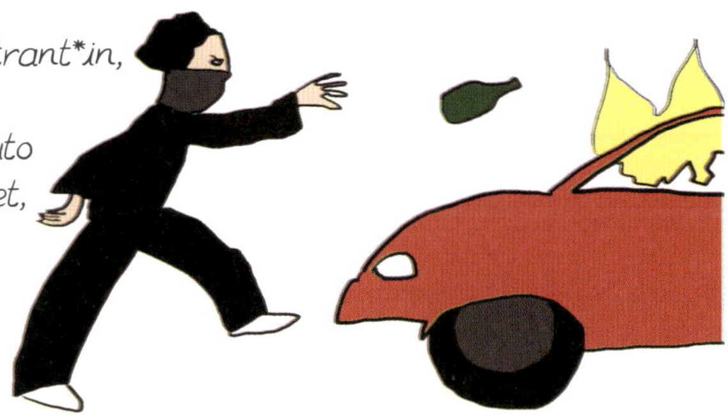

oder eine Nachbarschaft, die in Flammen aufgeht, wenn zum x-ten Mal jemand aus dem Viertel an einer Polizeikugel stirbt ...

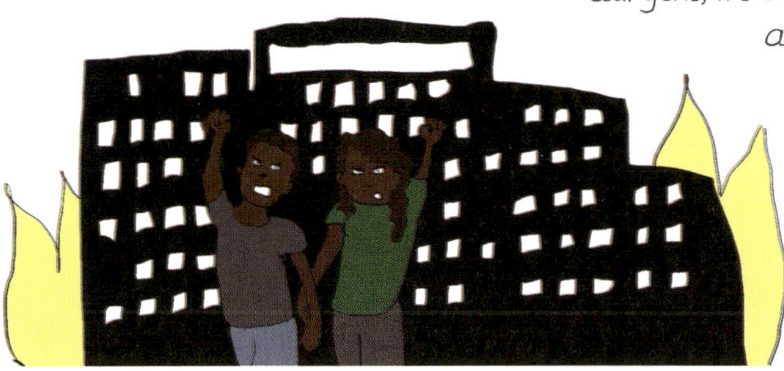

1: Anm. d. Ü.: Bei Protesten gegen den Abbau unzähliger Stellen wurde dem Personalchef von Air France im Oktober 2015 von einem Demonstranten das Hemd zerrissen, was weltweit für Schlagzeilen und empörte Reaktionen sorgte.

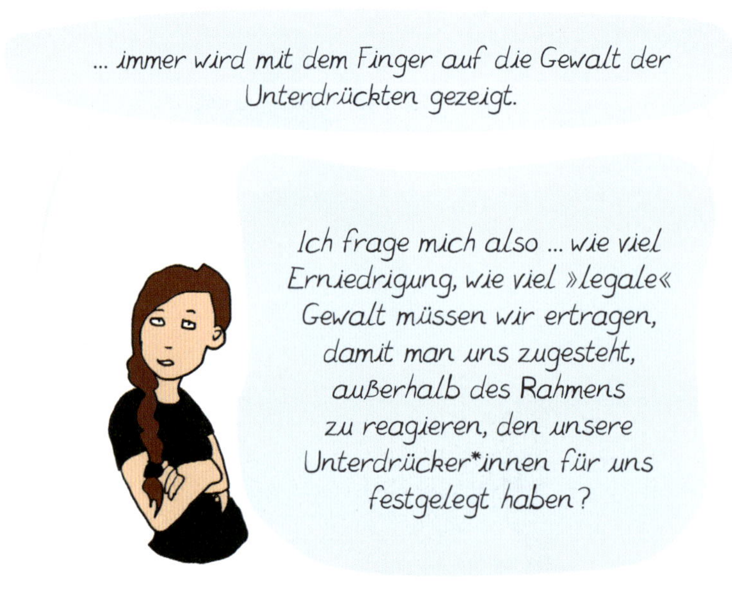
... immer wird mit dem Finger auf die Gewalt der Unterdrückten gezeigt.
Ich frage mich also ... wie viel Erniedrigung, wie viel »legale« Gewalt müssen wir ertragen, damit man uns zugesteht, außerhalb des Rahmens zu reagieren, den unsere Unterdrücker*innen für uns festgelegt haben?

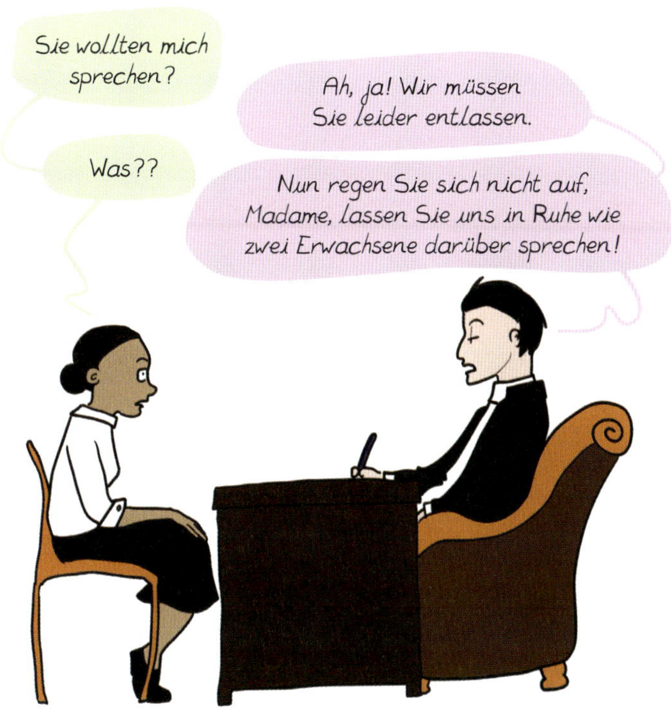
Sie wollten mich sprechen?
Ah, ja! Wir müssen Sie leider entlassen.
Was??
Nun regen Sie sich nicht auf, Madame, lassen Sie uns in Ruhe wie zwei Erwachsene darüber sprechen!

4

Die Geschichte meiner Freundin C.

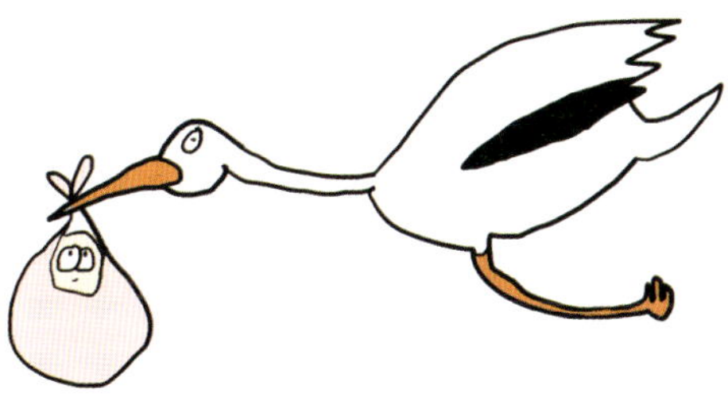

Ich lerne C. in einem feministisch-aktivistischen Kollektiv kennen. Wir verstehen uns gut, gehen etwas trinken und sie erzählt mir die Geschichte ihrer Entbindung. Ich falle aus allen Wolken, weil ich selbst eine sehr gute Erfahrung gemacht habe. Also informiere ich mich, lese Berichte und suche Zahlen heraus. Und ich entscheide mich, darüber zu sprechen.

Meine Freundin C. ist witzig, intelligent

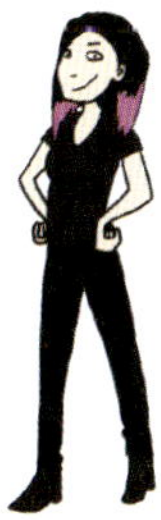

und sie weiß, was sie will.

2007 hat C. ein Baby im Bauch.

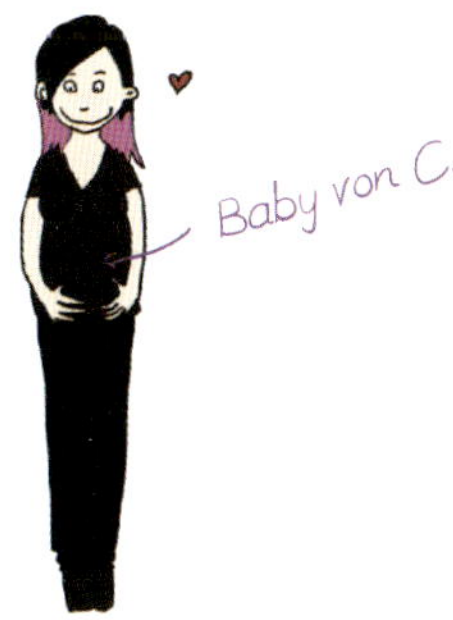

Sie bereitet die Geburt sorgfältig vor, es ist ein sehr wichtiger Moment für sie. Sie entscheidet sich für eine Geburtsklinik, die vorzugsweise natürliche Geburten durchführt,

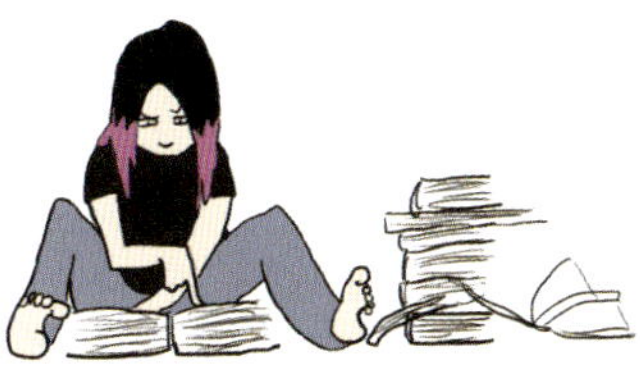

nimmt an allen Kursen teil und informiert sich ausführlich.

Am 11. September platzt ihre Fruchtblase und sie begibt sich in die Geburtsklinik. Die Wehen dauern lange an, stundenlang geht sie mit ihrem Freund die Gänge auf und ab.

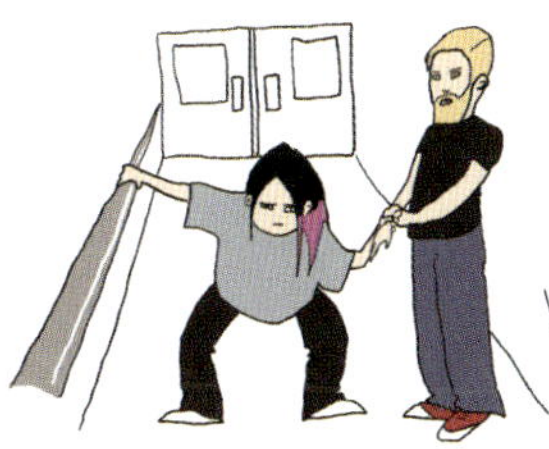

Sie möchte gerne in die Badewanne, die man ihr während der Vorbereitungskurse gezeigt hat, aber das Personal nimmt sich nicht die Zeit dazu.

Nach 20 Stunden merkt C., dass sie eine PDA (Periduralanästhesie) braucht, um sich ausruhen und dann pressen zu können. Denn eines fürchtet sie besonders: einen Dammschnitt.

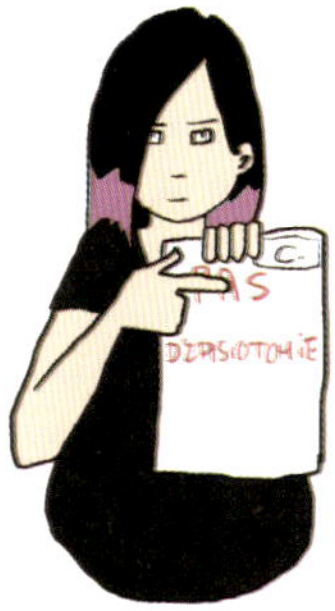

Sie fürchtet sich so sehr davor, dass sie in ihre Akte hat schreiben lassen, dass sie auf keinen Fall einen Dammschnitt haben möchte.

Die PDA wirkt ein bisschen, dann kommen die Schmerzen zurück. Trotz allem fühlt sich C. in der Lage, ihr Baby zu gebären. Die Presswehen dauern lange, aber beiden geht es gut. Und trotzdem ...

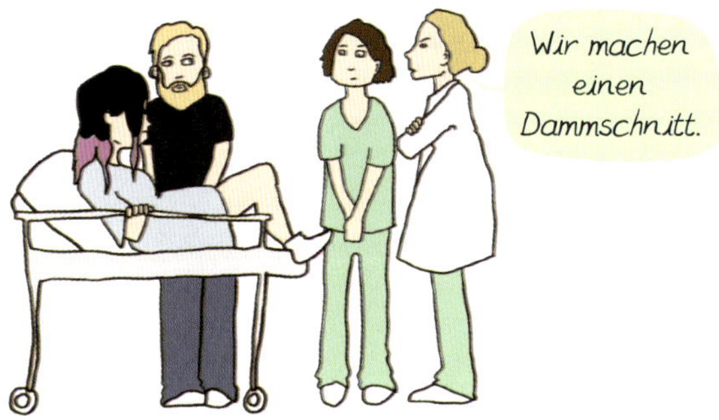

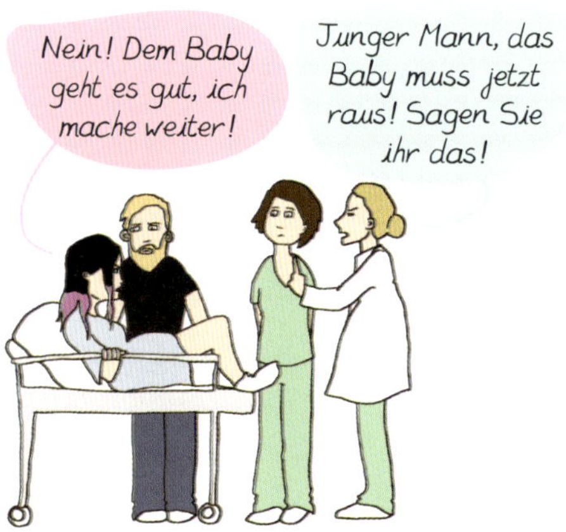

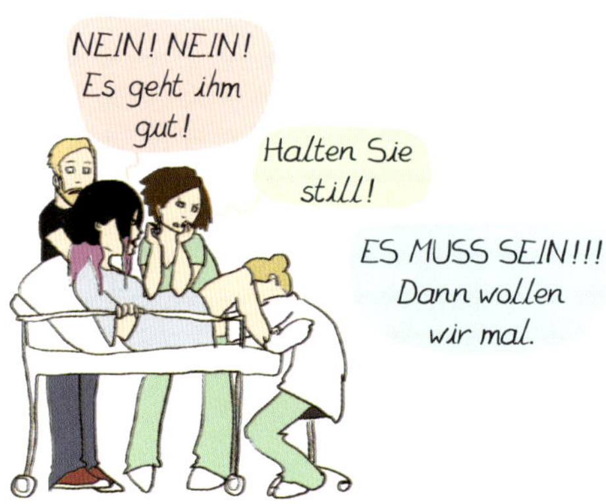

Das Baby kommt zur Welt, aber C. ist unglücklich. Sie fühlt sich verstümmelt. Niemand sagt ihr, dass sie im Moment starke Blutungen hat.

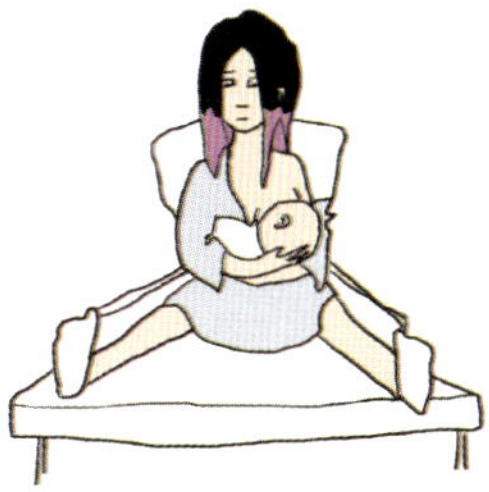

Ihr Freund wird mit dem Baby rausgeschickt und C. wird mit mehreren Stichen genäht, rektal untersucht und ihre Gebärmutter wird abgetastet.

Die Wochen nach der Geburt verbringt C. mit Weinen. Ihr Dammschnitt musste mit 13 Stichen genäht werden.

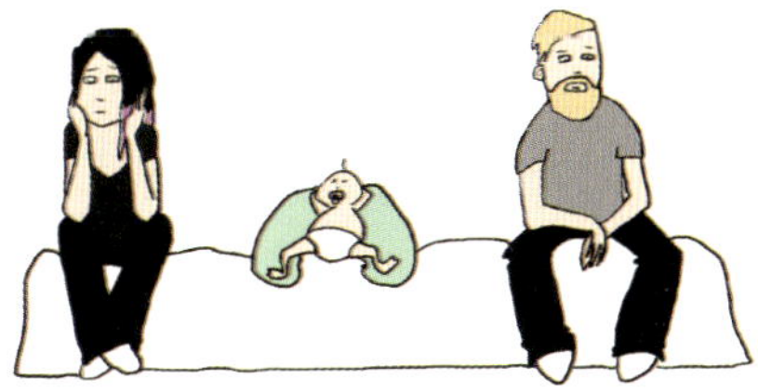

Die Naht verheilt schlecht, ihre Beziehung und ihre Sexualität bekommen einen Knacks.

C. wird viel Zeit und psychologische Hilfe brauchen, um ihre Depression zu überwinden.

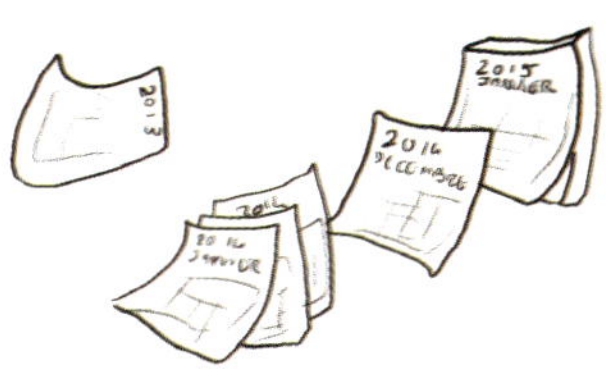

Ihre Entbindung, so sorgfältig vorbereitet, ist überhaupt nicht so verlaufen, wie sie es sich gewünscht hatte.

Als ich die Geschichte von C. meinen Freund*innen erzähle, sind ihre Reaktionen unmissverständlich.

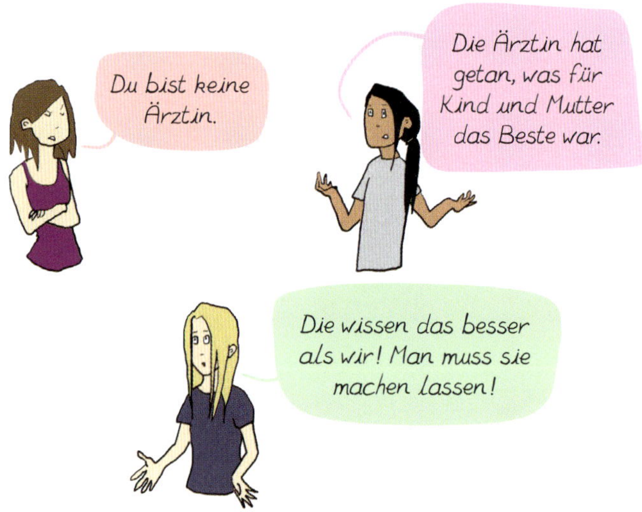

Nur dass C., im Gegensatz zu meinen Freund*innen, weiß, dass ein Dammschnitt in Wirklichkeit nur sehr selten notwendig ist. Erinnern wir uns, worum es geht:

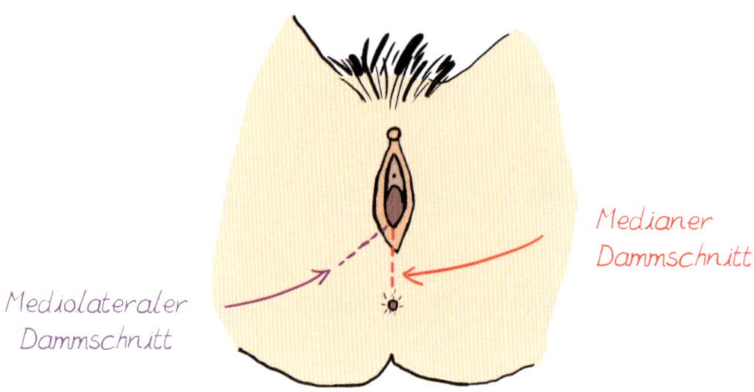

Dabei wird der Scheideneingang mehrere Zentimeter aufgeschnitten: Schleimhaut, Haut und Damm werden dabei durchtrennt.

Lange als Ultima Ratio angesehen,
wird dieser Eingriff ab den 1920er-Jahren sehr beliebt.

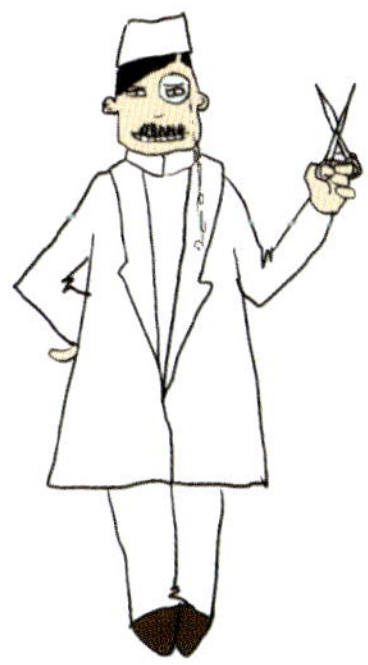

Heute wird er in durchschnittlich
30% der Fälle durchgeführt.

Mediziner*innen nennen
unterschiedliche Gründe dafür.

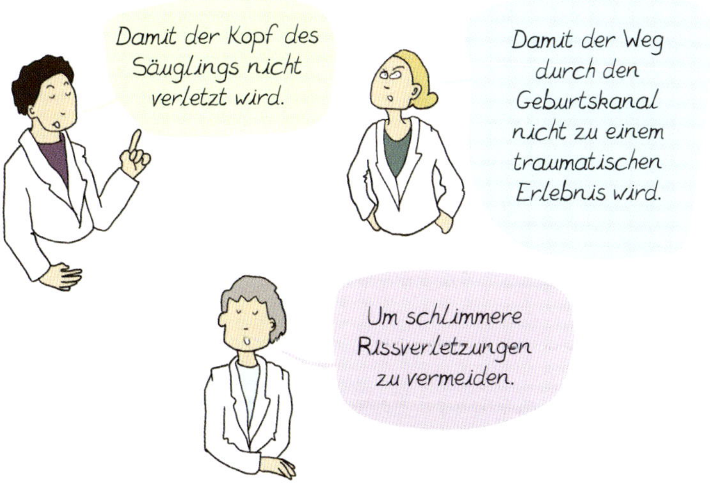

Nur, dass keine dieser Erklärungen eine wissenschaftliche Grundlage hat …

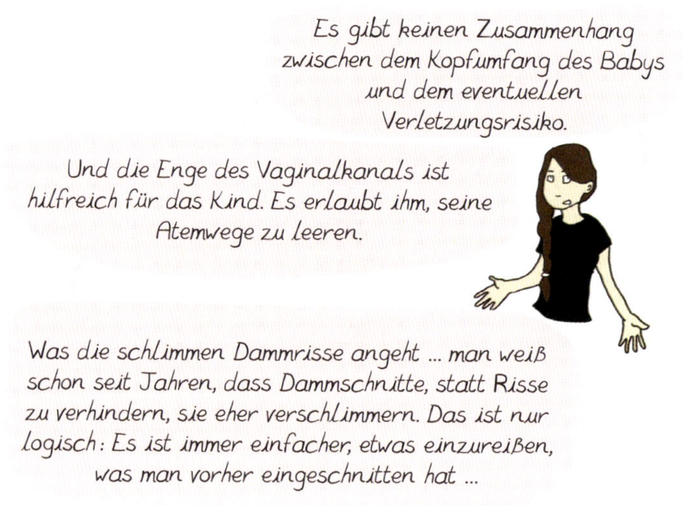

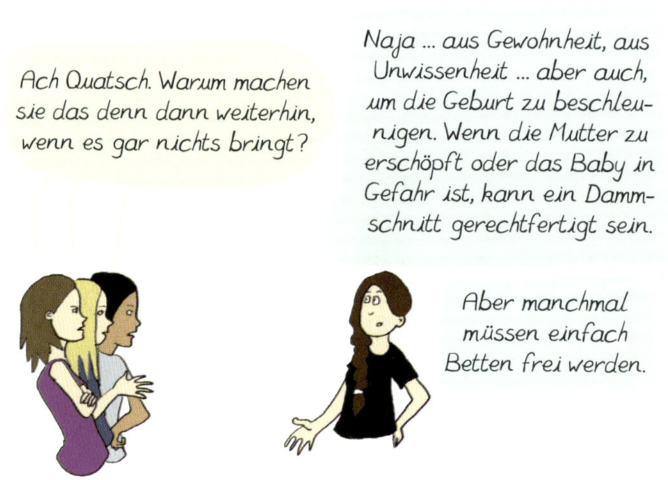

Die Wahrheit ist, dass das allgemeine Interesse für die weiblichen Genitalien nicht über ihre Fortpflanzungsfunktion hinausreicht.

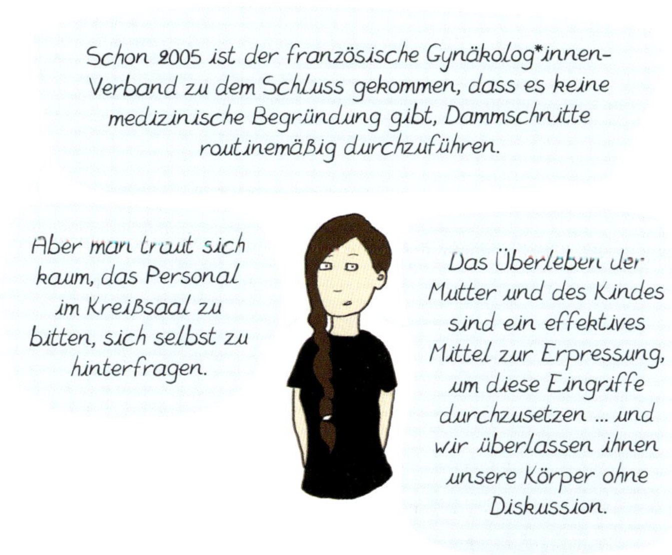
Schon 2005 ist der französische Gynäkolog*innen-Verband zu dem Schluss gekommen, dass es keine medizinische Begründung gibt, Dammschnitte routinemäßig durchzuführen.
Aber man traut sich kaum, das Personal im Kreißsaal zu bitten, sich selbst zu hinterfragen.
Das Überleben der Mutter und des Kindes sind ein effektives Mittel zur Erpressung, um diese Eingriffe durchzusetzen ... und wir überlassen ihnen unsere Körper ohne Diskussion.

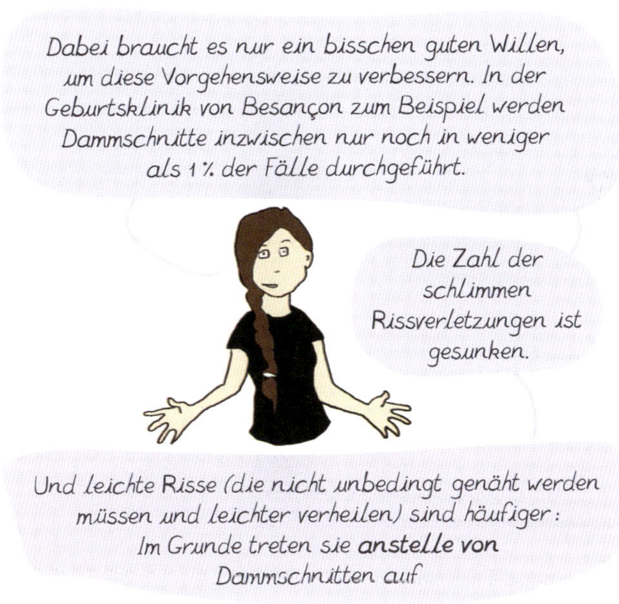
Dabei braucht es nur ein bisschen guten Willen, um diese Vorgehensweise zu verbessern. In der Geburtsklinik von Besançon zum Beispiel werden Dammschnitte inzwischen nur noch in weniger als 1 % der Fälle durchgeführt.
Die Zahl der schlimmen Rissverletzungen ist gesunken.
Und leichte Risse (die nicht unbedingt genäht werden müssen und leichter verheilen) sind häufiger: Im Grunde treten sie **anstelle von** Dammschnitten auf

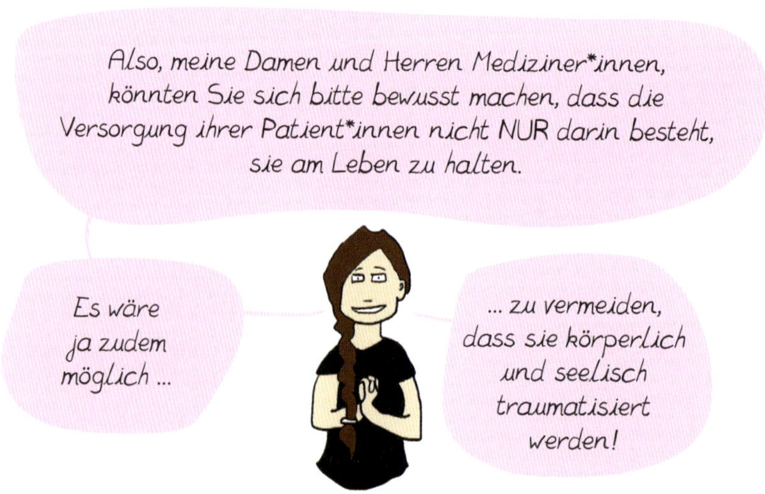
Also, meine Damen und Herren Mediziner*innen, könnten Sie sich bitte bewusst machen, dass die Versorgung ihrer Patient*innen nicht NUR darin besteht, sie am Leben zu halten.
Es wäre ja zudem möglich ...
... zu vermeiden, dass sie körperlich und seelisch traumatisiert werden!

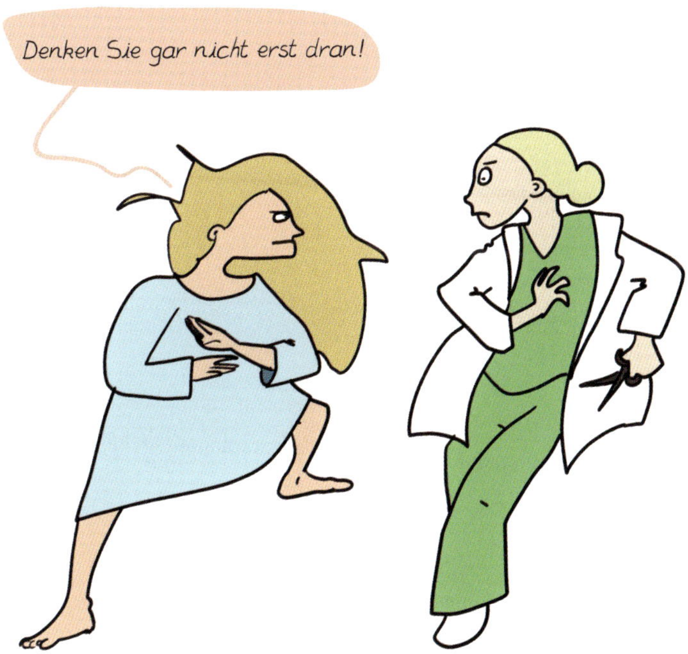
Denken Sie gar nicht erst dran!

5

Der männliche Blick

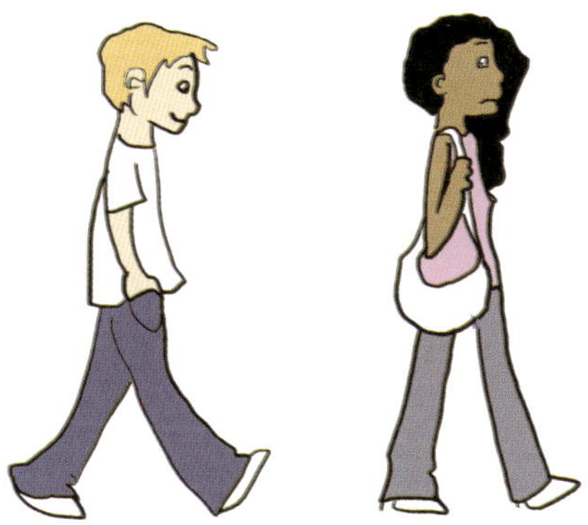

Es wird Sommer im Jahr 2016 und die Temperaturen steigen.
Es wird Zeit, die Garderobe anzupassen.
Ein Kollege hält es für notwendig, mir mitzuteilen,
dass er den Anblick genießt, den unsere leichten Kleider ihm bieten.
Ich sehe mich gezwungen, ihm zu erklären,
dass dieser Anblick gar nicht speziell für ihn gedacht ist.
In was für einer Gesellschaft erscheint der Gedanke berechtigt,
Frauen würden der ästhetischen Befriedigung von Männern dienen?

Vor ein paar Jahren unterhielt ich mich mit einem Kumpel am Strand. Vor uns badete eine Frau.

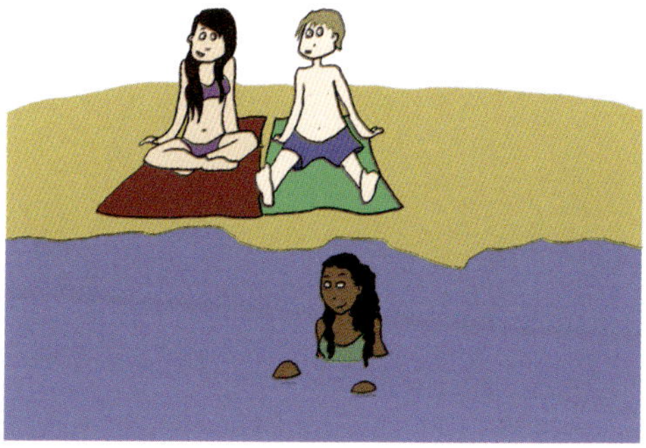

Als sie aus dem Wasser stieg, sah mein Kumpel sie angewidert an.

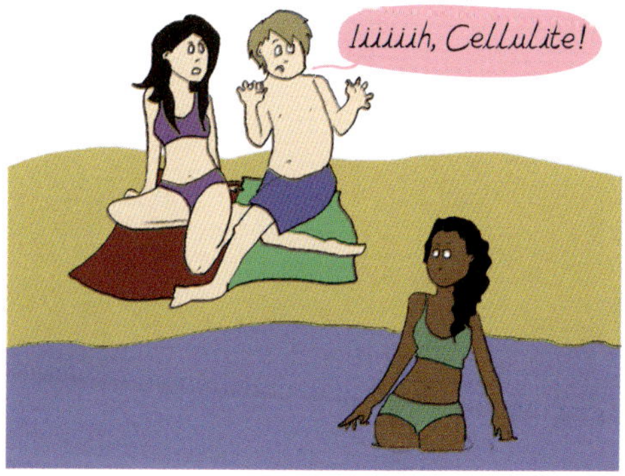

Diesen Moment werde ich nie vergessen, denn die Frau hat den Kommentar mitbekommen. Aber es war weder das erste noch das letzte Mal, dass ich so etwas von einem Mann gehört habe.

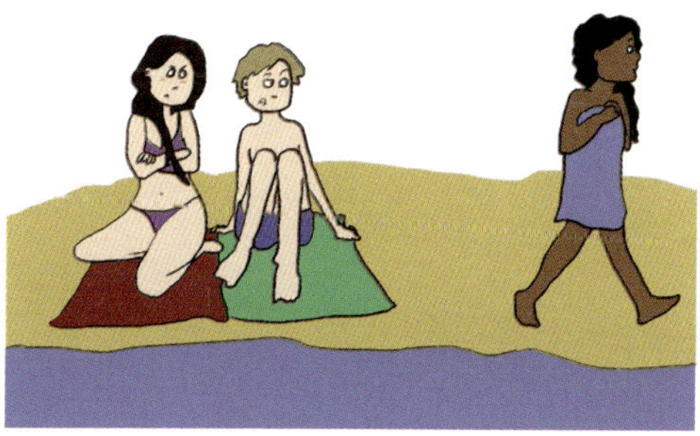

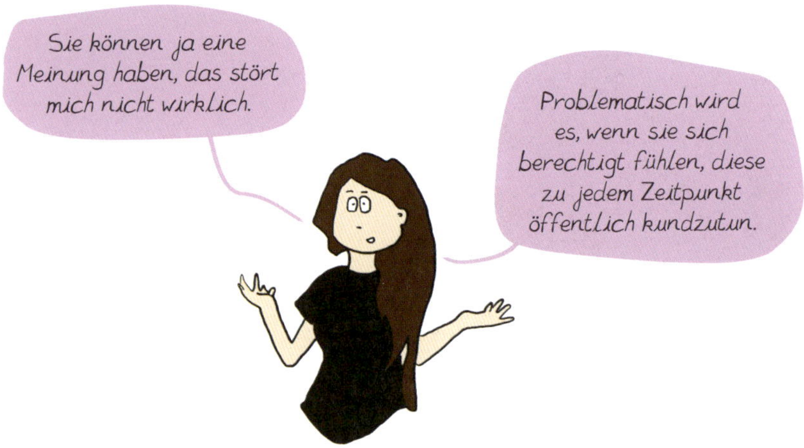
Sie können ja eine Meinung haben, das stört mich nicht wirklich.
Problematisch wird es, wenn sie sich berechtigt fühlen, diese zu jedem Zeitpunkt öffentlich kundzutun.

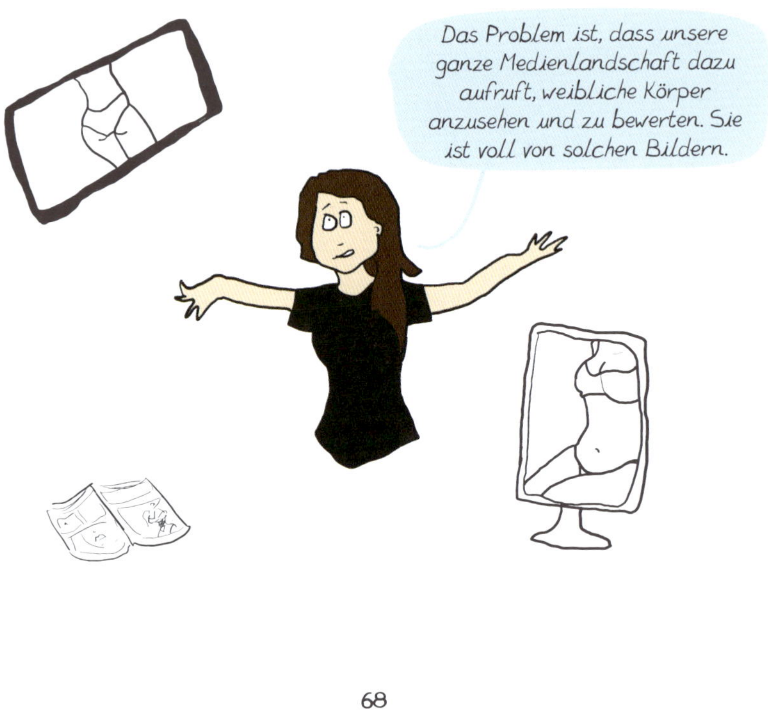
Das Problem ist, dass unsere ganze Medienlandschaft dazu aufruft, weibliche Körper anzusehen und zu bewerten. Sie ist voll von solchen Bildern.

Sei es im Kino,

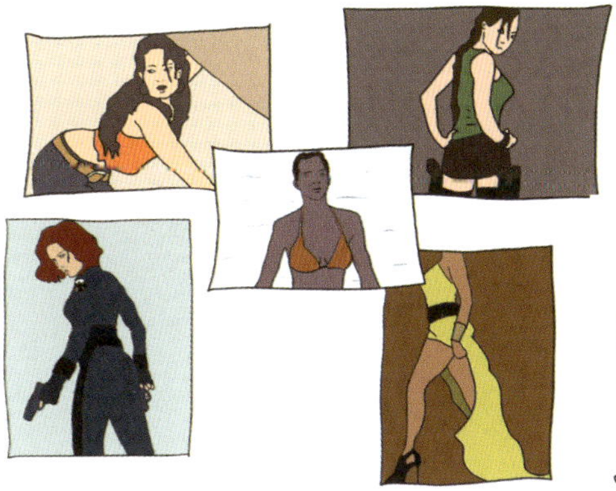

in der Werbung,

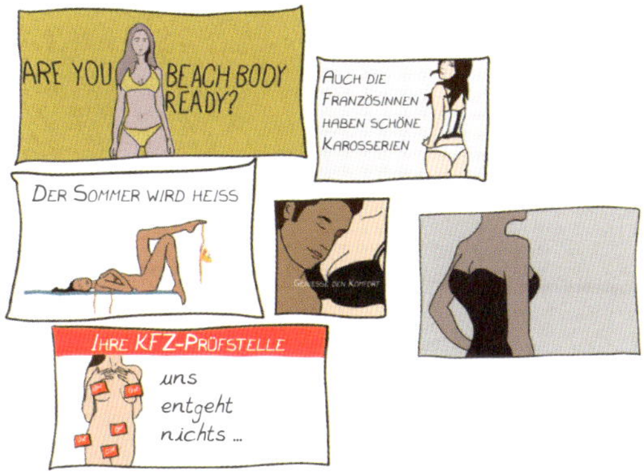

in Comics ...

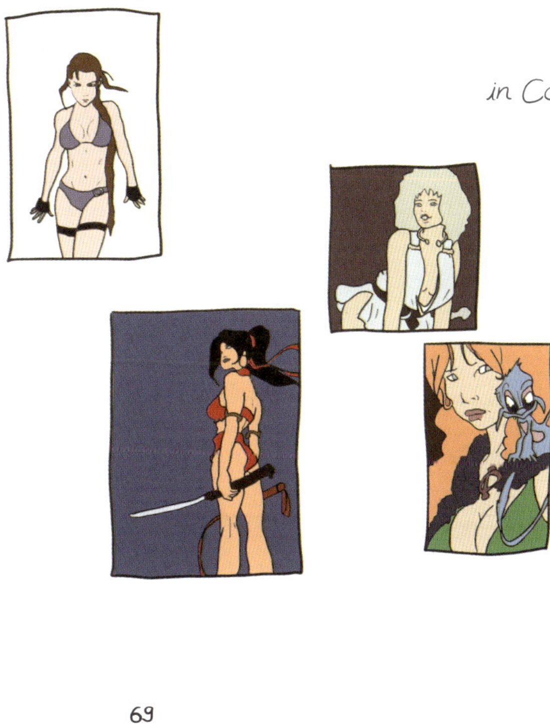

... oder in Videospielen.

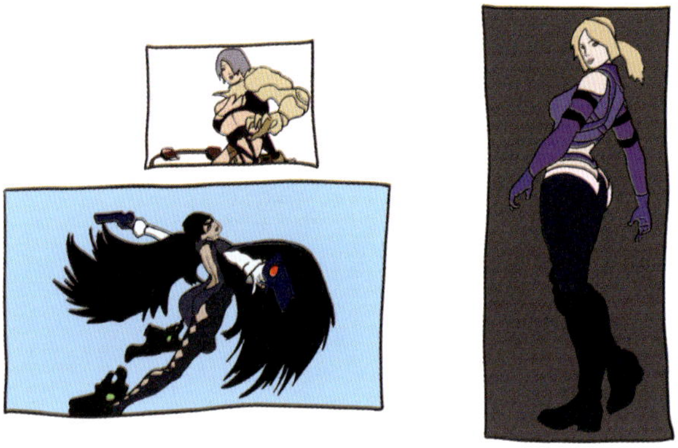

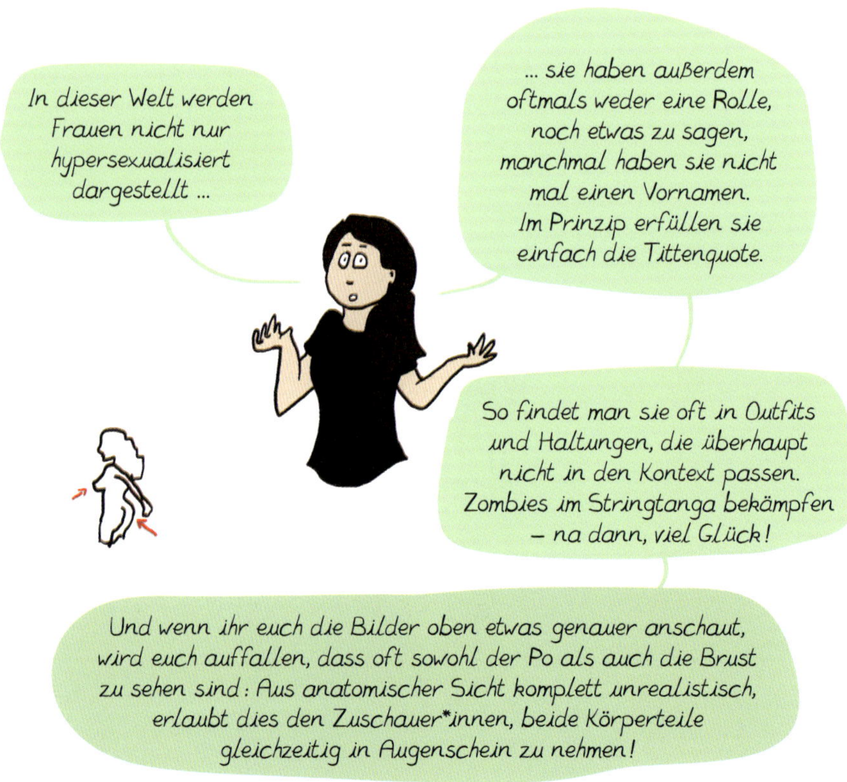

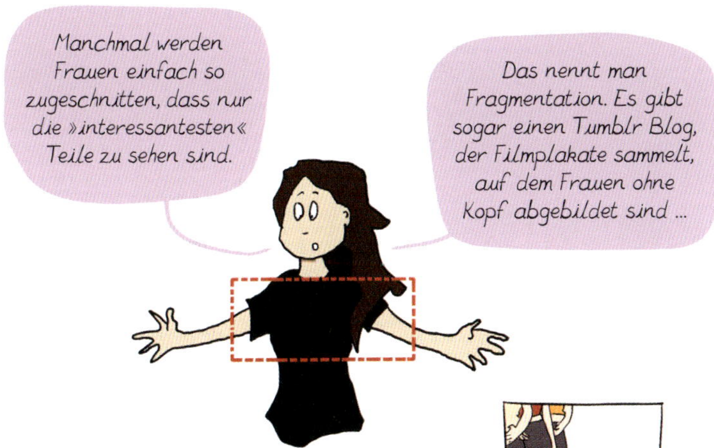

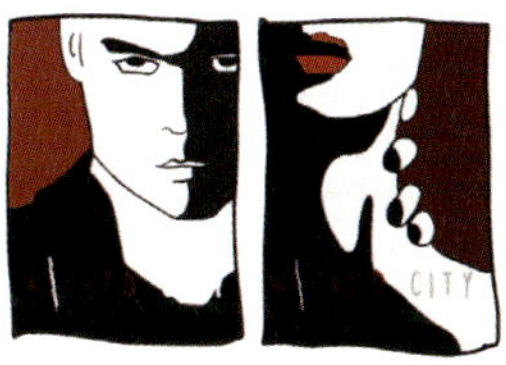

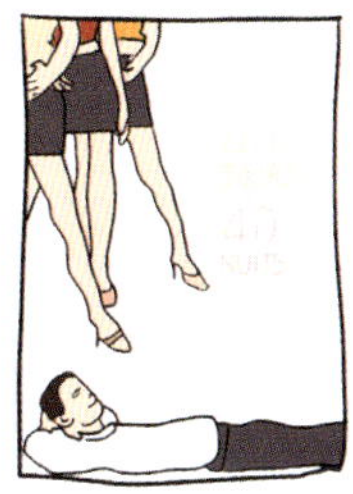

Und das Schlimmste daran ist: Da diese ganze Welt durch und für die Augen eines heterosexuellen Mannes gestaltet ist …

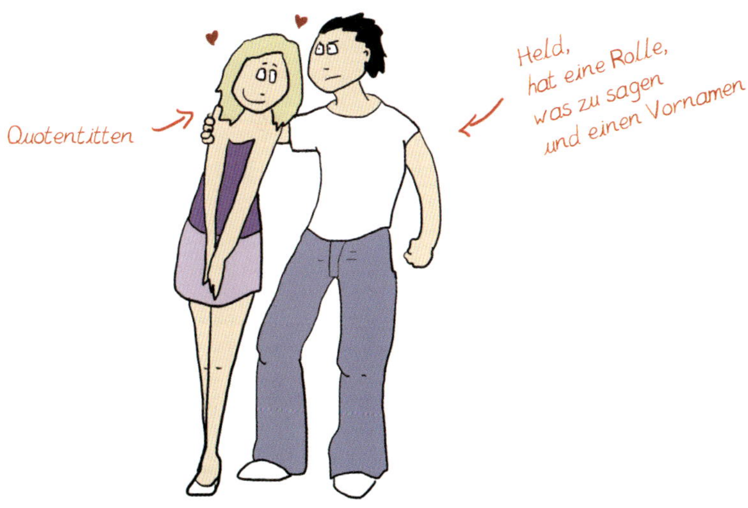

… beginnen allmählich sogar die Frauen, sich untereinander zu objektifizieren. Das ist in etwa die Haltung, die man als »coole« Freundin haben muss.

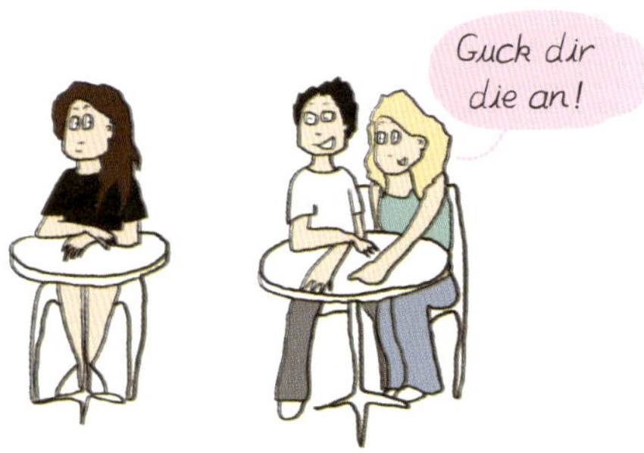

Ich persönlich habe diese Szene umgekehrt noch nie erlebt. Und wenn ich einem Kumpel einen gutaussehenden Typen zeige, heißt es immer: »Keine Ahnung, ich bin hetero.«

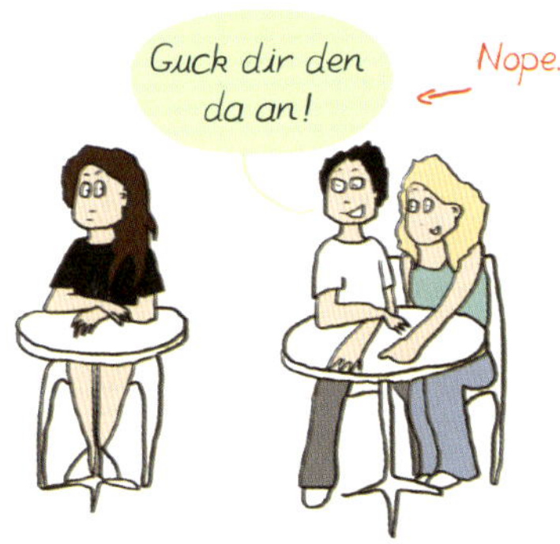

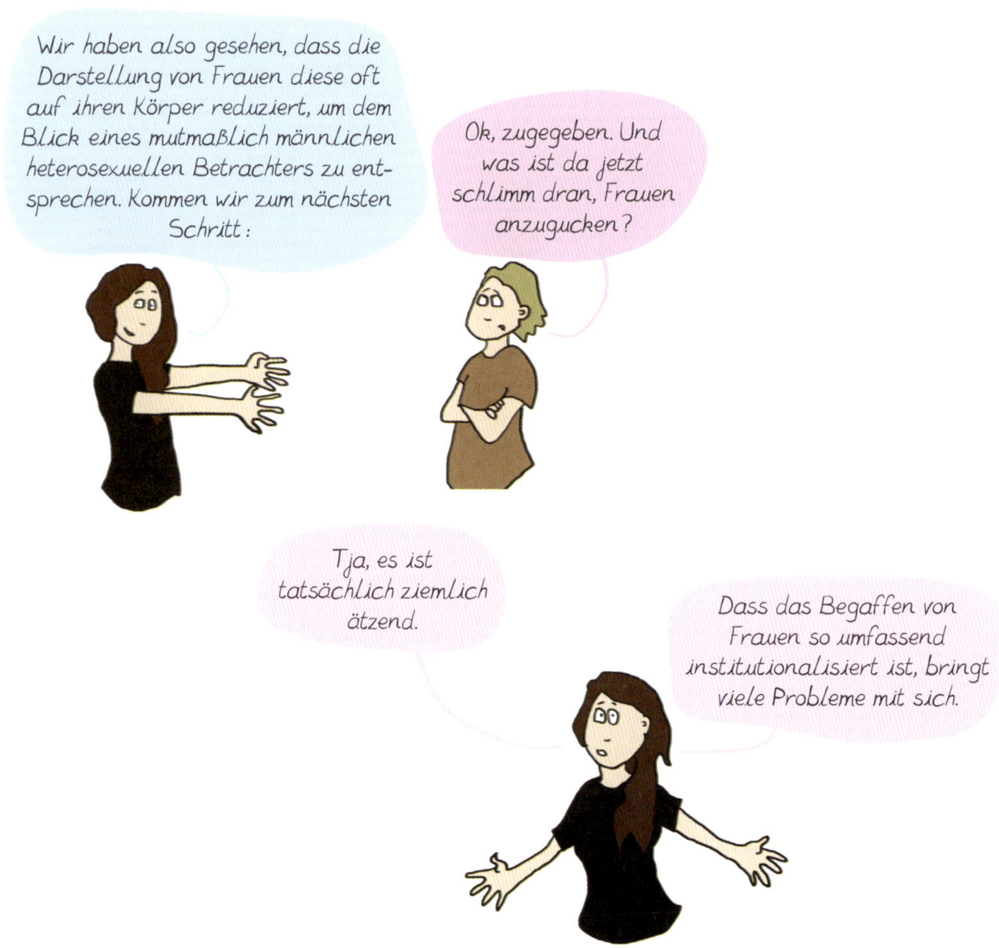

Zum einen müssen sich Betrachter*innen, deren Geschlecht und sexuelle Orientierung dabei übergangen wird, anpassen, sei es, indem sie sich in eine Rolle hineinversetzen, der kaum Bedeutung beigemessen wird, oder indem sie ihre eigene Identität aufgeben und sich vorstellen, männlich und heterosexuell zu sein. Es ist aber so, dass wir unser Selbst von klein auf durch die Charaktere konstruieren, mit denen wir uns identifizieren. Da ist es problematisch, sich zwischen dem Püppchen und der Norm des Heterotypen entscheiden zu müssen, wenn das nicht unserer Identität entspricht.

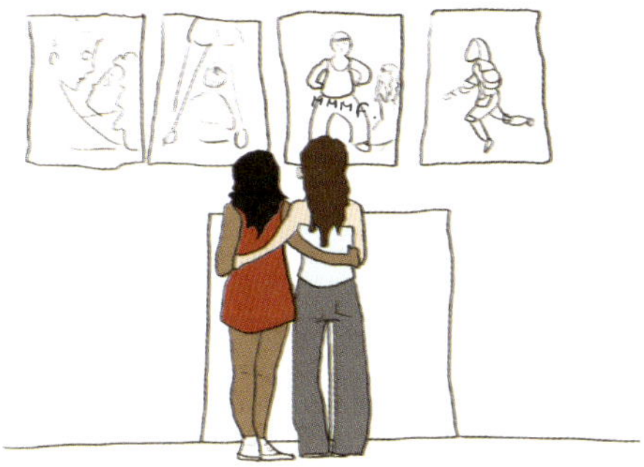

Außerdem sind Männer, wie mein Kumpel am Strand, es gewohnt, Frauenkörper zu beurteilen und zu kommentieren. Es fällt ihnen schwer, uns aus einem anderen Blickwinkel zu sehen.
Bei der Arbeit fällt das besonders auf. Wenn sich eine Frau für einen Job vorstellt, diskutieren meine Kollegen als erstes, ob sie gut aussieht oder nicht.

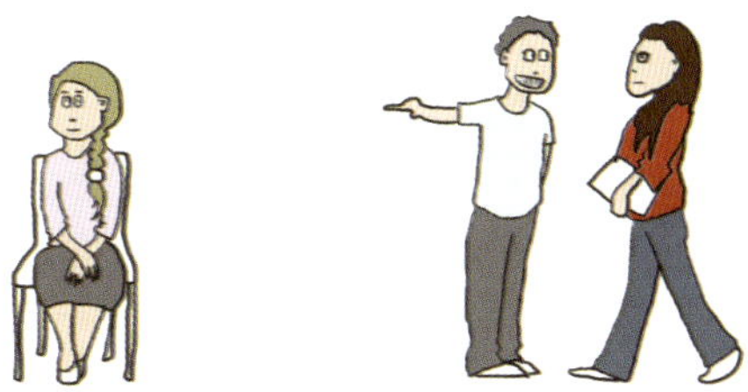

Und da wir uns dessen bewusst sind, weil wir das schon so oft erlebt haben, haben wir niemals Ruhe davor. Ob auf der Straße, in den öffentlichen Verkehrsmitteln, bei der Arbeit oder auf Partys: Wir wissen, dass wir betrachtet werden, und das hindert uns daran, uns zu entspannen und uns auf das zu konzentrieren, was wir zu tun haben.

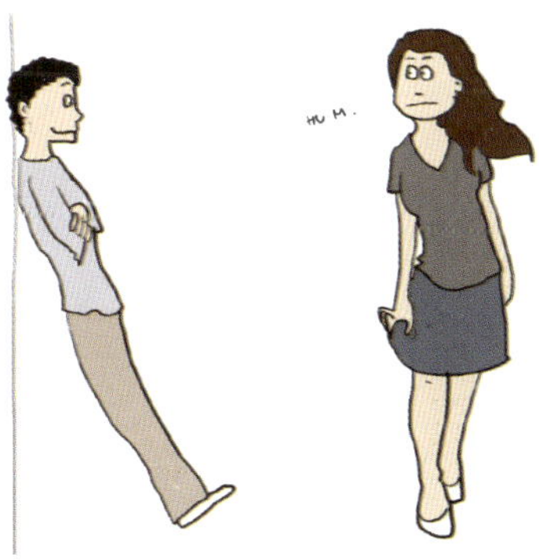

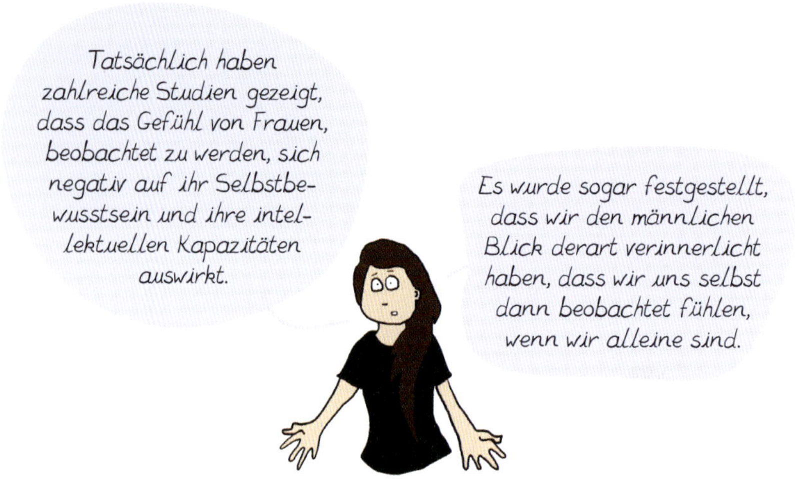

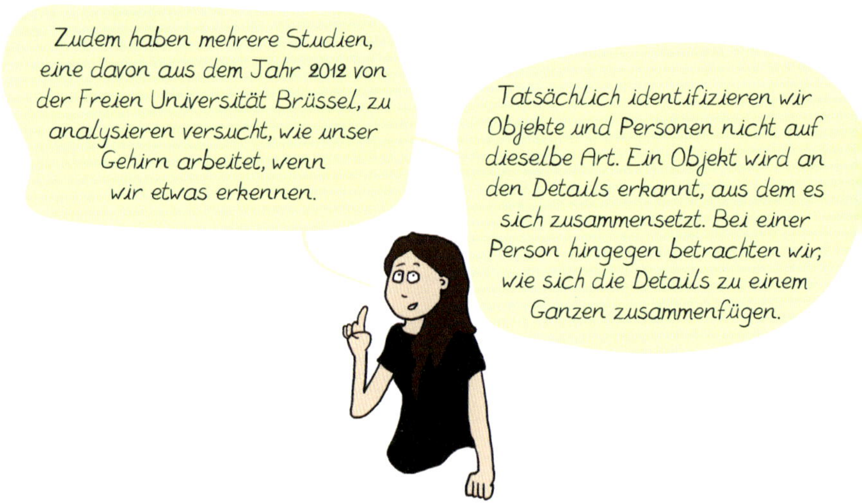

Und, naja, die Forscher*innen haben festgestellt, dass wir Männer in der Tat wie menschliche Wesen betrachten, Frauen hingegen auf dieselbe Art analysiert werden wie Objekte – und zwar unabhängig vom Geschlecht der betrachtenden Person.

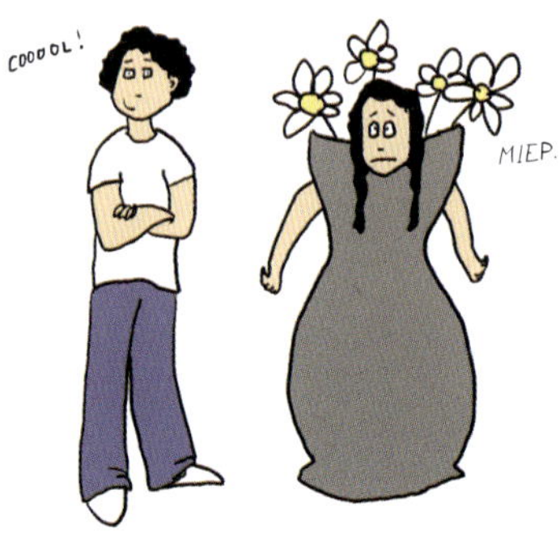

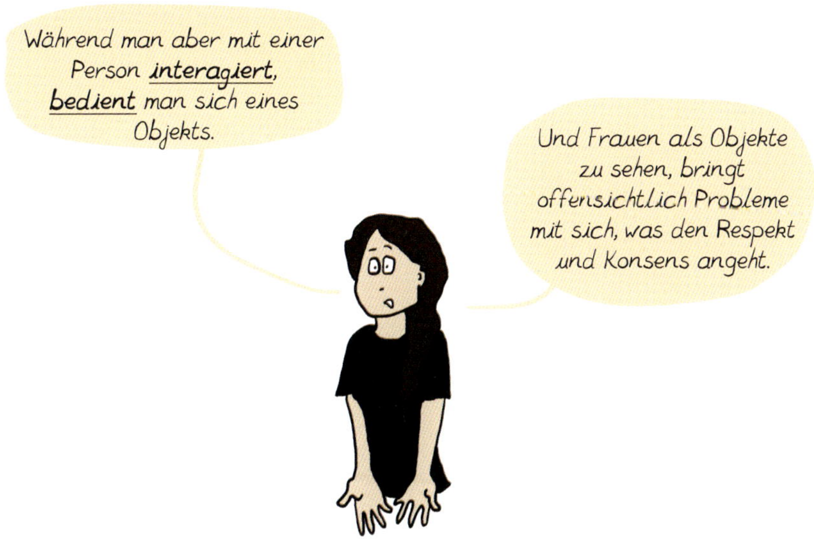

Während man aber mit einer Person interagiert, bedient man sich eines Objekts.
Und Frauen als Objekte zu sehen, bringt offensichtlich Probleme mit sich, was den Respekt und Konsens angeht.

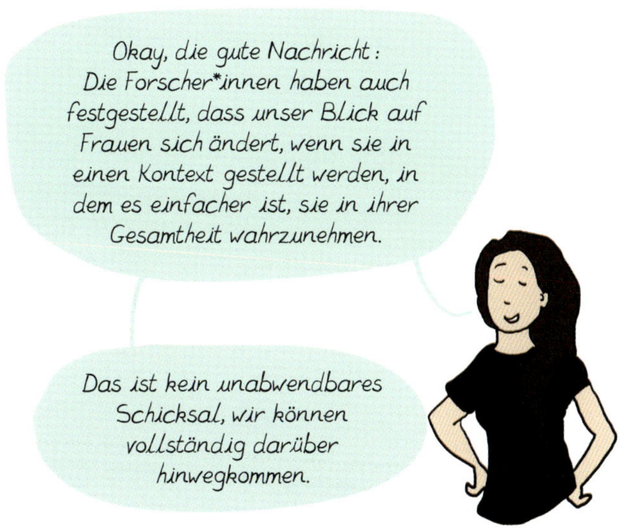

Okay, die gute Nachricht: Die Forscher*innen haben auch festgestellt, dass unser Blick auf Frauen sich ändert, wenn sie in einen Kontext gestellt werden, in dem es einfacher ist, sie in ihrer Gesamtheit wahrzunehmen.
Das ist kein unabwendbares Schicksal, wir können vollständig darüber hinwegkommen.

Ich würde also vorschlagen, dass wir uns alle anstrengen, Frauen nicht mehr visuell zu zerstückeln. Dann könnten wir uns alle auf interessantere Dinge konzentrieren!

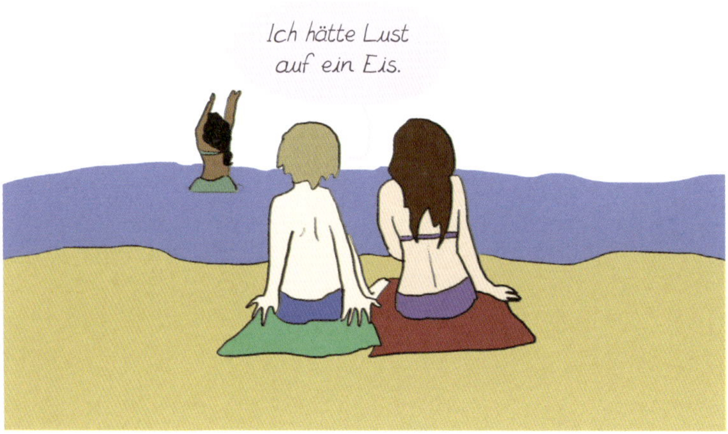

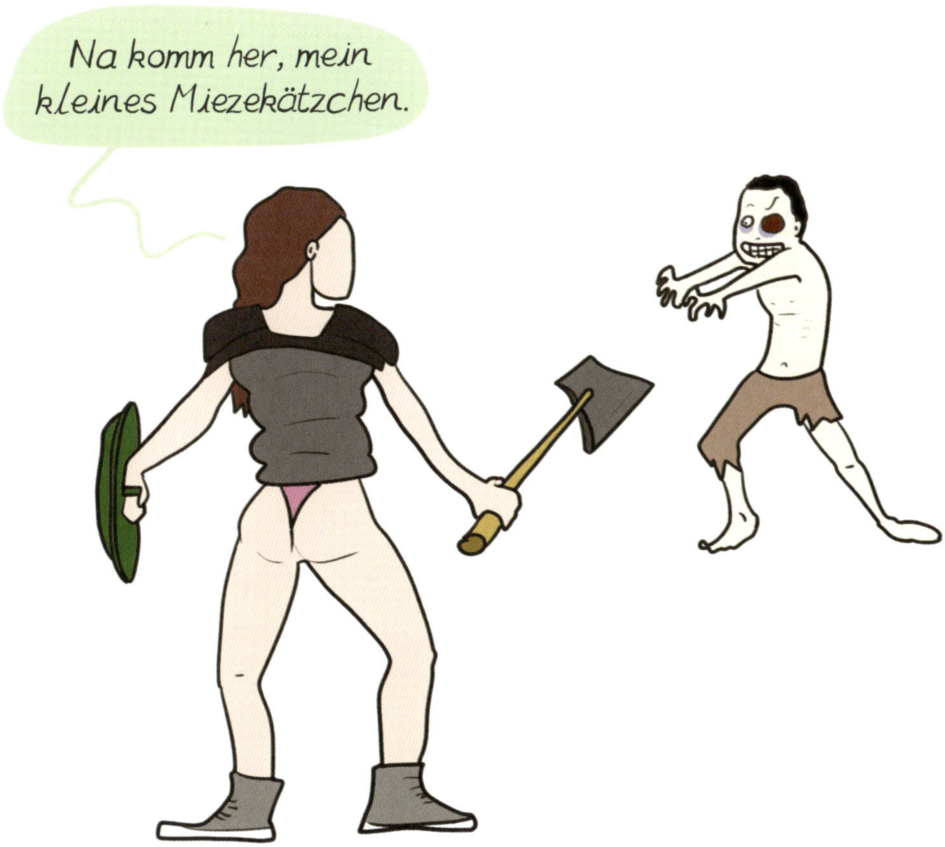
Na komm her, mein kleines Miezekätzchen.

6

Zeig her deine Brüste

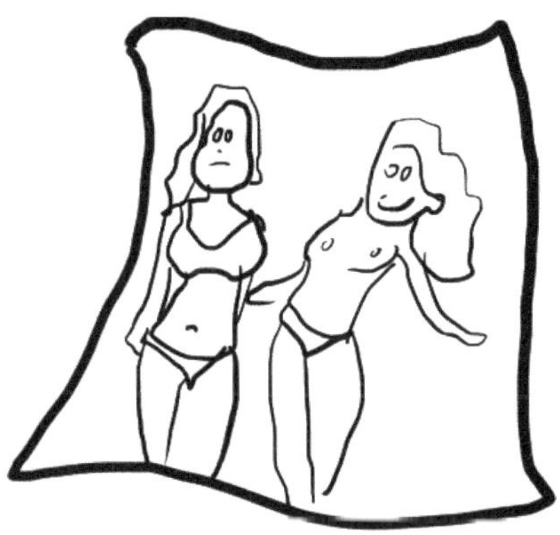

Ich heiße Ariane, ich bin Französin, meine Eltern und auch deren Eltern stammen ebenfalls aus Frankreich.

Vor einigen Jahrzehnten habe ich meinem Herkunftsland und dem dortigen rechtspopulistischen Terror den Rücken gekehrt und bin nach Maristan[1] gezogen.

Ich habe einen anderen französischen Auswanderer geheiratet und wir haben zwei tolle Kinder zusammen bekommen.

Heute bin ich 46 Jahre alt und fühle mich in meinem Gastland, das mir anfangs so schön erschien, nicht mehr zu Hause.

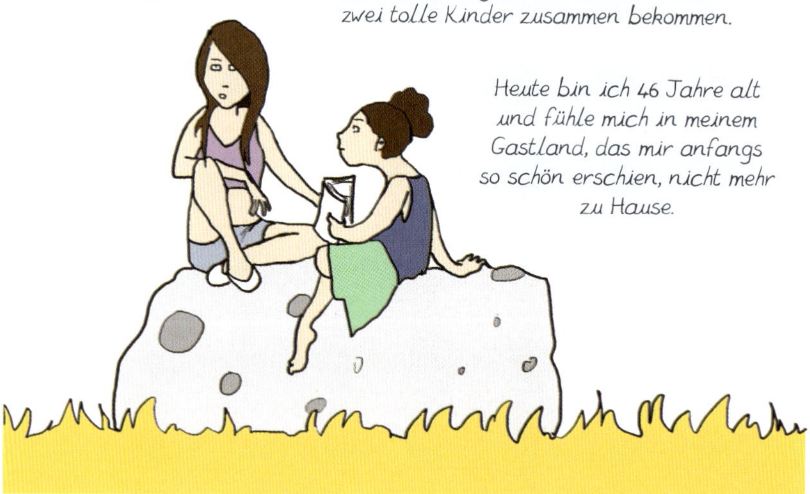

1 Anm. d. Ü.: Land, das der überbordenden Fantasie der Autorin entsprungen ist.

Ich bin in Frankreich aufgewachsen.
In meiner Familie und in denen meiner Freund*innen hatten wir Gewohnheiten, die ich nie hinterfragt habe, bis ich hierher kam. Im Sommer liefen die Männer der Familie mit freiem Oberkörper rum. Auch bei kleinen Mädchen wurde das (stillschweigend) akzeptiert, bis ihre Brüste zu wachsen begannen.
Wir Frauen trugen immer ein Shirt, um unsere Brust zu bedecken.

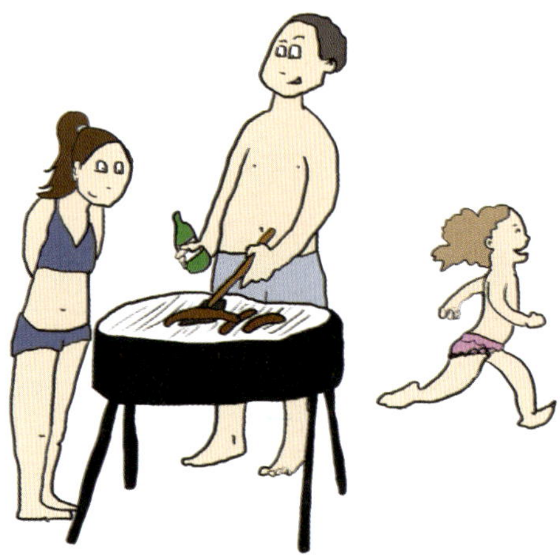

Beim Baden trugen wir keine Shorts wie unsere männlichen Spielkameraden. Wir trugen so ein praktisches Ding, das man »Badeanzug« nannte, er bestand aus einem oder zwei Teilen und war in allen möglichen Farben verfügbar. Damit konnte man schwimmen und im Wasser spielen, ohne befürchten zu müssen, dass unsere mysteriösen Brüste entblößt werden könnten.

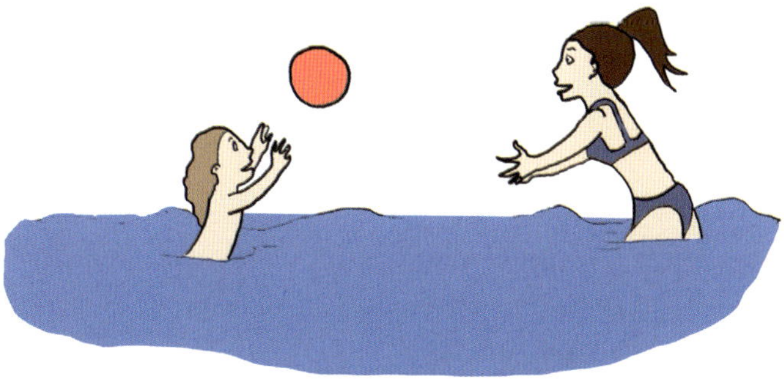

Ich habe diese Gewohnheit nie als Unterdrückung angesehen. Auch wenn es meinen neuen Landsleuten unwahrscheinlich vorkommen mag, haben sich mein Vater und meine Mutter sehr gut verstanden, ich hatte eine glückliche Kindheit und man hat mir nie gesagt, dass mein Körper schmutzig sei oder dass meine Zukunft einzig darin bestehen würde, eine Familie zu gründen und für sie zu kochen.

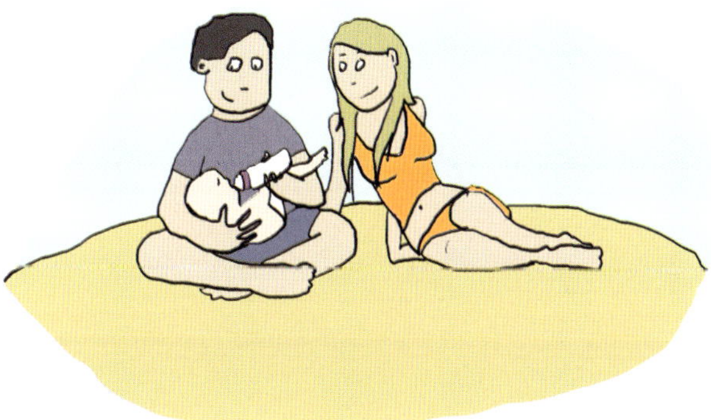

Als ich in Maristan ankam, war ich total begeistert davon, wie groß Frauenrechte in diesem Land geschrieben werden. Man erklärte mir, dass Frauen sich ebensowenig für ihre Brust schämen müssten wie die Männer, beschämend sei eher, dass man uns zwinge, sie zu verstecken. Ich stimmte dem weitestgehend zu. Trotzdem fiel es mir schwer, nun mit einem Mal meine Brüste zu entblößen, die ich bisher immer versteckt hatte. Ich trug also weiterhin BHs und T-Shirts, obwohl Maristan ein sehr warmes Land ist.

Ich war auch nicht die einzige, denn in meinem Viertel wohnten viele Frauen französischer und europäischer Herkunft, die weiterhin ihre Brust bedeckten. Manchmal trafen wir uns in einem kleinen Anflug von Nostalgie, um uns »Brustverhüllungen« zu nähen, wie man sie hier nennt, denn das einzige Geschäft für BHs, das eine Freundin eröffnet hatte, wurde von den Behörden geschlossen.

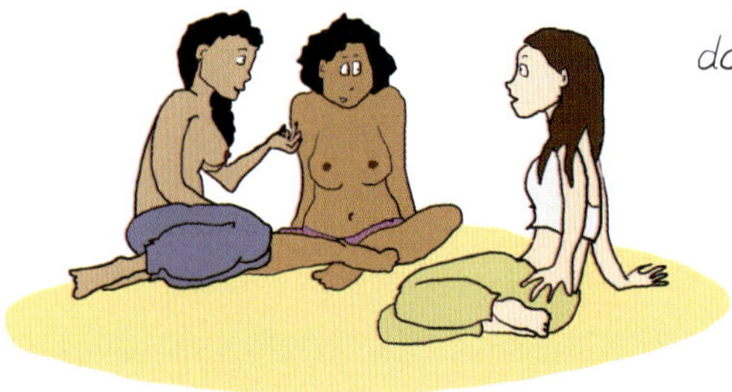

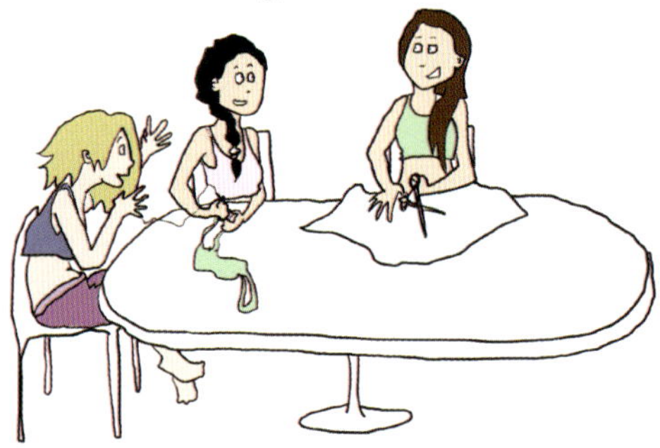

Ich habe meiner Tochter nie gesagt, dass die weibliche Brust Männer in Versuchung bringen würde. Ich habe sie in der Schule lernen lassen, dass alle Menschen gleichwertig sind, unabhängig von ihren physiologischen Unterschieden.

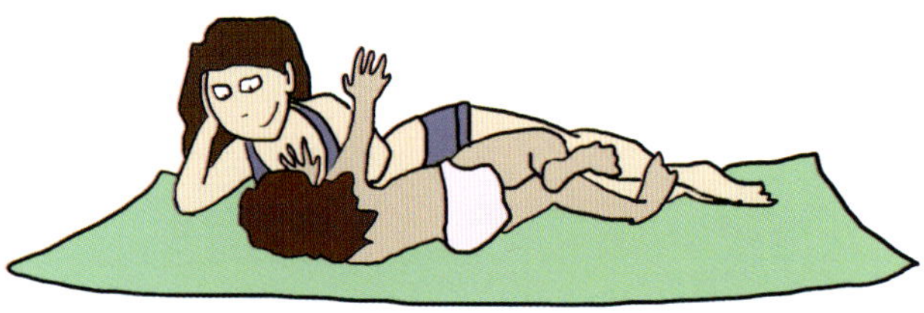

Als sie mich fragte, warum ich meine Brust nicht entblößen würde, habe ich nur geantwortet, dass das eine »Frage der Gewohnheit« sei.

Eines Tages kam meine Tochter in das Alter, in dem der Körper sich verändert. Die Hüften werden breiter und die ersten Rundungen erscheinen. Sie bekam ihre erste Regel und ich war es und nicht ihr Vater, die ihr dabei half, diesen Schritt zu meistern.

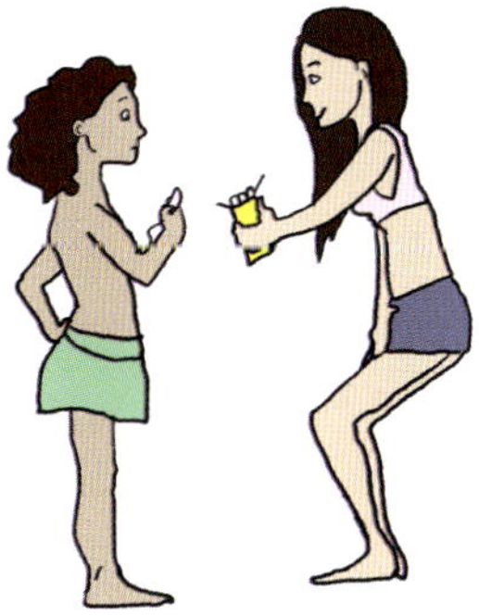

Sie bekam Brüste und konnte nicht aufhören, sie anzusehen und anzufassen, sie war gleichzeitig stolz und ein bisschen panisch. Beim Rennen wippten sie und das störte beim Basketballspielen, aber es gab ihr auch ein merkwürdiges Gefühl von Leichtigkeit.

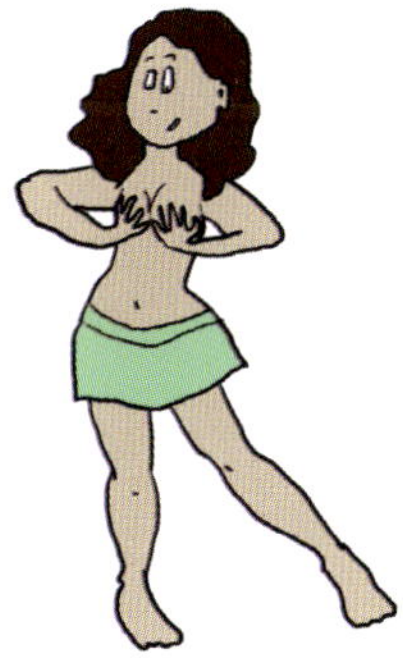

Eines Tages kam sie mit ernster Miene auf mich zu und fragte mich nach einem Büstenhalter. Ich war erschüttert und aufgewühlt. Ich erinnerte mich daran, wie ich selbst damals meine Mutter darum gebeten hatte.

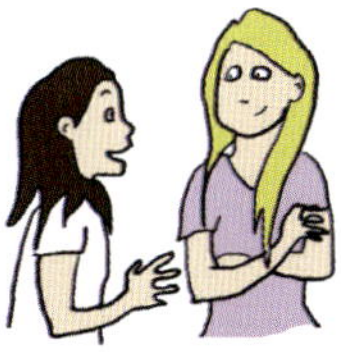

Nun, ich hatte damals etwas andere Gründe.

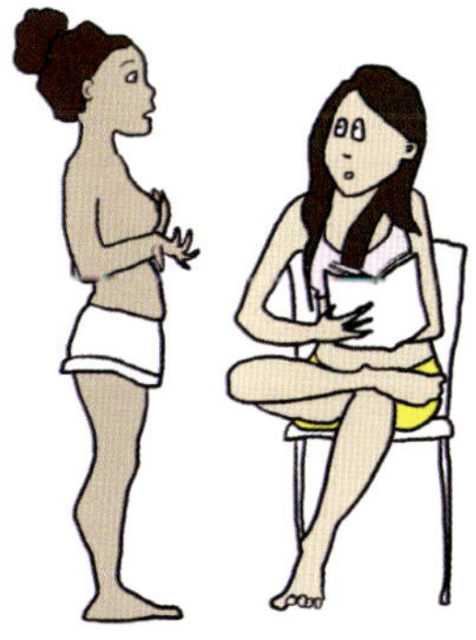

Ich hatte gar keinen Busen, aber ich wollte erwachsen wirken, den Jungs gefallen. Es ist tatsächlich so, dass in meinem Herkunftsland junge Mädchen schon früh dazu ermuntert werden, sich zu bemühen, attraktiv zu erscheinen oder – wie wir das nannten – »sexy zu sein«.

Als Lola mich danach fragte, wusste ich nicht, wie ich reagieren sollte. Ich wollte nicht, dass ihre Freund*innen sich über sie lustig machten oder sie verstießen. Doch sie bestand darauf und versicherte mir, dass sie sich dann wohler fühlen würde und dass ihre Freund*innen sie so akzeptieren würden, wie sie ist. Ich nähte ihr also einen Büstenhalter und erklärte ihr mit einem Lachen, dass man dazu unter Frauen einfach »BH« sagen würde.

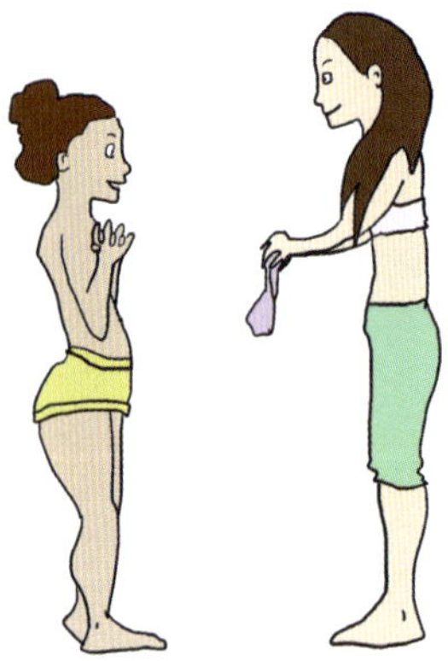

Beim Anprobieren war sie verwirrt und stolz. Ich glaube, dass sie an die Fotos ihrer Vorfahren dachte und dass sie sich, als sie sich selbst auf diese Weise gekleidet sah, ihren Wurzeln näher fühlte.

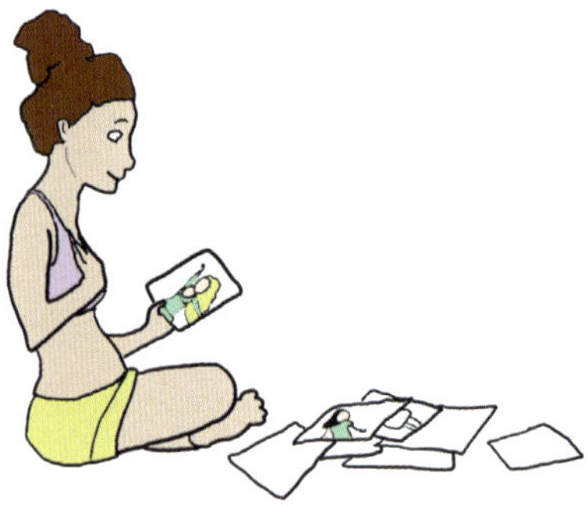

Sie fragte mich auch nach einem T-Shirt, das sie obendrüber tragen könnte, um ihren Bauch und ihre Achselhaare zu bedecken.

Ich sagte, dass das zu viel sei, dass man das als Verherrlichung des rechtspopulistischen Terrors unserer Heimat verstehen würde und dass sie lernen müsse, ihren Körper zu akzeptieren.

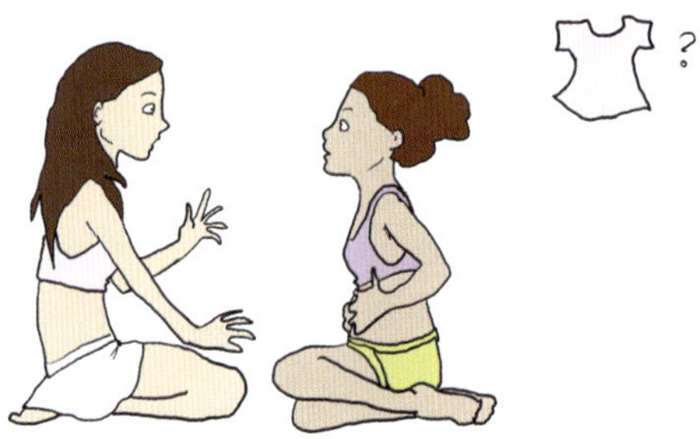

Mit ihrem nagelneuen BH ist sie dann in die Schule gegangen. Ich hatte einen Kloß im Hals und betete, dass dieses Land seine Versprechen von Toleranz und Akzeptanz halten und sie in Ruhe lernen lassen würde.

Ich hatte ihr ein Totschlagargument mit auf den Weg gegeben, falls jemand sie belästigte: »Zum Lernen brauche ich meine Brüste nicht.«

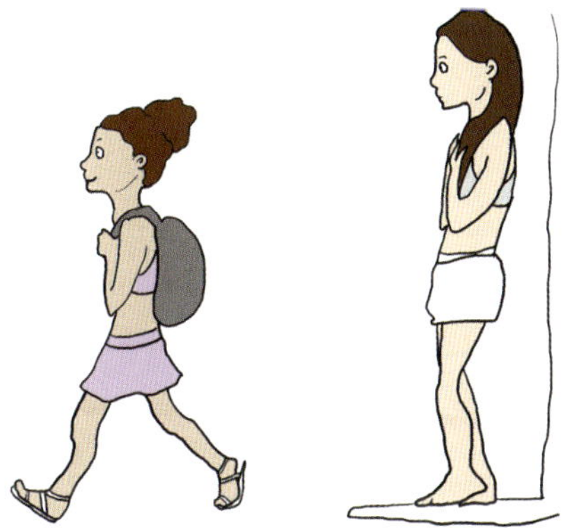

Fiebrig und unruhig erwartete ich sie zu Hause. Als sie zurückkam, war sie niedergeschlagen und ließ den Kopf hängen.

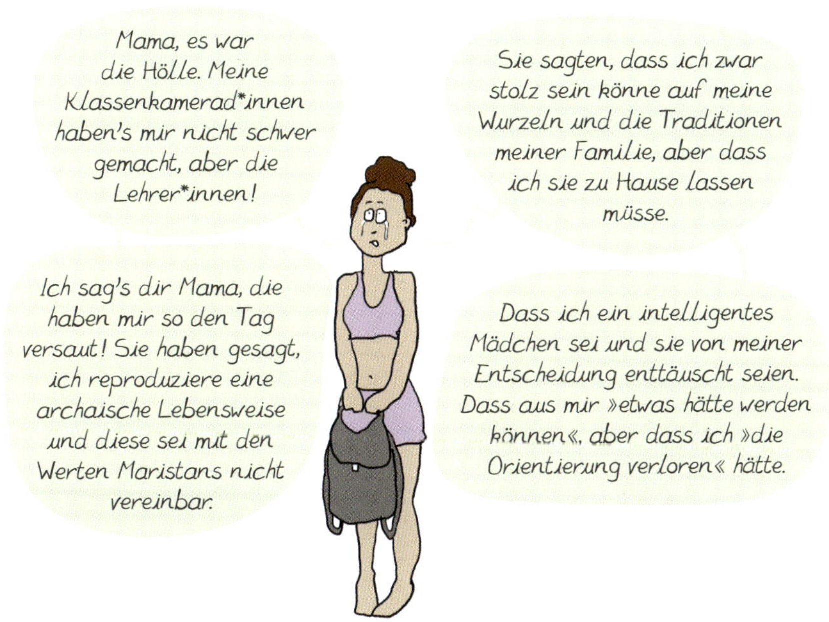

Es brach mir das Herz. Ich nahm meine Tochter in die Arme. Sollte ich ihr Mut zusprechen, ihr sagen, dass sie auf dieses Geschwafel nichts geben solle? Oder sollte ich ihr lieber sagen, dass sie den BH besser vergessen sollte und alles wieder gut werden würde?

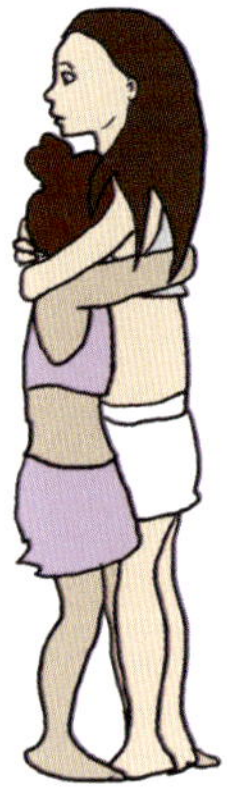

Sie nahm mir die Entscheidung ab. Sie beschloss, aus diesem kleinen Stück Stoff einen Kampf zu machen.

Das Problem ist, dass die letzten Jahre keine besonders guten in der Geschichte Maristans waren. Die Leute haben die Nase voll von den Franzosen und Französinnen. Sie sagen, der Geruch von Käse, der aus unseren Wohnungen dringt, würde sie verrückt machen. Sie beschweren sich ununterbrochen, dass wir zu laut reden. Wir werden gezwungen, Weihnachten in Stille zu verbringen, nachdem am Abend des 24. Dezember 2039 unzählige Beschwerden wegen nächtlicher Ruhestörung eingingen.

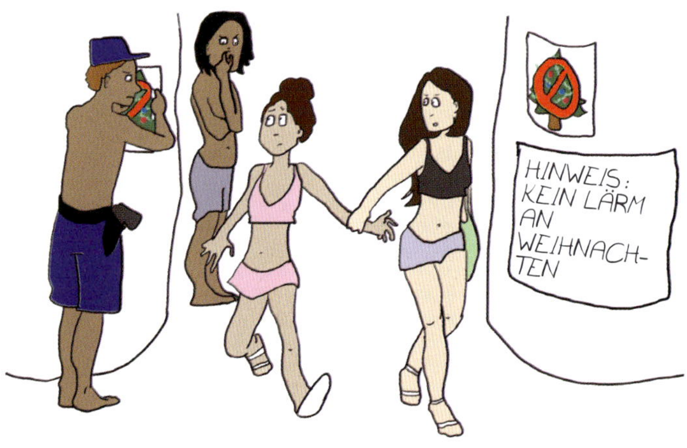

Lola kam mit ihrem BH also einfach zum falschen Zeitpunkt. In anderen Schulen des Landes begannen außerdem noch ein paar weitere Mädchen ihres Alters, es ihr gleichzutun.

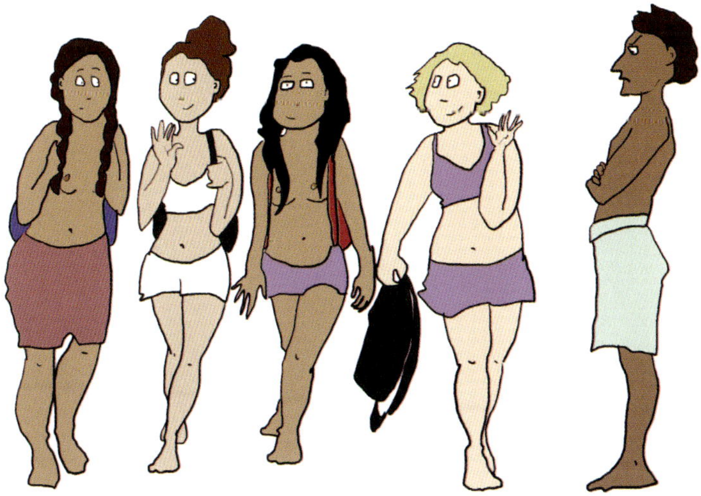

Monatelang setzte sie sich gegen die Lehrer*innen zur Wehr, die sie davon abbringen wollten – »nur zu ihrem Besten«, wie sie sagten.

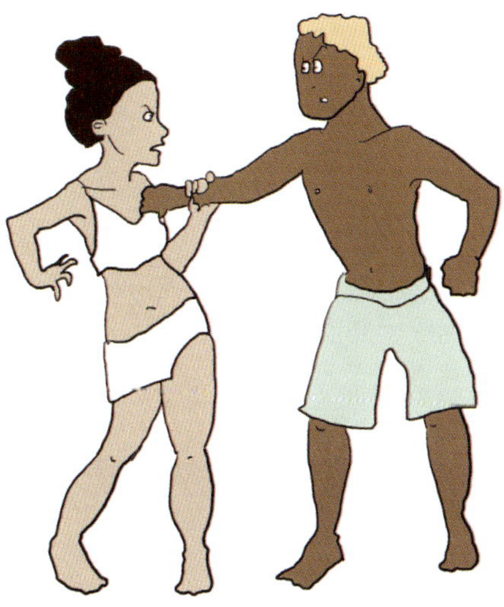

Am schlimmsten waren die Frauen. Stolz darauf, ihre schönen Brüste zu zeigen, verbrachten sie Stunden damit, sich morgens hübsch zu machen und sich abends nach der Arbeit zu bräunen.

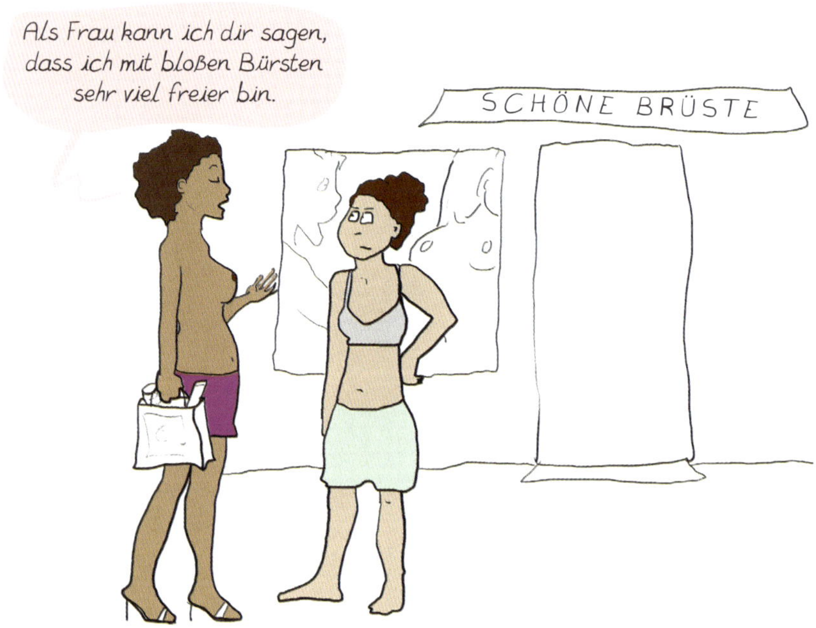

Eines Tages erwiderte Lola, wenn sie wirklich so frei und gleichberechtigt wären, dann würden sie ja wohl nicht so viel Zeit damit verbringen, den Männern gefallen zu wollen, und vor allem dass es dann ja wohl mehr Frauen im Parlament geben würde. Sie musste eine Stunde nachsitzen.

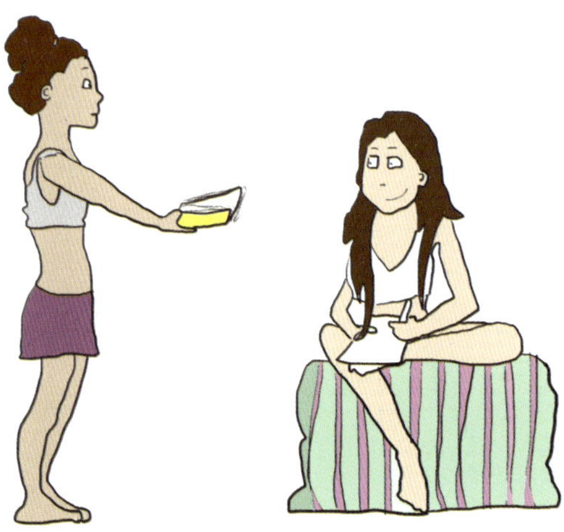

Als ich in ihrem Aufgabenheft unterschreiben musste, konnte ich mir ein stolzes Lächeln nicht verkneifen. Wie mutig sie war!

Nach Monaten der Auseinandersetzungen mit dem Lehrpersonal, im Zuge derer ich unzählige Male zum Gespräch mit der Schulleitung zitiert wurde und erklären musste, dass es ihre Entscheidung sei und sie sich so wohler fühle …

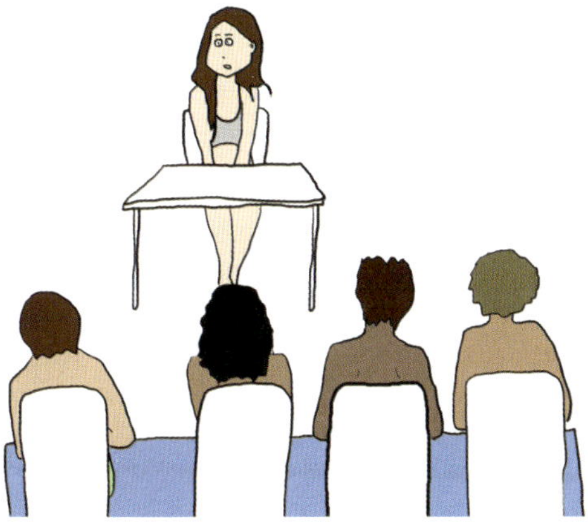

… und während außerdem Untersuchungen darüber angestellt wurden, ob mein Mann nicht von extremistischen europäischen Netzwerken beeinflusst wird …

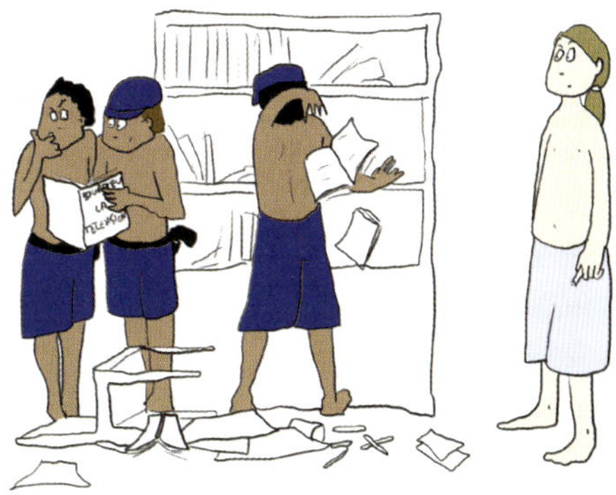

… dachte ich, dass diese ganze Geschichte doch sicher nach ein paar weiteren Wochen in Vergessenheit geraten würde. Aber der Staat Maristan entschied, BHs in der Schule zu verbieten. Jedes Mädchen, das sich nicht dem Gesetz beugen würde, habe mit dem Schulausschluss zu rechnen.

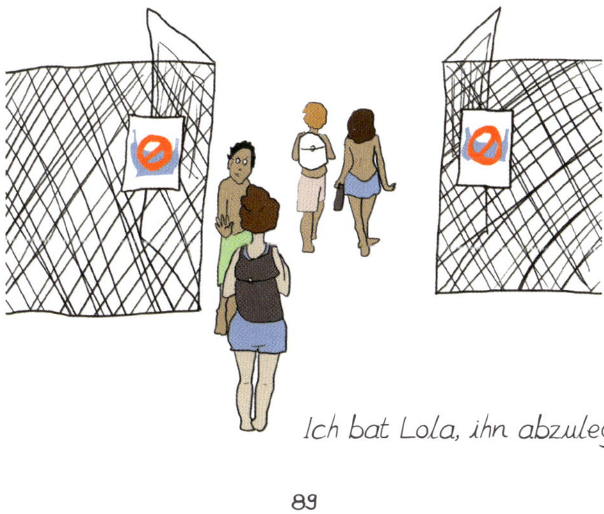

Ich bat Lola, ihn abzulegen.

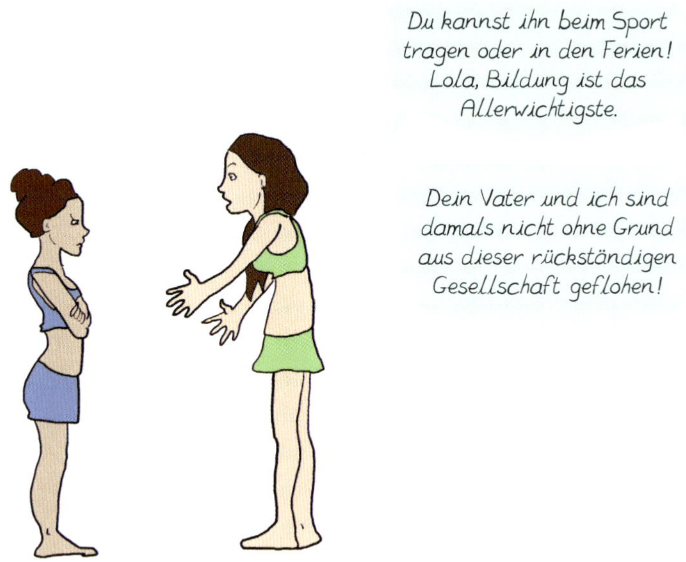

Sie wollte sich nichts sagen lassen und war sehr unglücklich. Sie hatte gedacht, dass sie Recht bekommen und dieser Sieg eine Heldin aus ihr machen würde. Sie ging weiterhin mit ihrem BH zur Schule. Sie ging davon aus, dass sie niemals eine der Klassenbesten ausschließen würden, die stets von allen gelobt worden war.

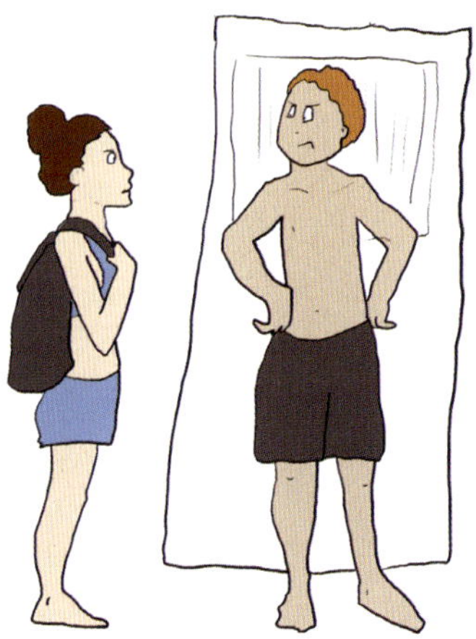

Sie wollten sie tatsächlich nicht ausschließen. Das wäre eine Niederlage »für euch und für uns«, sagten sie. Sie wollten sie dazu zwingen, ihn abzulegen.

Eines Tages stellte die Lehrerin sie im Geschichtsunterricht an die Tafel und zog ihr den BH aus. Vor der ganzen Klasse. Natürlich waren ihre Mitschüler*innen nicht schockiert, weil sie ja den ganzen Tag Brüste sahen. Lola aber fühlte sich entblößt, gedemütigt, beleidigt.

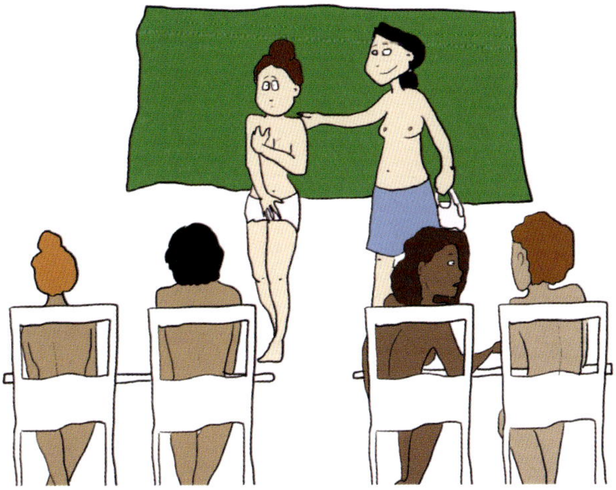

Vor Aufregung richteten sich ihre Brustwarzen auf, weshalb sie sich noch unwohler fühlte. Und ein Mitschüler hielt es sogar für angebracht, seine Hand auszustrecken, um ihre Brüste anzufassen.

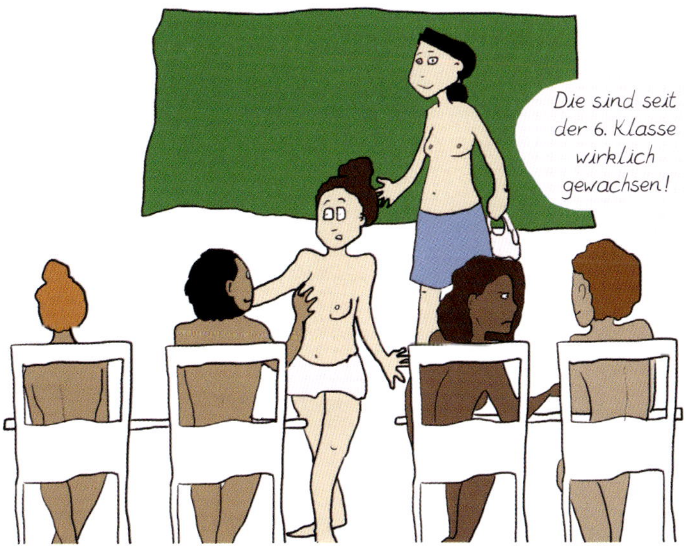

Heute will meine Tochter nicht mehr in die Schule gehen. Wir gehen auch nicht mehr an den Strand, trotz der Hitzewellen, weil die Strände für Frauen, die ihre Brüste bedecken, verboten sind. Wir treffen uns mit den Frauen aus dem Viertel, backen Quiche und trinken literweise Rotwein.

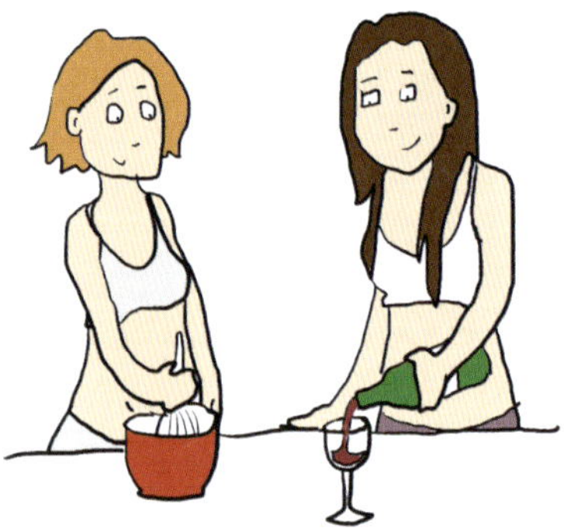

Beim Einkaufen werden wir mit unserem Einkaufswagen voller Käse von den Leuten misstrauisch beäugt. Einmal hat mich ein Polizist beleidigt, als ich über die Straße ging.

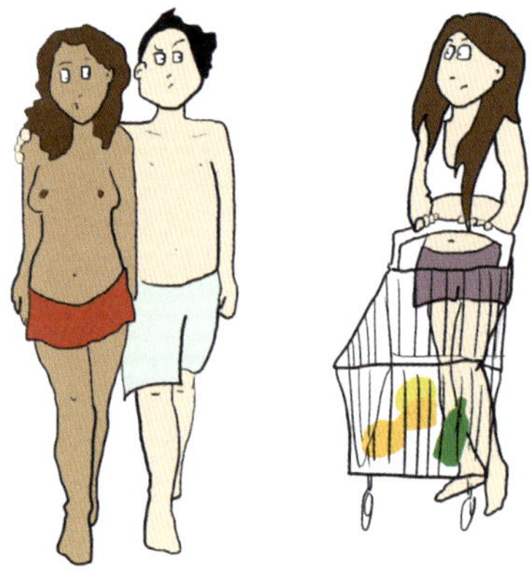

Ich denke manchmal an unsere sonntäglichen Grillfeste früher, bei denen mein Vater mit nacktem Oberkörper das Feuer anfachte, während meine Mutter das Gemüse auf den Tellern drapierte.

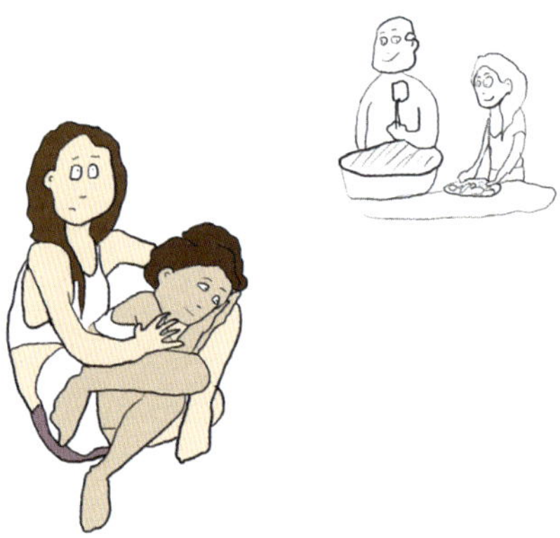

Das war sicherlich eine sehr stereotype Rollenverteilung, wie man heute sagen würde. Ich bin froh, dass meine Tochter weiß, wie man ein Feuer entfacht und dass mein Sohn gerne Teller dekoriert.

Aber, verdammt noch mal, wenigstens
konnten wir alle an den Strand gehen.

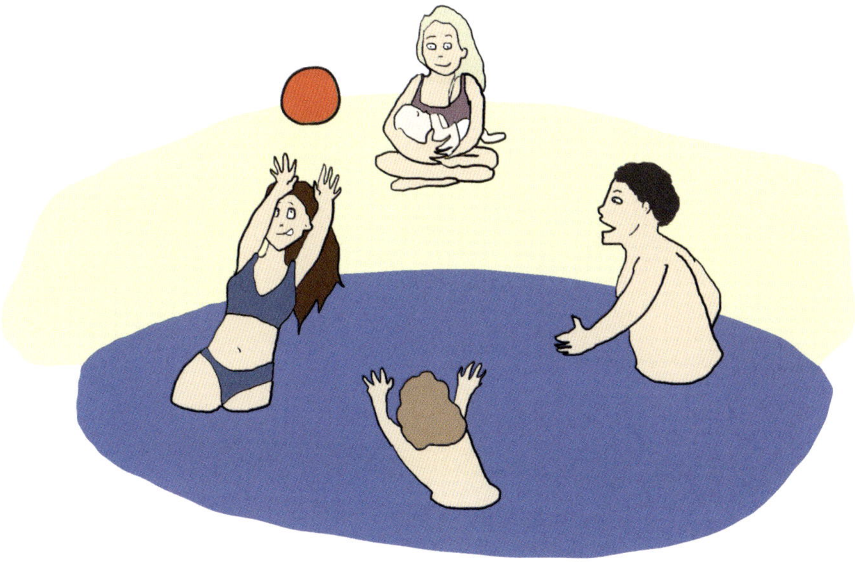

7

Warten

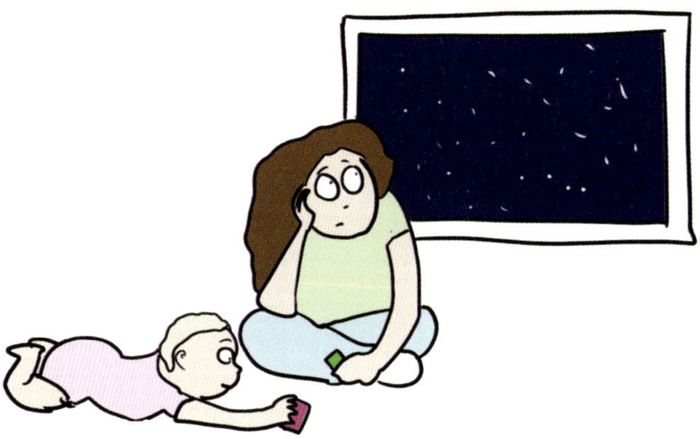

Meinem Freund und mir war es immer extrem wichtig, uns einander in unseren Freiheiten nicht einzuschränken.

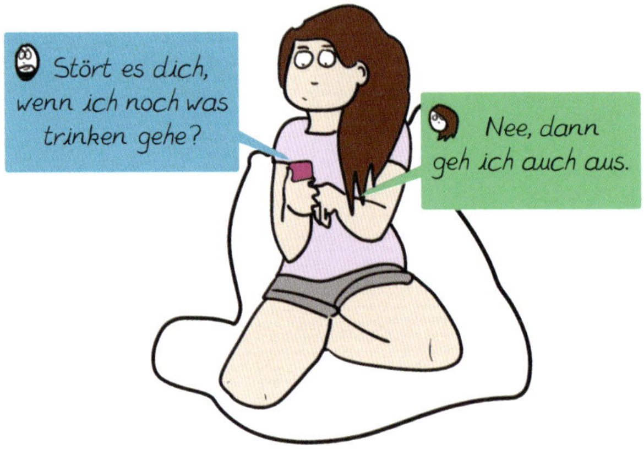

Wir konnten beide ausgehen, wie wir wollten,

es wurde nie gemeckert.

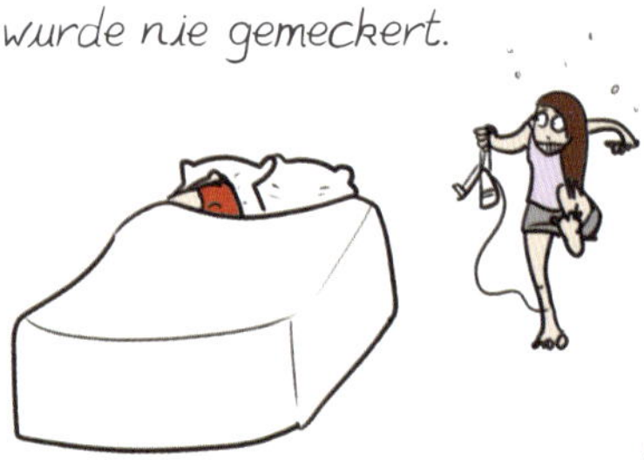

Naja ...

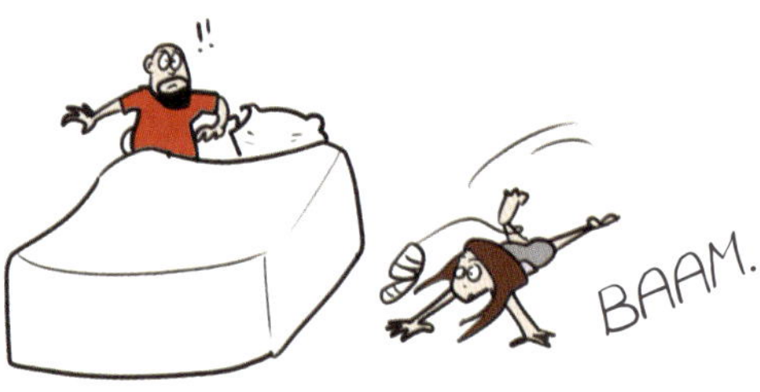

... fast nie.

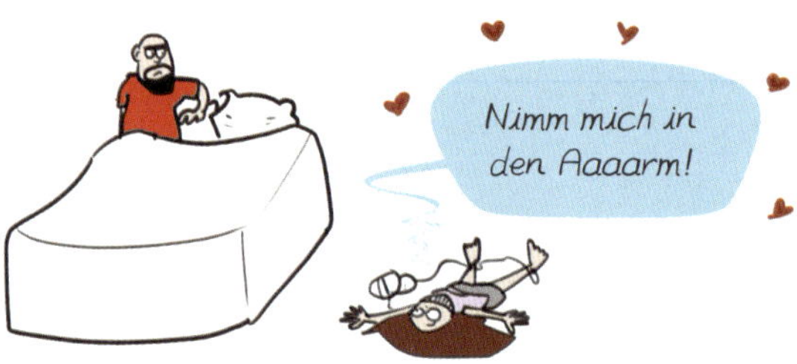

Als wir unser Kind bekamen und ich wieder mit der Arbeit anfing, war es bei uns wie bei den meisten anderen Paaren:

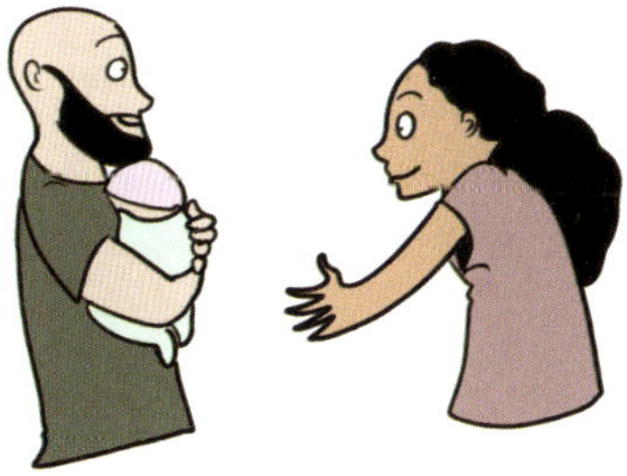

Mein Freund brachte unseren Sohn morgens zur Betreuung,

und ich holte ihn am späten Nachmittag ab.

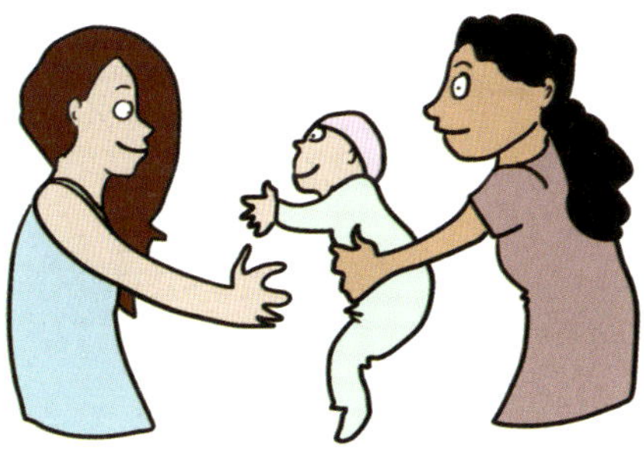

Für mich hieß das, wie für viele andere Frauen auch, dass ich viel früher aus dem Büro gehen musste als zuvor ...

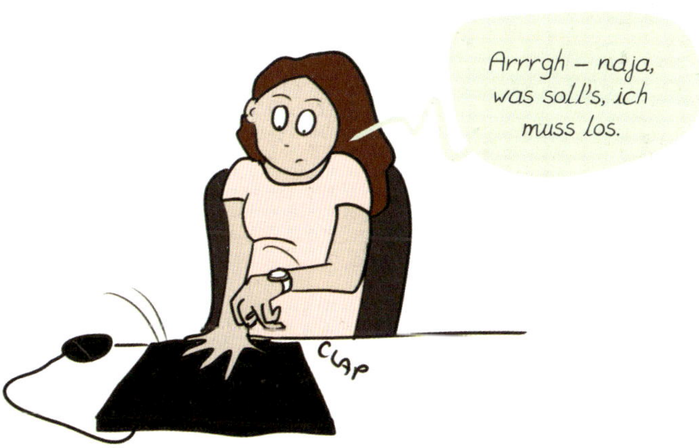

... wobei ich oft mitten in einer Aufgabe alles stehen- und liegenlassen musste ...

... und auf spontane Verabredungen
mit Kolleg*innen verzichten musste.

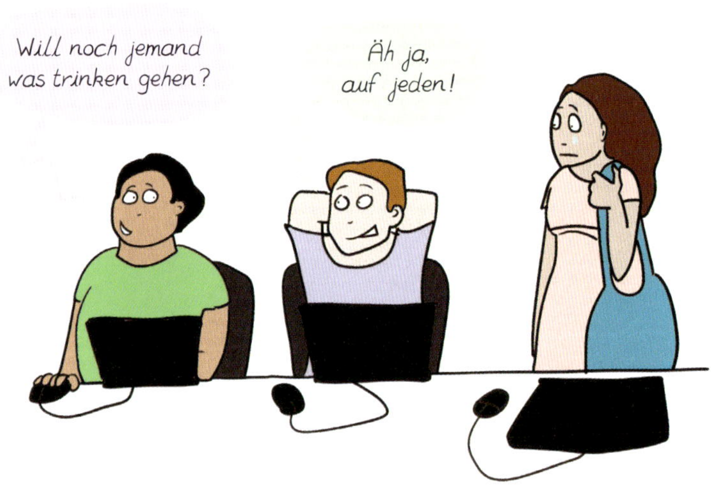

Früher zu gehen, hieß aber nicht,
weniger zu arbeiten.

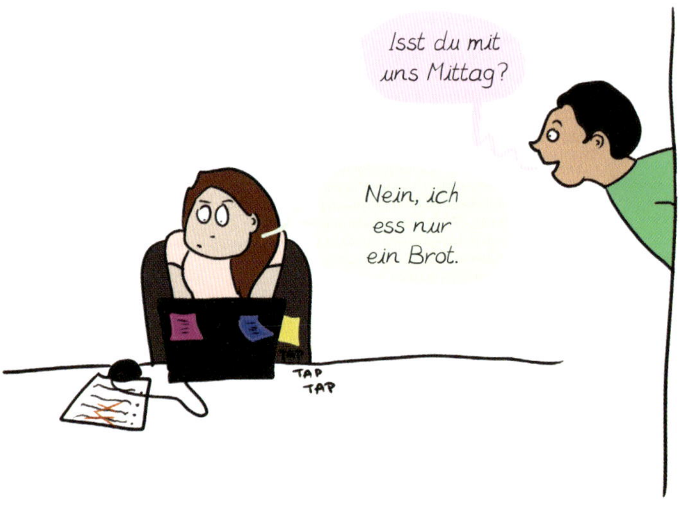

Es bedeutete einfach nur, dass ich meine Arbeit minutiös
organisieren musste, um ein Maximum an Aufgaben
in so wenig Zeit wie möglich zu erledigen.

Nur um **trotzdem**
als faul zu gelten.

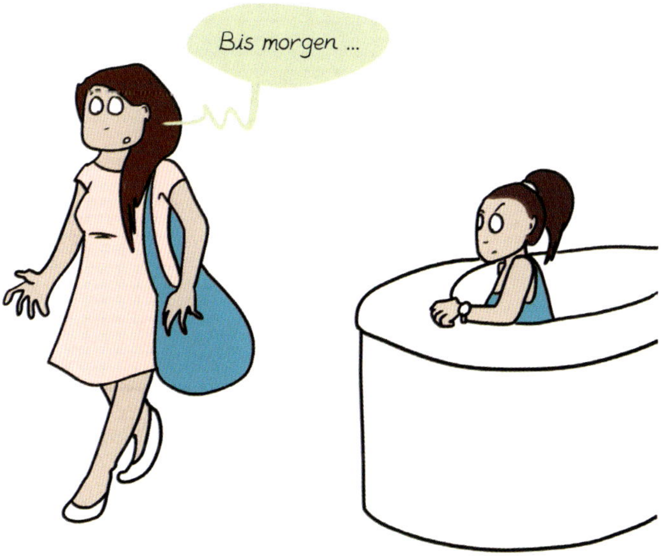

Dabei kann man wirklich nicht sagen,
dass ich es mir zu Hause gemütlich gemacht hätte.

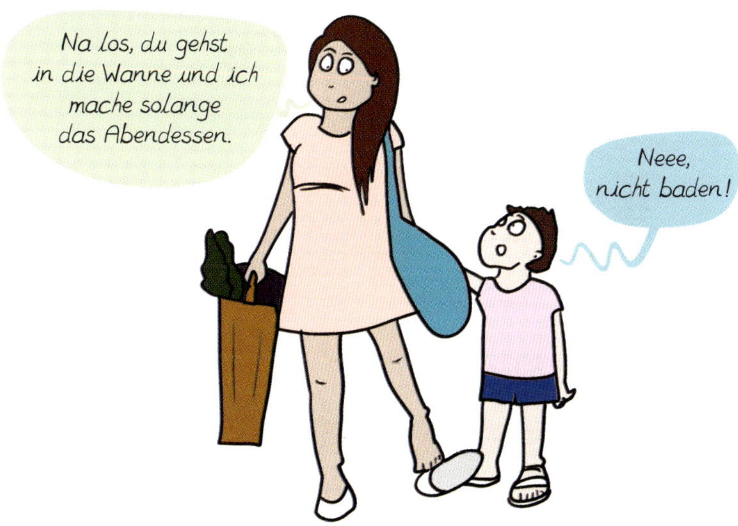

Meine Abende bestanden darin, die allerletzten Kräfte zu mobilisieren und durchzuhalten,

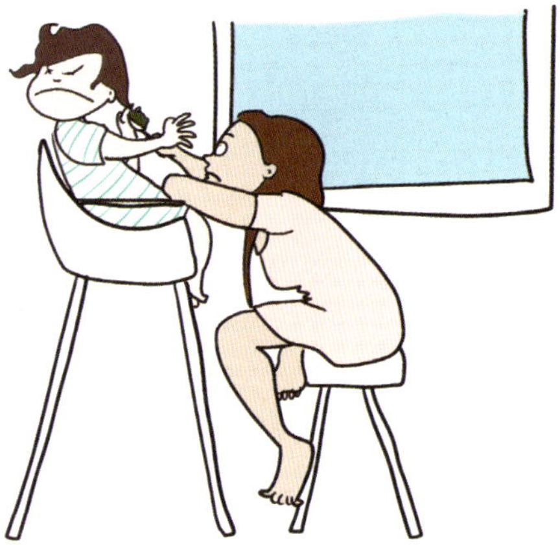

um bis zur rettenden Rückkehr meines Freundes zu überleben.

Eine Rückkehr, die manchmal schmerzhaft lange auf sich warten ließ.

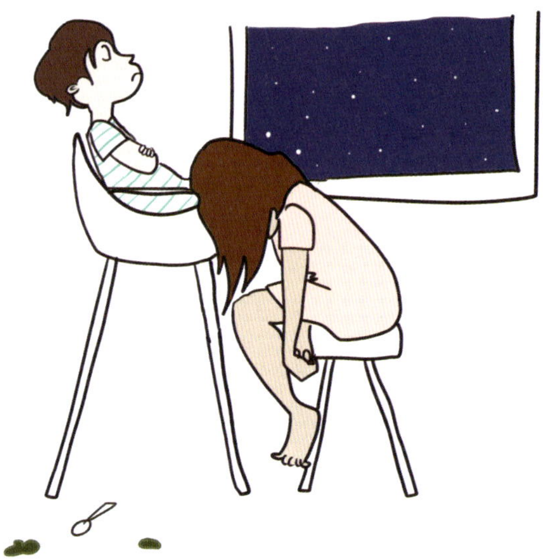

Denn während ein Großteil der Frauen ihre abendliche Freiheit aufgibt, sobald sie Mütter werden...

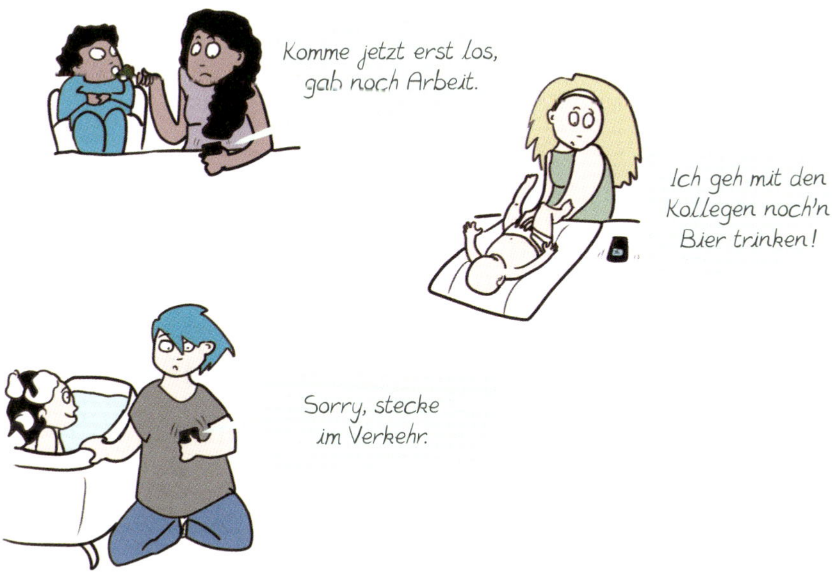

... tut sich die andere Seite oft schwer damit.

Meine Freundin M. hat mir erzählt, wie sie, als sie gerade den Höhepunkt der Verzweiflung erreichte,

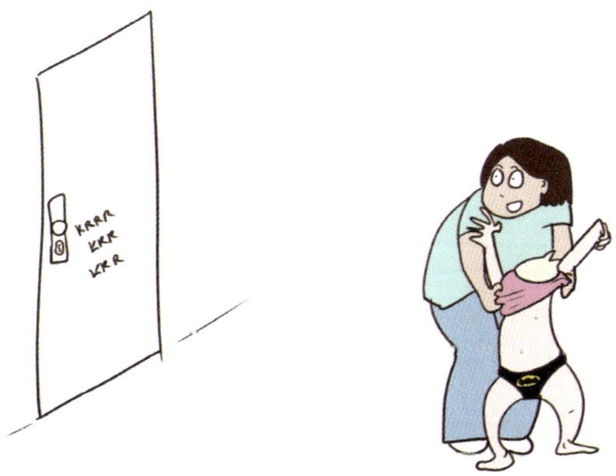

endlich den Schlüssel im Schloss hörte und glaubte, erlöst zu werden ...

... als jedoch ihr Freund, der schon eine Stunde zu spät war, kaum dass er seine Schuhe ausgezogen hatte, stolz verkündete:

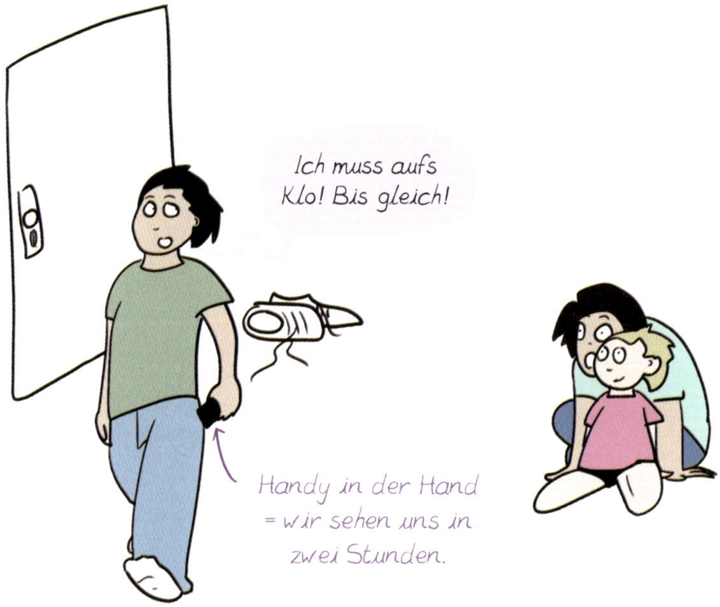

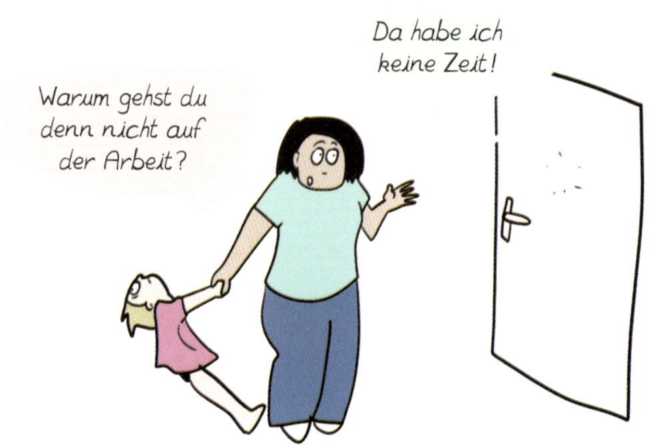

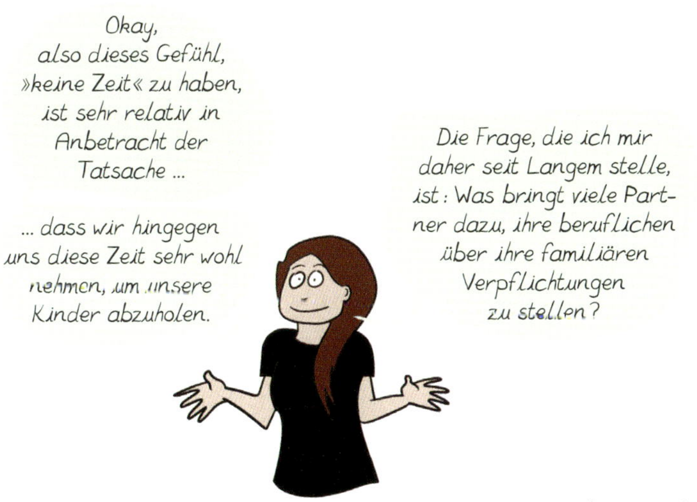

Wenn Leben auf dem Spiel stehen, stellt sich die Frage natürlich anders dar.

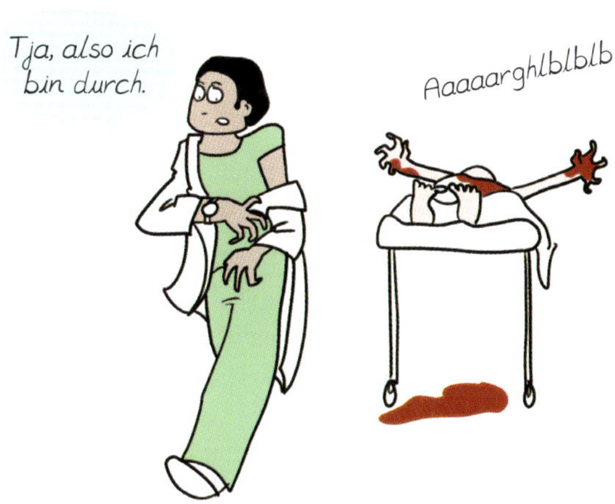

Ebenso, wenn man prekär beschäftigt

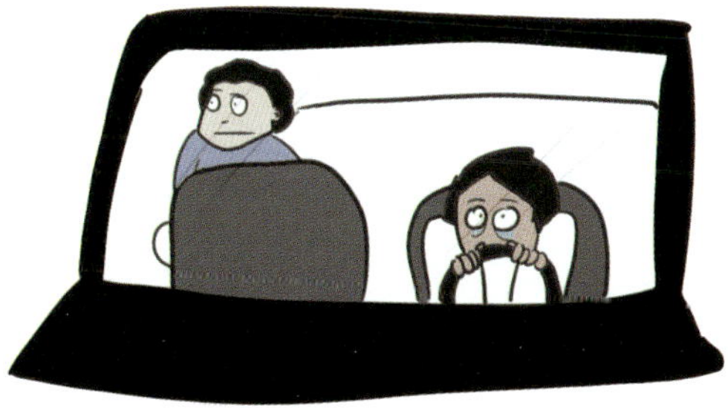

und von späten Arbeitszeiten abhängig ist, um ein Auskommen zu haben.

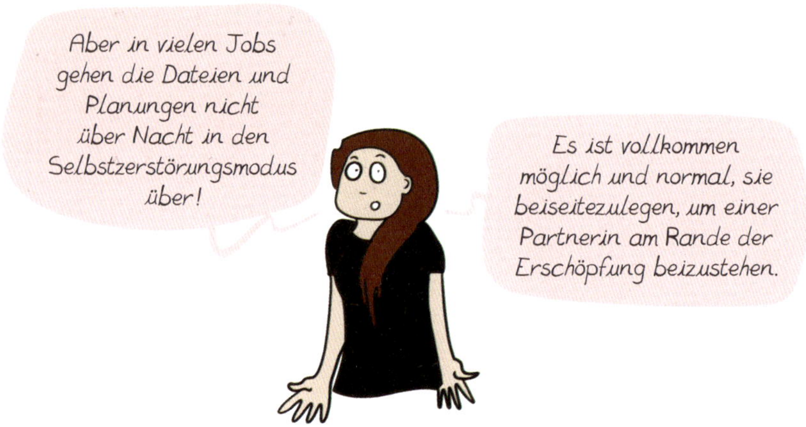

Und doch habe ich in allen Jobs, die ich gemacht habe, viele Väter gesehen, die sich selbst sehr flexible Tagesabläufe gönnten,

mit gemütlichen Mittagspausen,

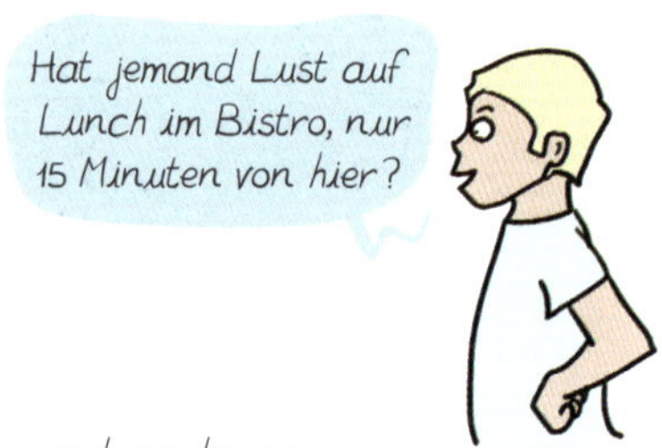

hitzigen Diskussionen auf dem Flur,

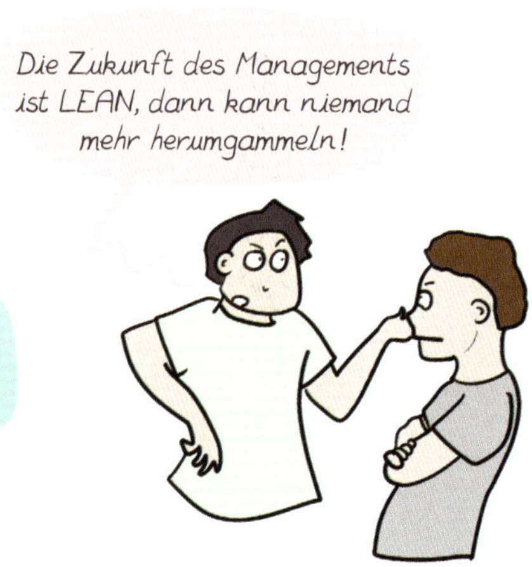

und anderen Arbeitsunterbrechungen…

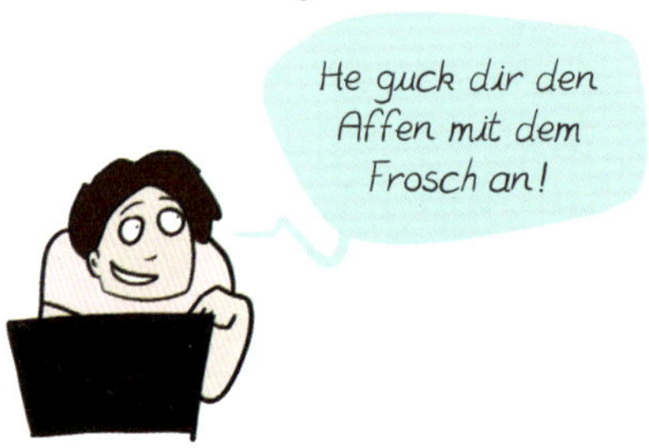

… und die dann um 20 Uhr noch am Schreibtisch sitzen, um »ihre Arbeit fertigzumachen«.

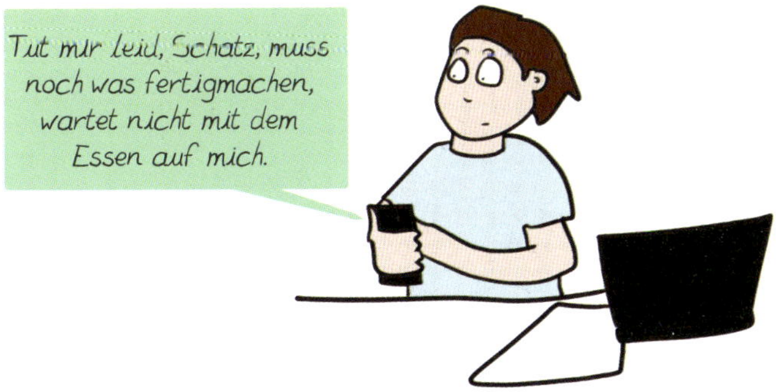

Was man sehr schnell versteht, wenn man nachmittags den »Mama-Job« macht, was aber vielen Vätern nicht bewusst ist:

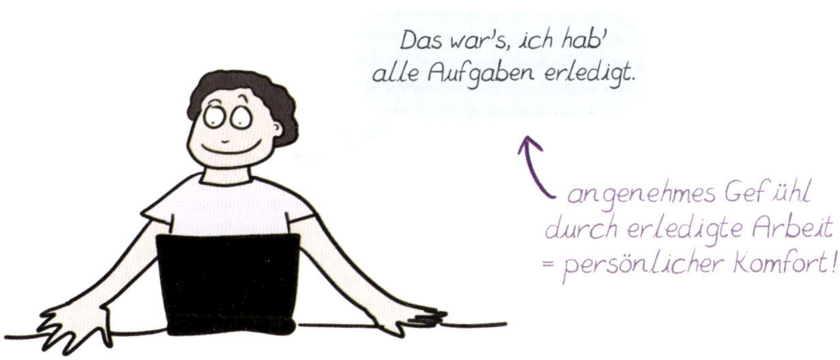

Hat man erstmal ein Kind bekommen, ist es eine Art **Luxus**, am Schreibtisch zu bleiben und seine Arbeit zu beenden: weder eine **Pflicht**, noch ein **heroischer Akt**.

Die Wahrheit ist, dass unsere Gesellschaft Männern und Frauen nach wie vor sehr unterschiedliche Werteskalen auferlegt.

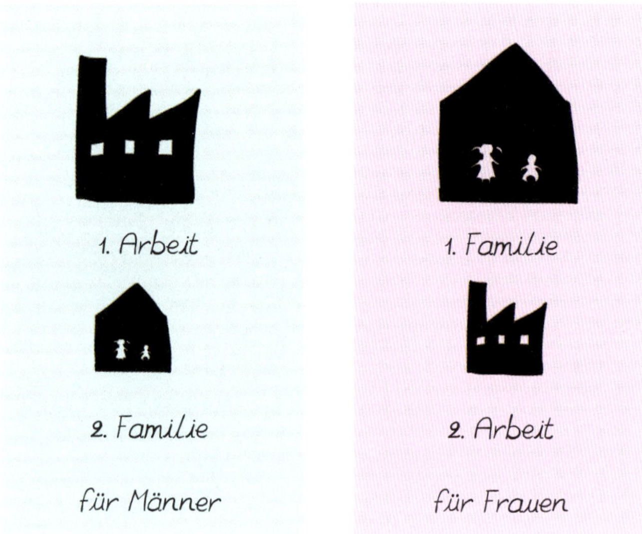

Indem sie ihre Zeit also der Firma überlassen, haben Männer eher das Gefühl, ihre Pflicht zu erfüllen …

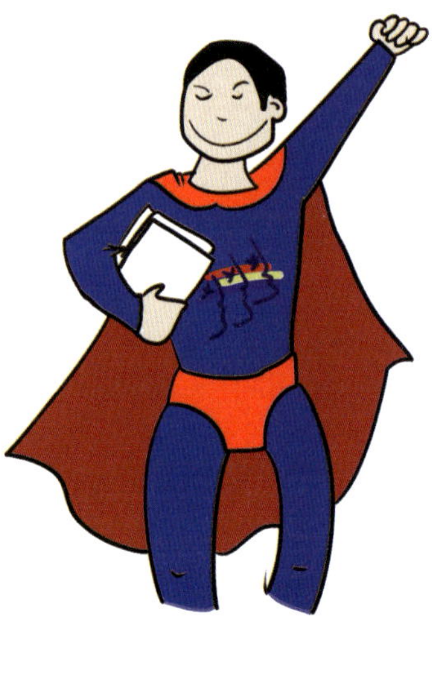

… als wenn sie früh gehen, um bei ihrer Familie zu sein.

Außerdem wird in Frankreich die **bei der Arbeit verbrachte Zeit** höher gewertet als die **tatsächlich verrichtete Arbeit**.

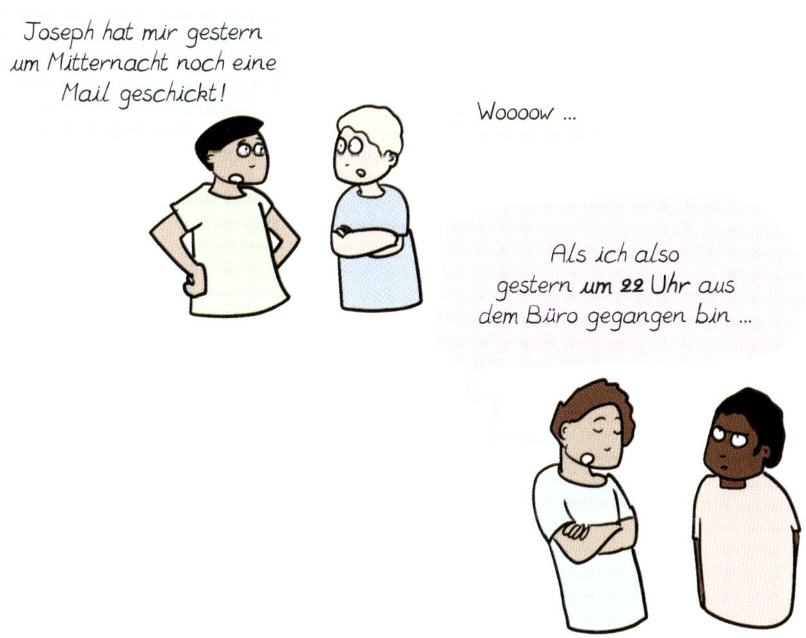

Das heißt: Um bemerkt, befördert und belohnt zu werden, müssen Angestellte, mehr noch als ihre Effizienz,

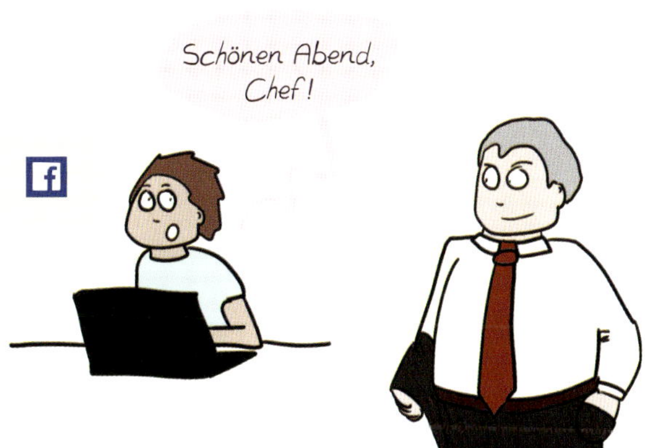

ihre Bereitschaft unter Beweis stellen, ihre private (und somit auch Familien-) Zeit ihrem Arbeitgeber zur Verfügung zu stellen.

Es wird halbwegs akzeptiert, dass Frauen dieses Verhalten aufgeben, wenn sie einmal Mütter sind.

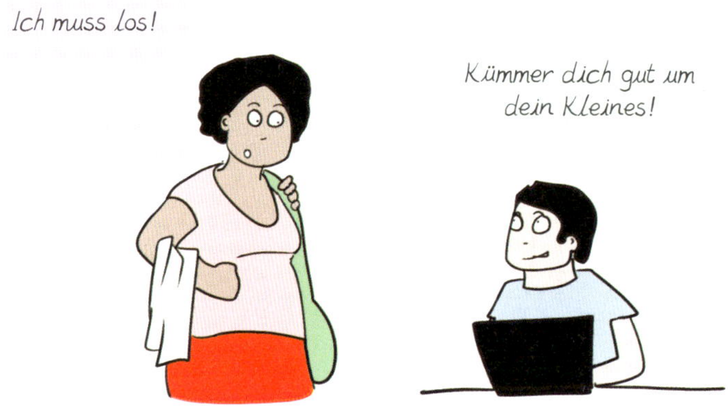

Auch wenn das bedeutet, dass wir darüber jegliche Hoffnung auf Karriere und bessere Entlohnung aufgeben.

Bei Männern wird das jedoch noch immer nicht gern gesehen.

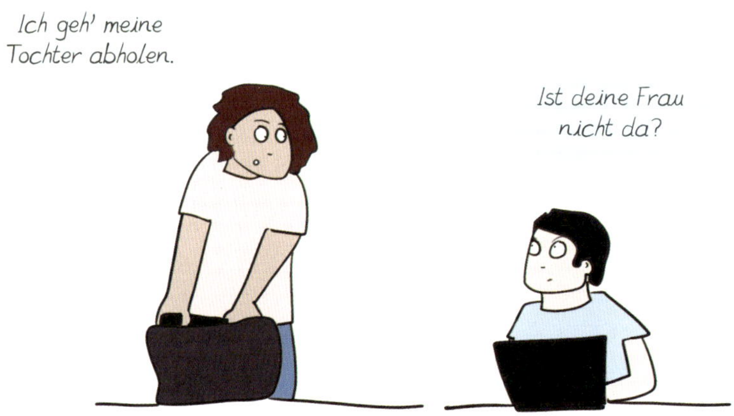

Wir werden also in Positionen gezwungen …

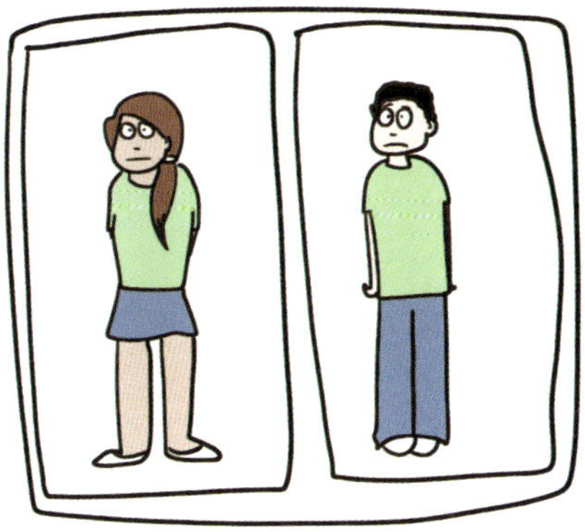

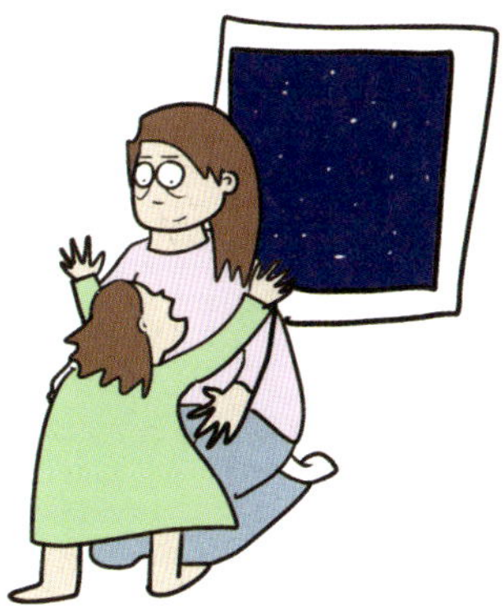

… wo einerseits Frauen eine sehr sinnvolle Rolle übernehmen, die aber anstrengend ist, wenig wertgeschätzt wird und sehr kostspielig ist, was Einkommen und Karriere angeht …

… während auf der anderen Seite die Männer oft weiterhin dazu verbannt sind, die Stunden an ihrem Arbeitsplatz abzusitzen, wo ihnen zwar der Sinn fehlt, aber finanzielle und berufliche Möglichkeiten geboten werden.

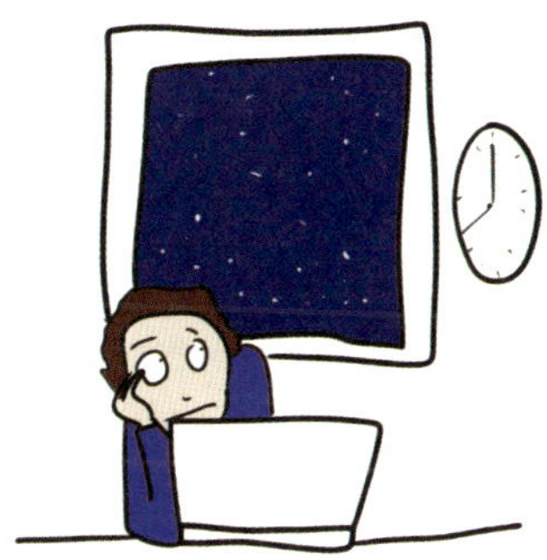

Um da rauszukommen, müssen wir die bestehenden Mauern einreißen

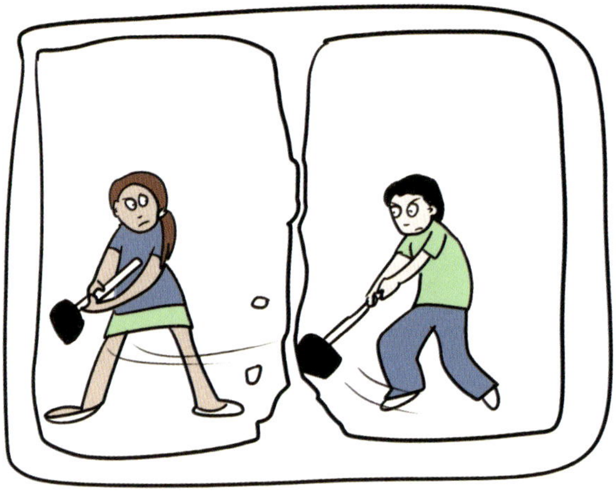

und dafür unsere jeweiligen Wertesysteme infrage stellen.

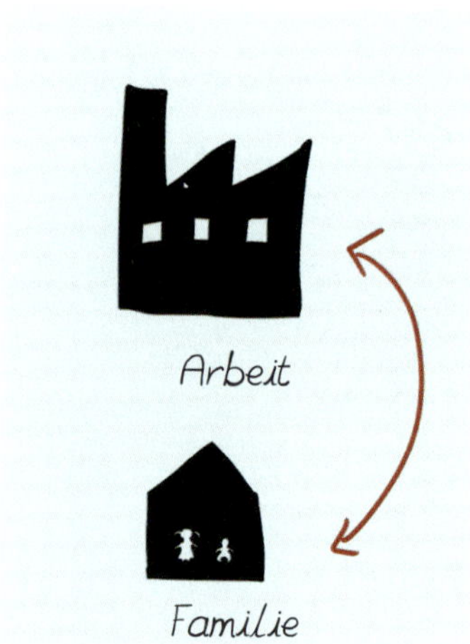

Für mich ist es diese Reihenfolge, die wir umdrehen müssen.

Denn für uns alle sollte die Zeit für unser **Familien- und Privatleben** unser wichtigster Wert sein und die Arbeitszeit **bloß Mittel zu diesem Zweck**.

Also los, lasst uns diese Werte und diejenigen, die sie uns aufzwingen, infrage stellen!

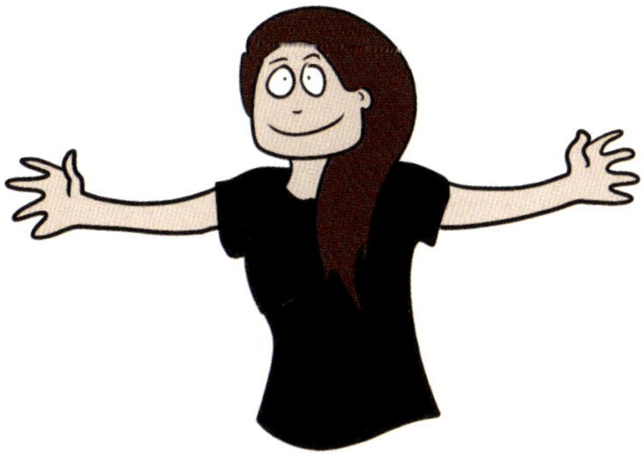

Kämpfen wir gegen die Präsenzkultur!

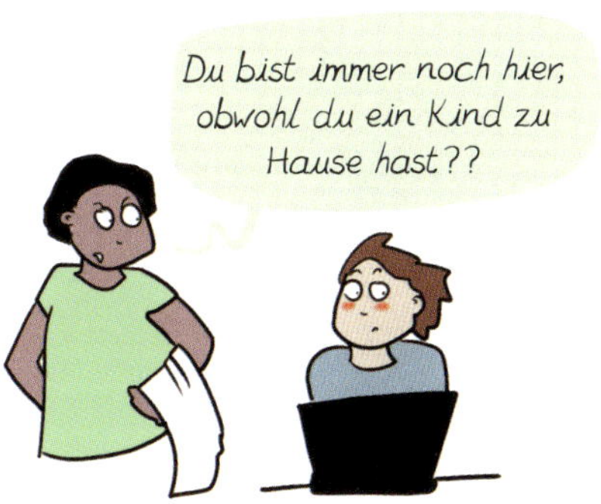

Hören wir auf, es gutzuheißen, wenn jemand seine Freizeit der Firma opfert,

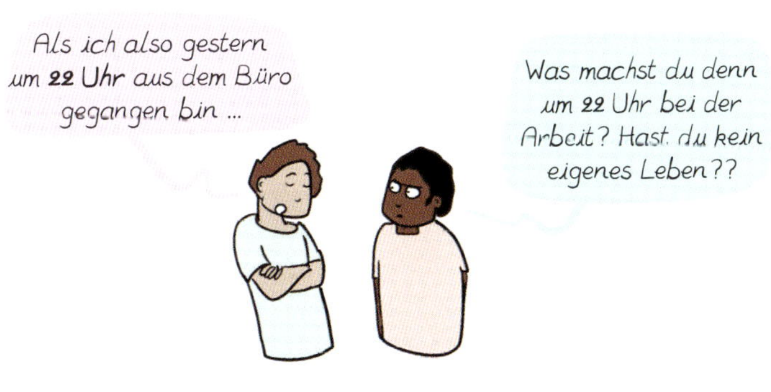

und lasst uns weniger arbeiten!

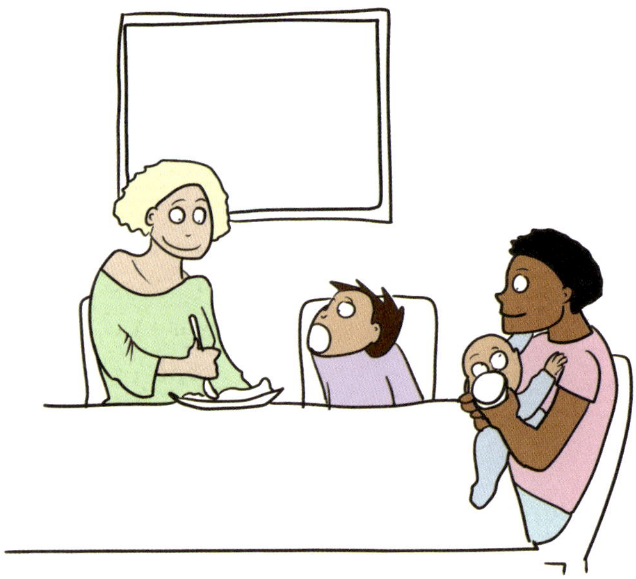

Weniger arbeiten, werdet ihr sagen, wie soll das gehen, wenn wir doch Geld brauchen, um unsere Familien zu ernähren?

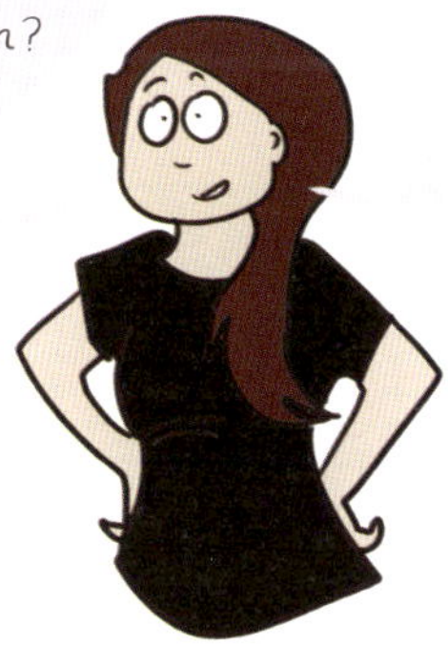

Das ist etwas, das ich mich lange gefragt habe!

Im folgenden Comic erkläre ich also, wie ich dahinter kam, dass wir besser leben können, indem wir weniger arbeiten!

Alles Gute für euch, und verbringt Zeit mit euren Kleinen!

8

Arbeite!

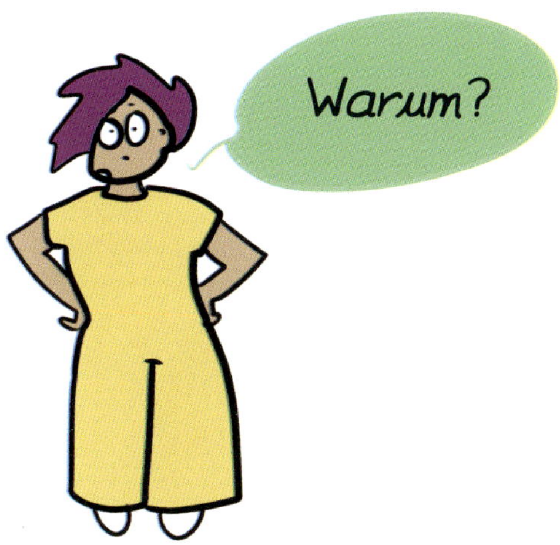

Also, im letzten Kapitel habe ich davon gesprochen, dass die ganze Zeit, die wir bei der Arbeit verbringen, uns daran hindert, ein schönes Familienleben zu haben.

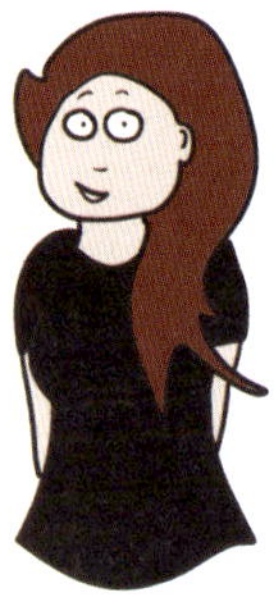

In diesem will ich euch erzählen, wie ich begriffen habe, dass wir alle anders leben können.

Und dafür beschreibe ich euch erstmal einen für mich typischen Arbeitstag.

An Werktagen wache ich um 7 auf.

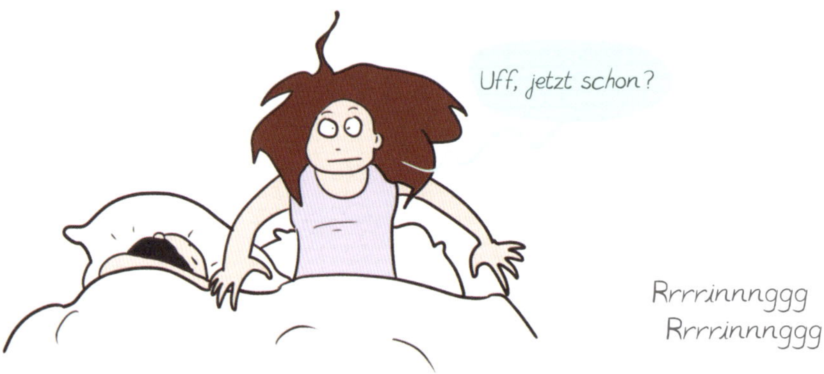

Ich habe keine Zeit, vor der Arbeit zu frühstücken oder meinen Sohn zu sehen, der dann noch schläft.

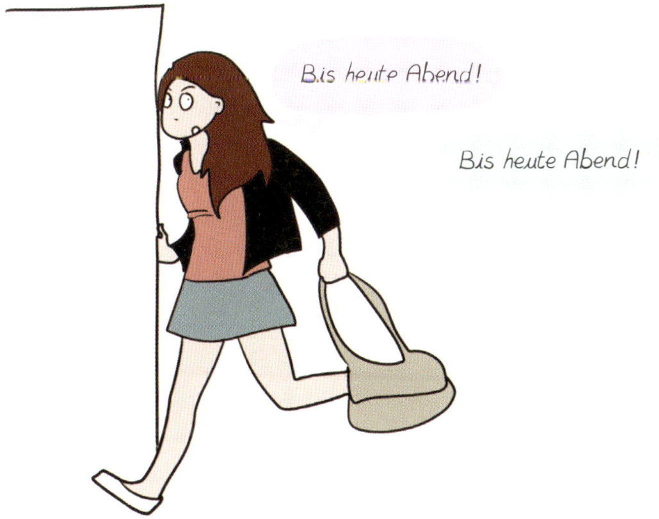

Um zur Arbeit zu kommen, benutze ich drei unterschiedliche Transportmittel: die U-Bahn, dann die Tram, dann eine andere U-Bahn.

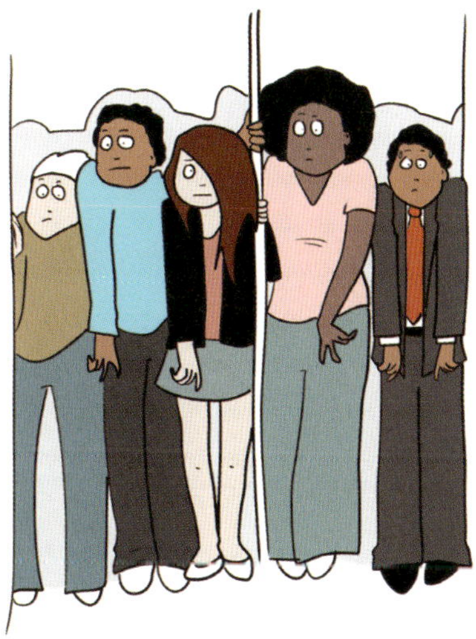

Da wir alle zur gleichen Zeit dasselbe tun, muss ich stehen.

Im Büro angekommen, gehe ich schnell auf meinen Platz, damit alle mitbekommen, dass ich bereits da bin.

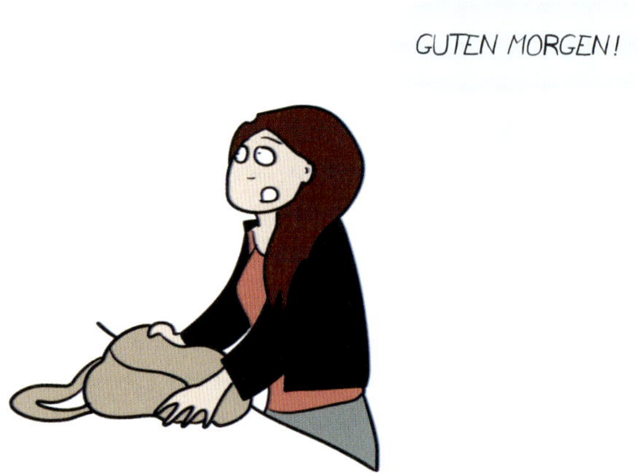

Dann hole ich mir einen Kaffee und komme zurück an den Schreibtisch, um mit der Arbeit anzufangen. Meine Aufgaben sind nicht uninteressant, haben sich aber seit zehn Jahren nicht verändert,

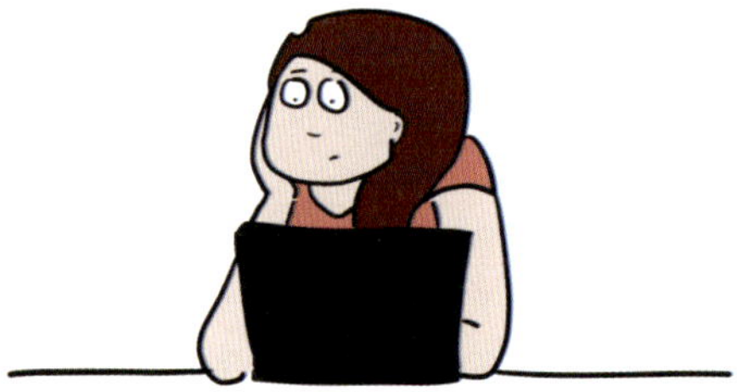

deshalb bin ich die meiste Zeit über ein bisschen gelangweilt.

Mittags haben wir nur eine Stunde Mittagspause, also müssen wir zügig essen.

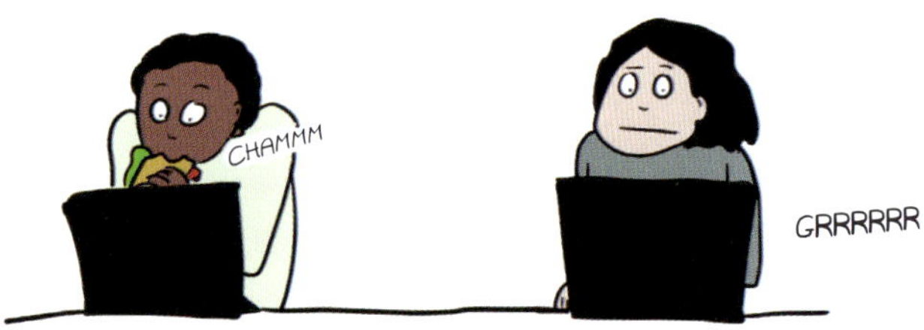

Manche von uns bringen sich belegte Brote mit, andere essen gar nicht zu Mittag. Wenn es mal länger dauert, bekommt man Ärger.

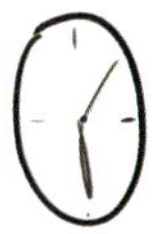

Wenn wir unser Mittagessen heruntergeschlungen haben, gehen wir zurück ins Büro und ich widme mich wieder meinen Aufgaben,

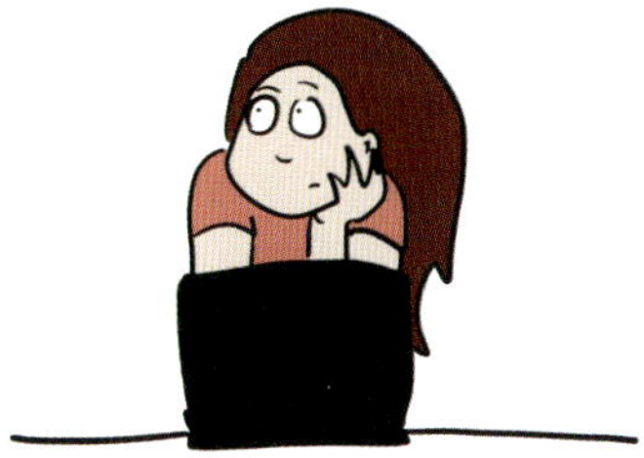

und warte darauf, dass ich meinen Sohn abholen kann.

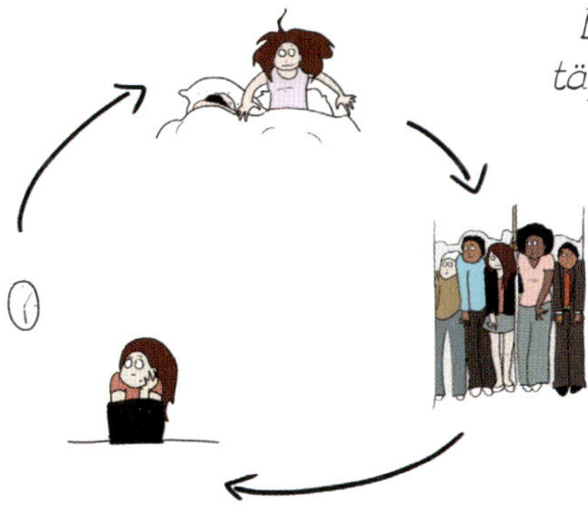

Das ist meine tägliche Routine,

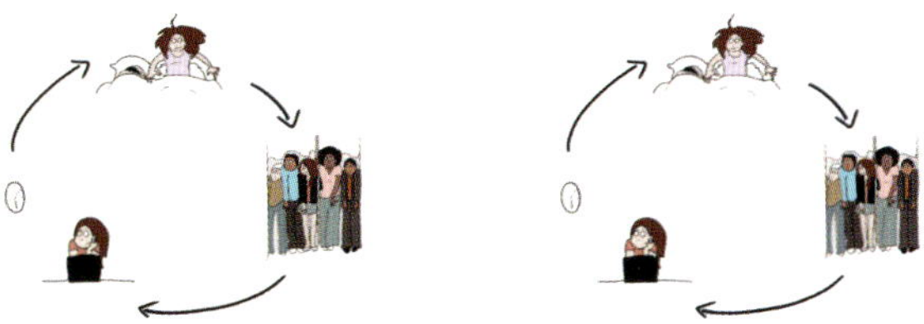

5 Tage die Woche.

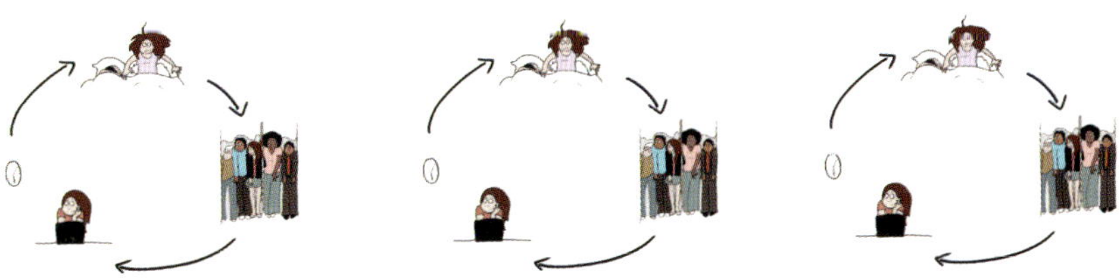

Seit über 10 Jahren.

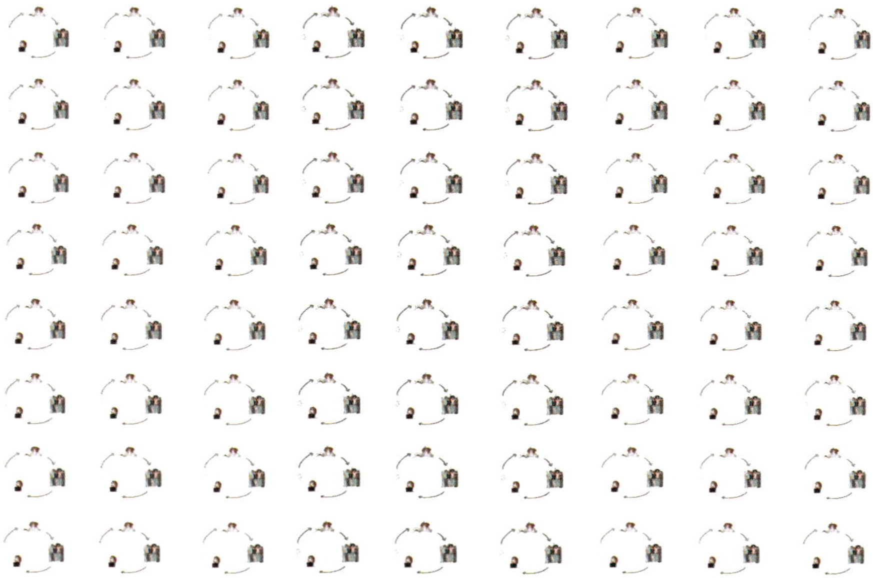

Und obwohl ich mir meines Glücks sehr bewusst bin, dass ich einen Job habe, in dem ich nicht

nur Mindestlohn bekomme,

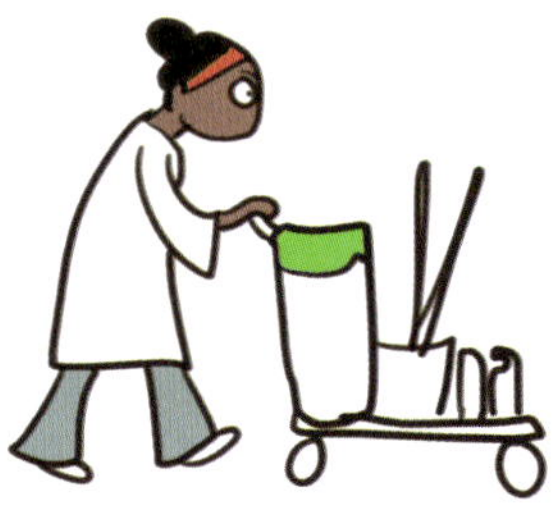

gefährliche Arbeiten ausführe

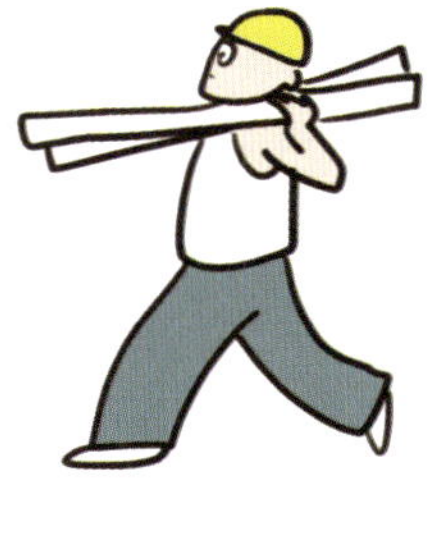

oder überarbeitet bin,

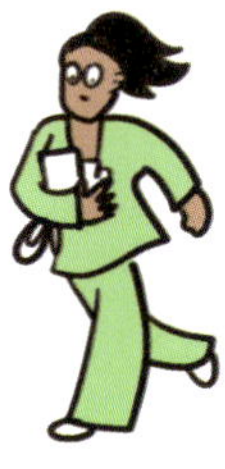

macht mich die Vorstellung, so weiterzumachen, bis ich 65 bin,

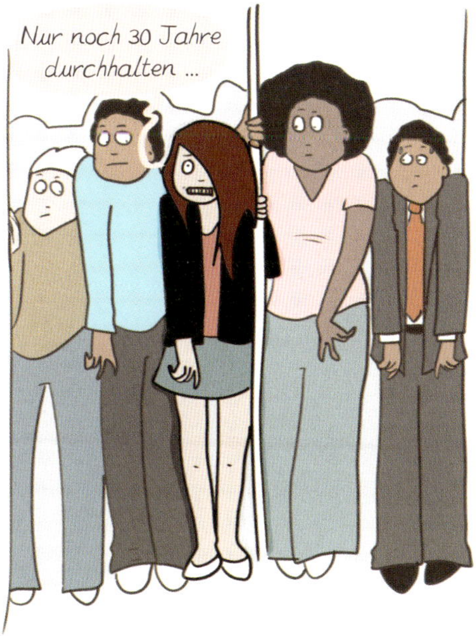

manchmal ein bisschen depressiv. Ich weiß nicht, ob es euch auch so geht.

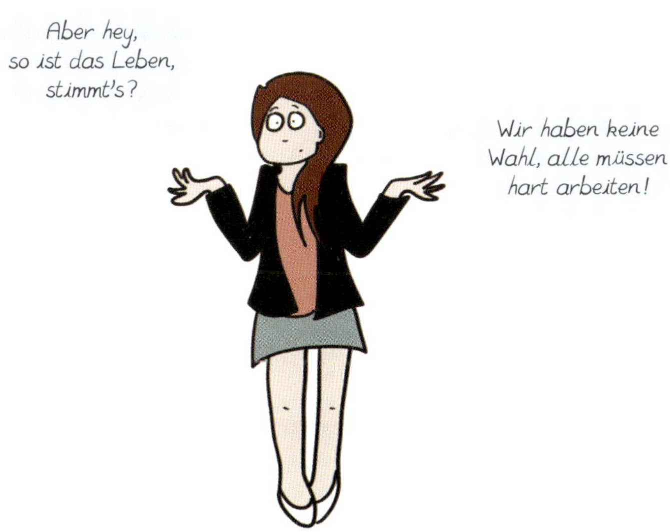

Ich hatte mich damit abgefunden: Mir wurde immer gesagt, dass die einzig mögliche Gesellschaft eine war, die uns die Wahl ließ,

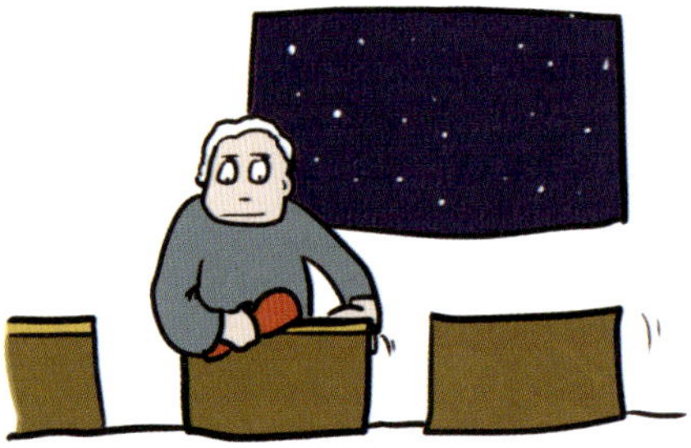

uns entweder jahrelang Tag für Tag abzurackern …

… oder arbeitslos zu sein, vor finanziellen Problemen zu stehen und zwischen dem Arbeits- und dem Sozialamt hin- und herzupendeln.

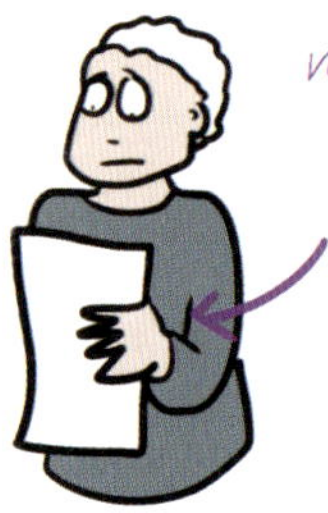

Während ich eine Sendung über das bedingungslose Grundeinkommen sah, wurde mir klar, dass man uns für dumm verkauft.

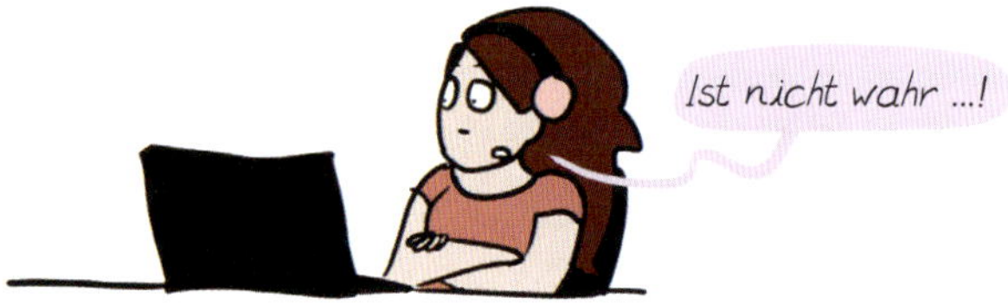

Ich lernte das Konzept der **Bullshit Jobs** kennen.

Bullshit Jobs haben keinen wirklichen Sinn, sie bringen weder der Menschheit noch dem Planeten irgendwas.

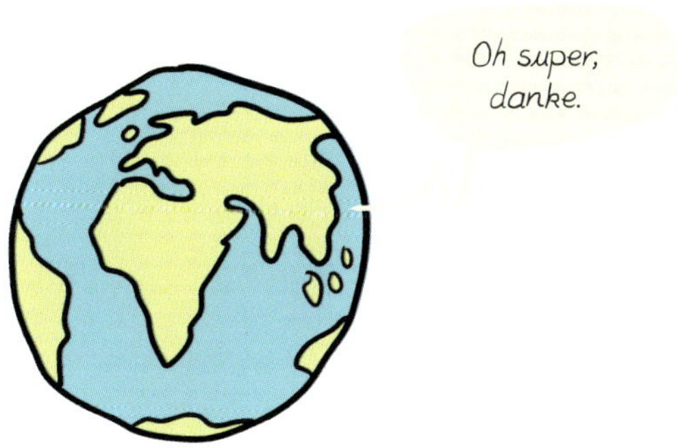

Und trotzdem verschwinden sie nicht, sondern halten die Menschen über Jahre den ganzen Tag über beschäftigt.

Man findet ganz leicht heraus, ob man einen Bullshit Job hat: Stell dir vor, dein Job verschwindet

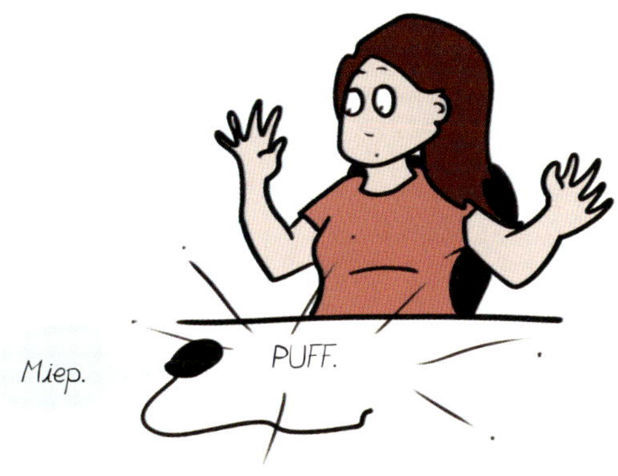

und frag dich, welche Auswirkungen das auf die Gesellschaft hätte.

Genau diese Frage stellte ich mir:
Ich hatte 12 Jahre meiner Karriere
damit verbracht, Software zu entwickeln,
die es Firmen erlaubte, wettbewerbsfähiger
als ihre Mitbewerberinnen zu sein.
Und weil ich Dienstleisterin war, entwickelte
ich dann dasselbe für eine andere Firma.

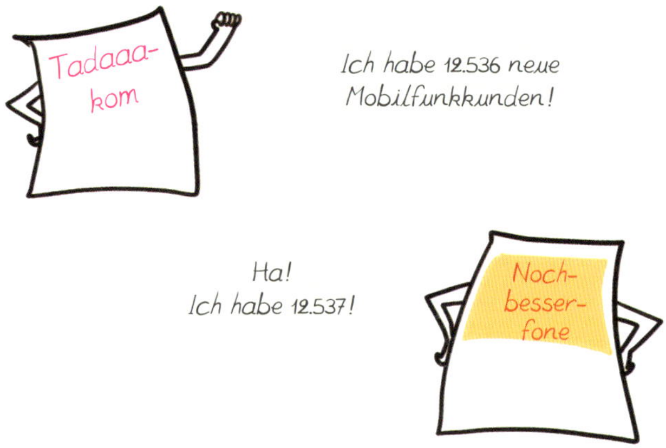

Ich hätte die letzten 12 Jahre bei der Arbeit genauso gut Karten spielen können,

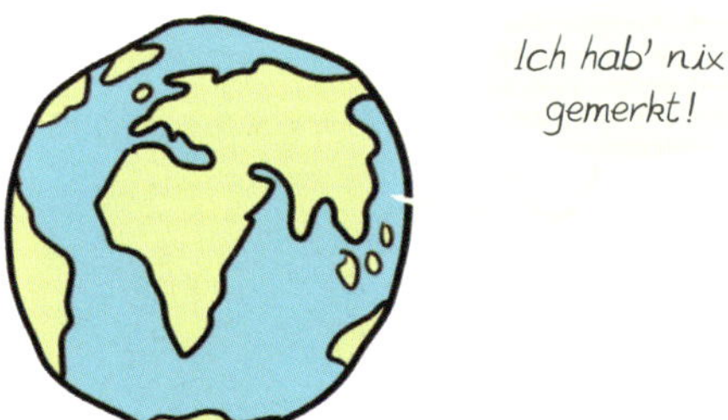

ohne dass es die Menschheit auch nur im Geringsten gejuckt hätte.

Fällt die Arbeit von Krankenpfleger*innen,
Busfahrer*innen oder Künstler*innen weg,
sind die Auswirkungen auf die Menschheit klar ersichtlich.

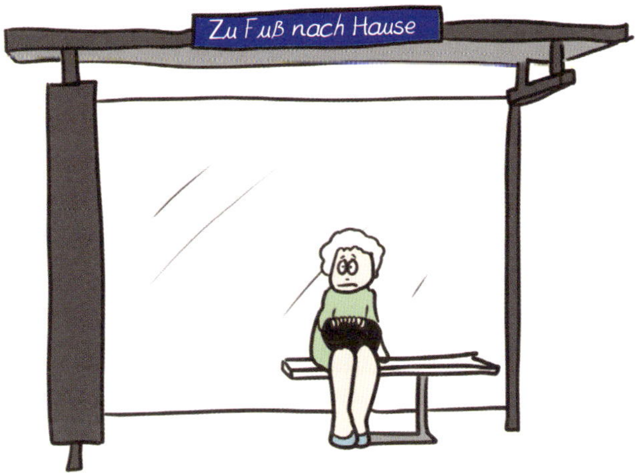

Schafft man aber die Arbeit von Börsenhändler*innen,
Steuerberater*innen, Werber*innen oder
Finanzmarktjournalist*innen ab, passiert:

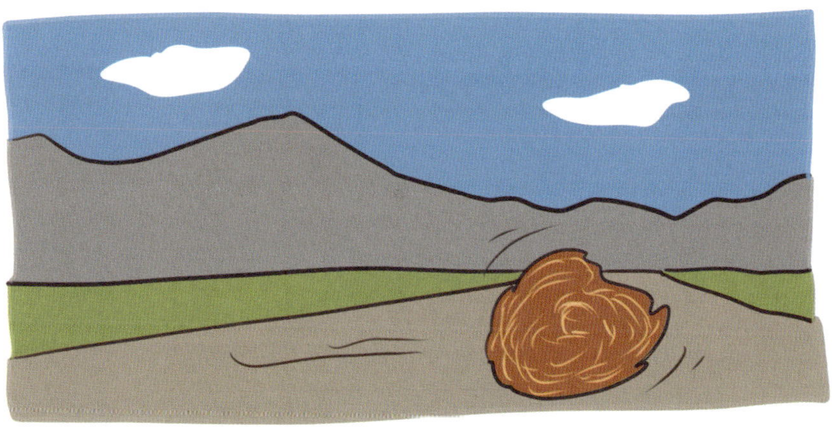

gar nichts.

Die Sonne wird immer noch aufgehen, wir können essen und schlafen und der Betrieb in den Krankenhäusern wird weiterlaufen

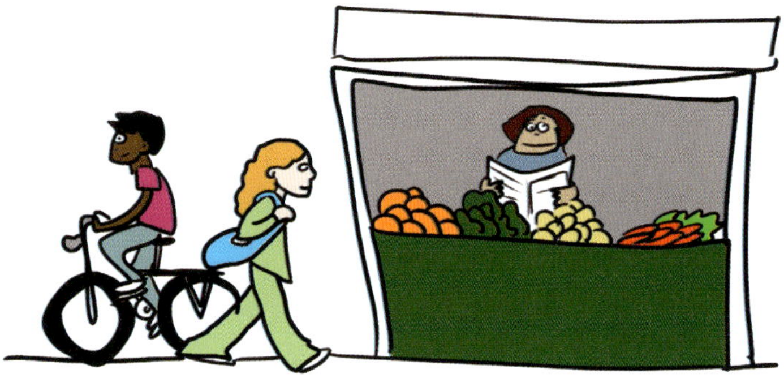

genau wie zuvor.

In der Sendung, die ich schaute, ging der Soziologe und Ökonom Bernard Friot davon aus, dass 30% aller Arbeitsstellen Bullshit Jobs sind. Da wurde mir klar:

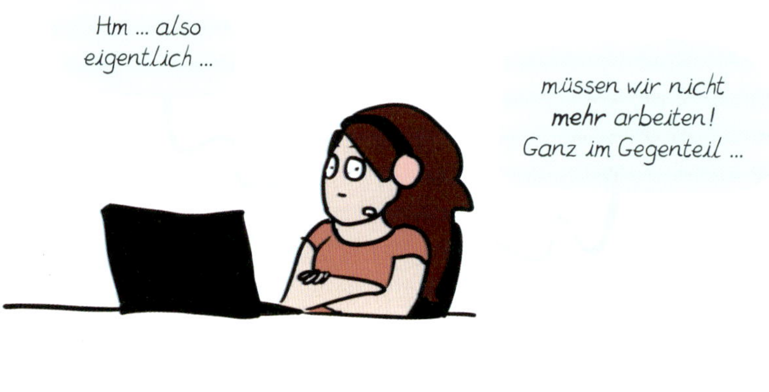

Durch Automatisierung sind sehr viele lästige Jobs weggefallen, während dabei die Produktion sogar gesteigert werden konnte.

Wir produzieren jetzt schon so viele Lebensmittel, dass die Hälfte weggeworfen wird,

und es gibt mehr leerstehenden Wohnraum als wohnungslose Menschen.

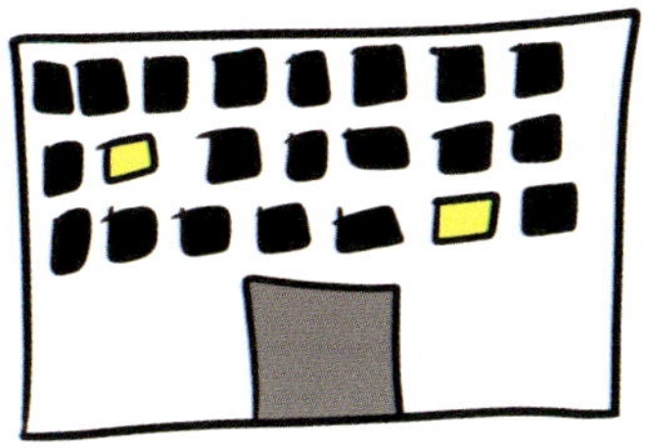

Wenn also Menschen hungern und auf der Straße schlafen, liegt das nicht daran, dass es nicht genug zu essen und ausreichend Wohnraum gibt, sondern dann ist das ein Problem der **Verteilung**.
Und tatsächlich hatten nicht mal in der Zeit des Wirtschaftswunders, als alles wiederaufgebaut werden musste, alle Leute einen Job!

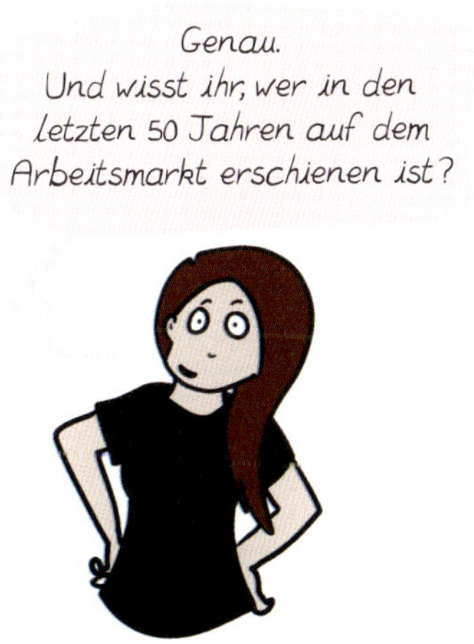

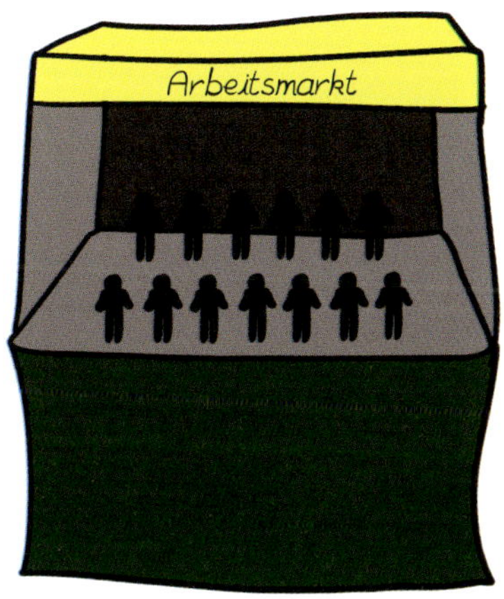

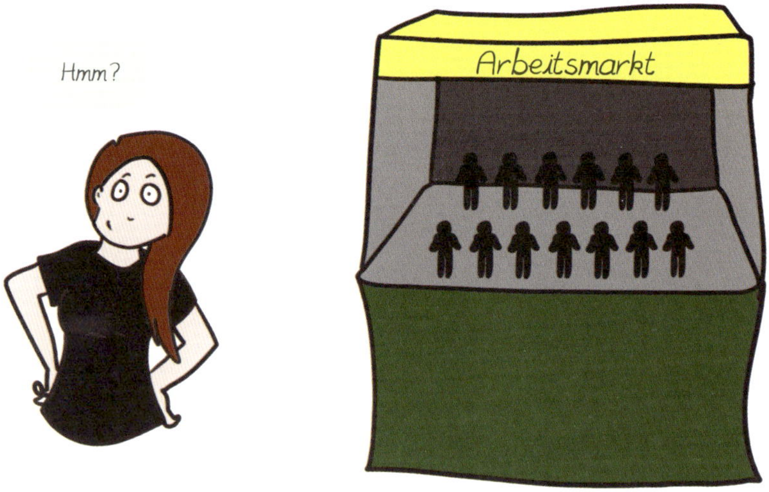
Hmm?
Arbeitsmarkt

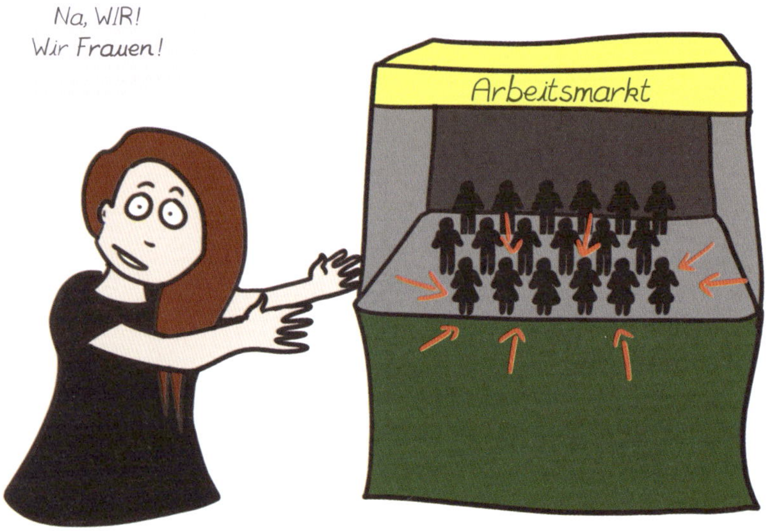
Na, WIR!
Wir Frauen!
Arbeitsmarkt

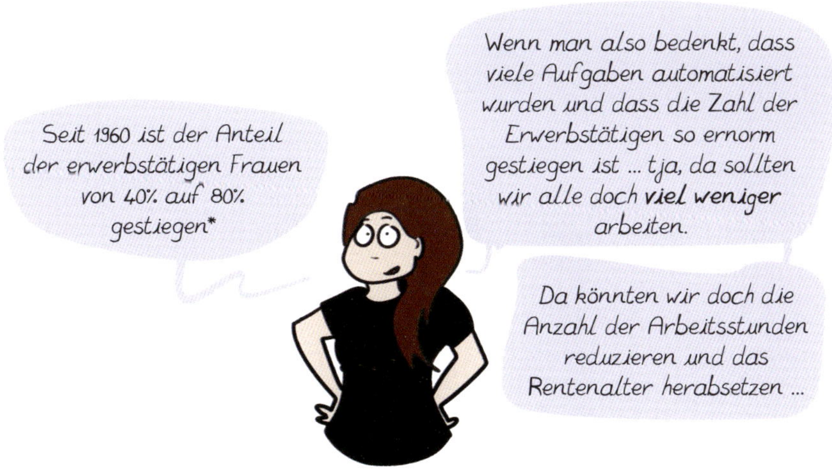

* Was nicht heißen soll, dass wir vorher nicht gearbeitet haben! Aber eben zu Hause und unbezahlt.

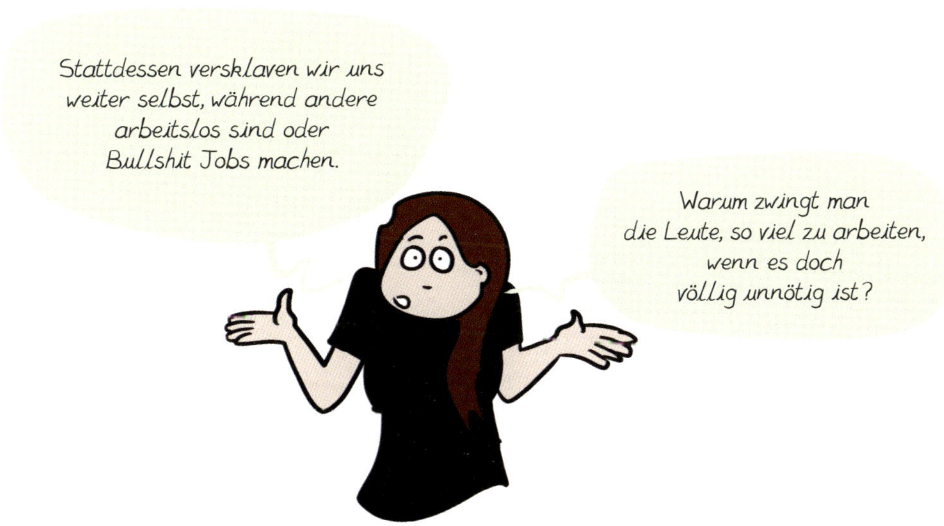

Man könnte jetzt sagen:
Damit »unsere Wirtschaft funktioniert«.

Aber was bringt es uns, dass »die Wirtschaft funktioniert«,
wenn sie nicht für uns funktioniert?

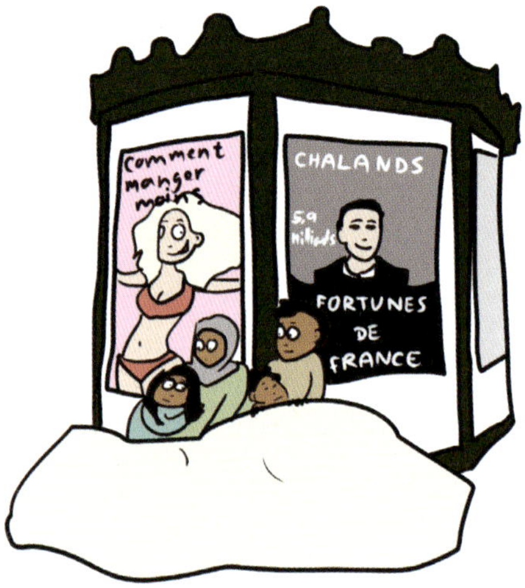

Ein Krieg,

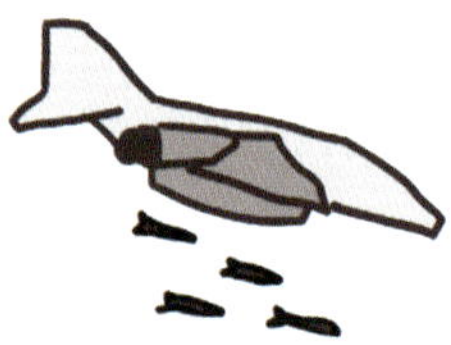

oder ein
Autounfall,

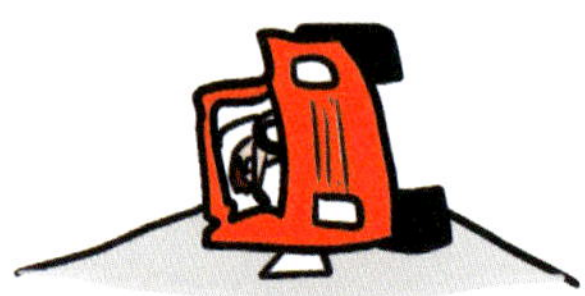

so was ist richtig gut für die Wirtschaft.

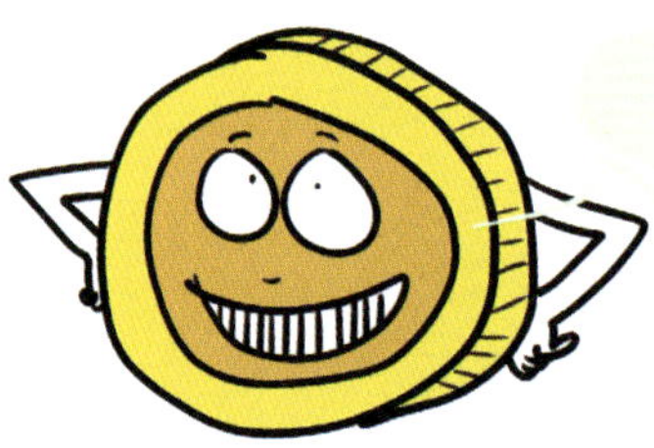

Auf der anderen Seite:

Kranke zu pflegen,

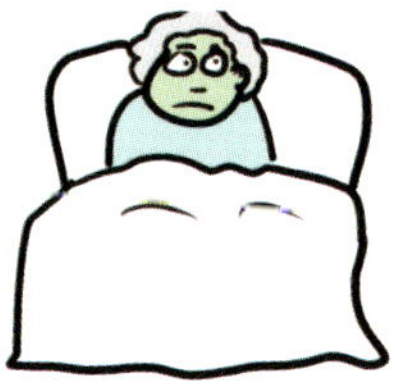

sich um Kinder zu kümmern,

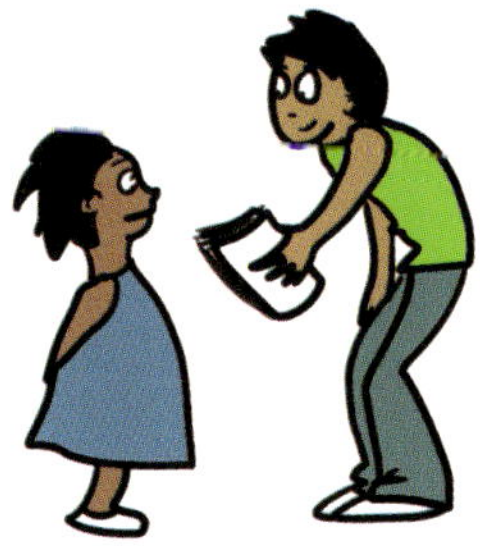

das gefällt der Wirtschaft nicht so gut. Das nennt sie »Belastungen« oder »Ausgaben«.

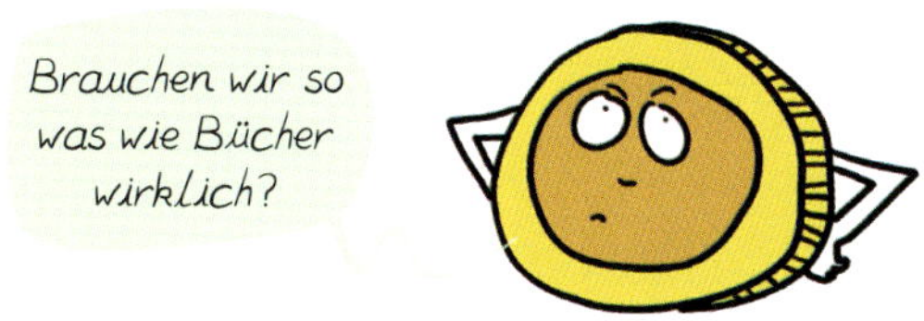

Tatsächlich gibt es nur einen Grund, weshalb wir uns weiter abrackern: Damit die Leute, für die wir arbeiten, reicher werden.

Nehmen wir, um es ganz einfach zu machen, das Beispiel von Hans-Peter, einem Fabrikbesitzer, der gerne etwas herstellen würde.

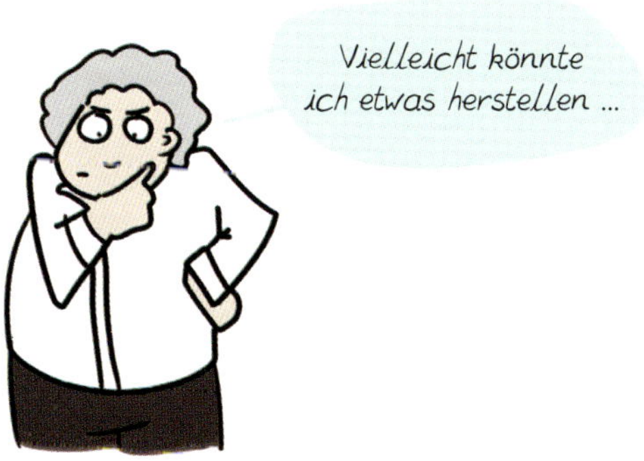

Hans-Peter spricht mit seinen Anteilseignern.

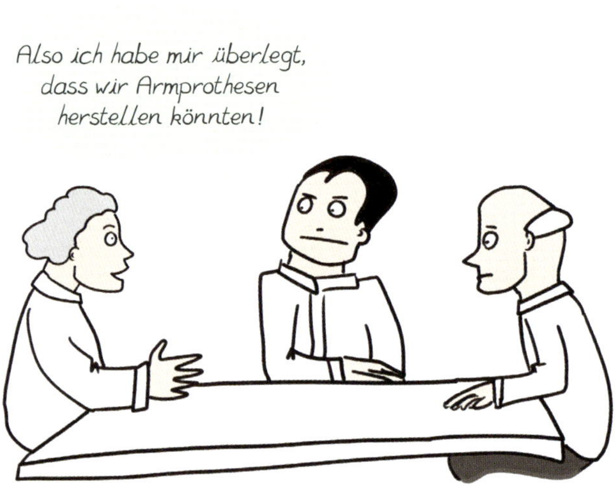

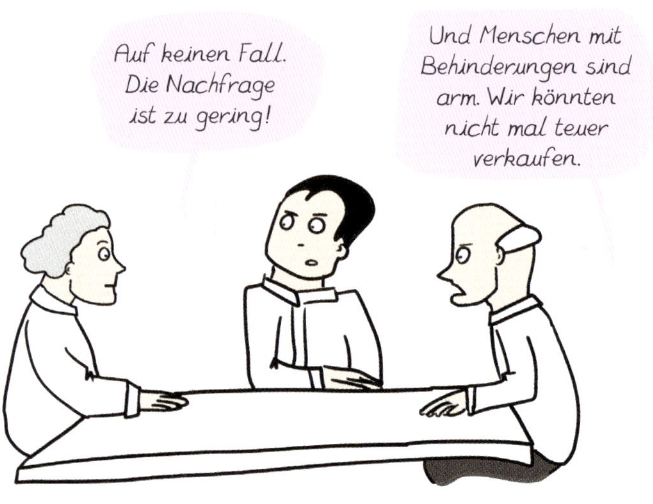

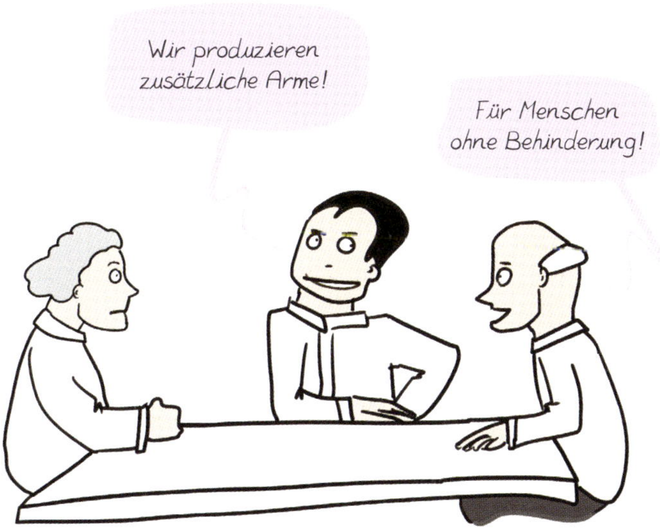

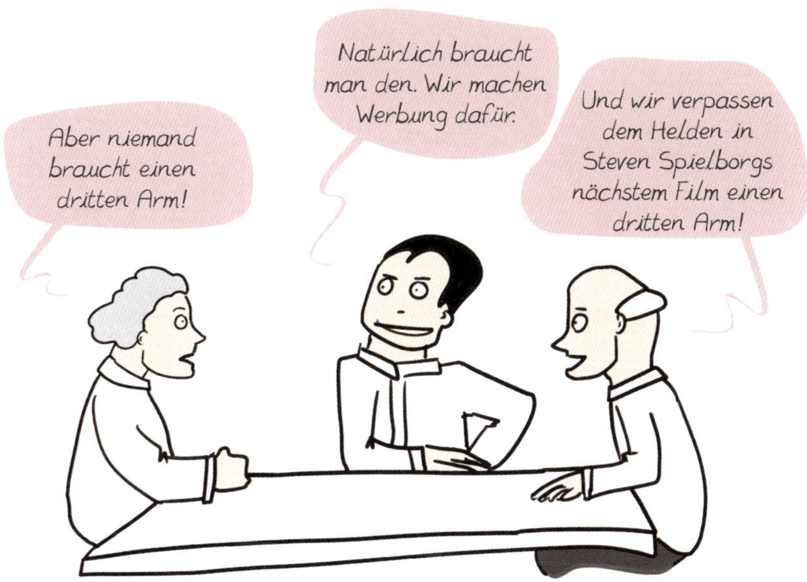

So sieht's aus. Es ist *lukrativer* für Hans-Peter, ein nutzloses Produkt herzustellen als ein sinnvolles.

Profit und Menschlichkeit vertragen sich einfach nicht.

Um sein nutzloses Produkt herzustellen, stellt Hans-Peter Leute ein.

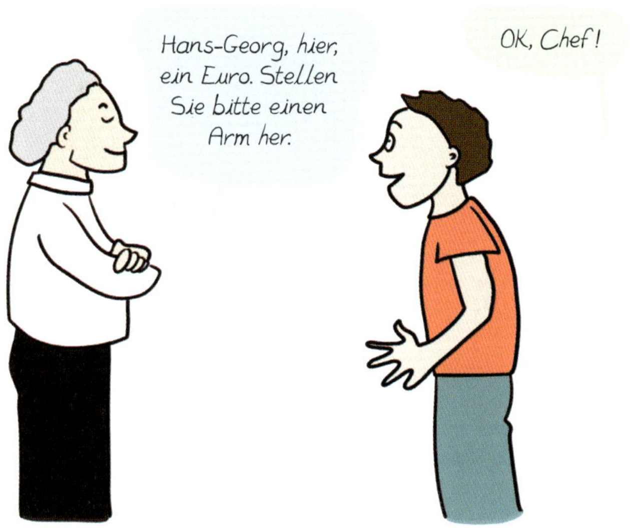

Und dann verkauft er es für sehr viel mehr, als es gekostet hat, das Produkt herzustellen.

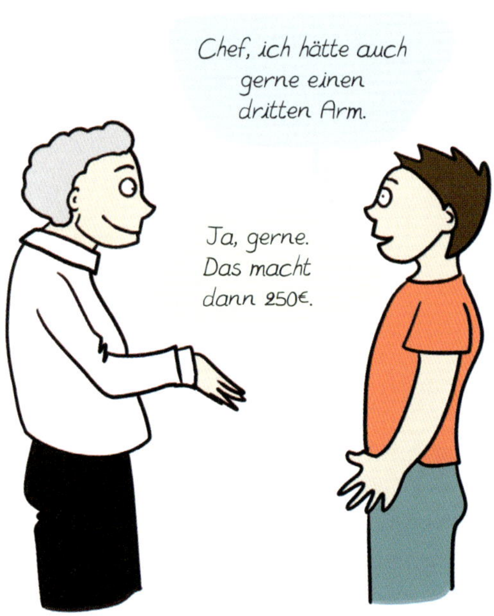

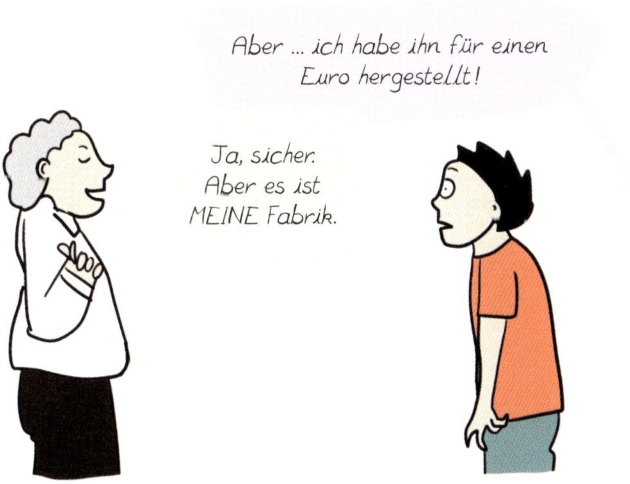

Nur weil ihm die Fabrik gehört.

Das könnte man »profitables Eigentum« nennen: Das bedeutet, man besitzt etwas nicht, weil man es zum Leben braucht, sondern weil man sich damit bereichern will.

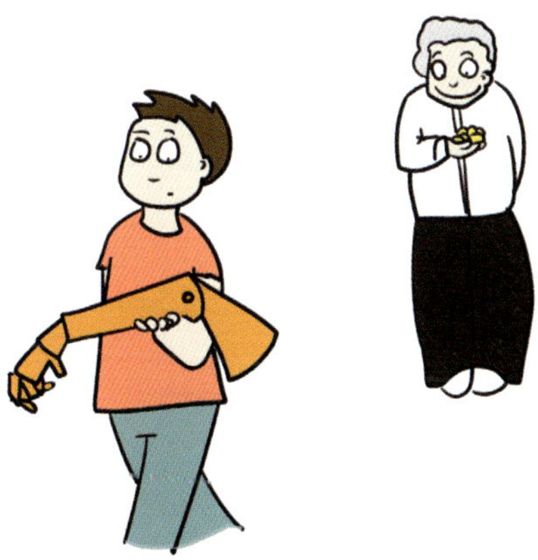

Bei kleinen Unternehmen ist es natürlich etwas komplizierter, ebenso wie bei kleinen landwirtschaftlichen Betrieben und Ladenbesitzer*innen, die ihr Geschäft gerade so am Laufen halten. Aber das Prinzip ist dasselbe.

Hans-Peter wird also reich, ohne etwas Sinnvolles erschaffen zu haben und ohne selbst gearbeitet zu haben. Er hat einfach das Geld eingesackt, das durch die Arbeit seiner Angestellten erwirtschaftet wurde.

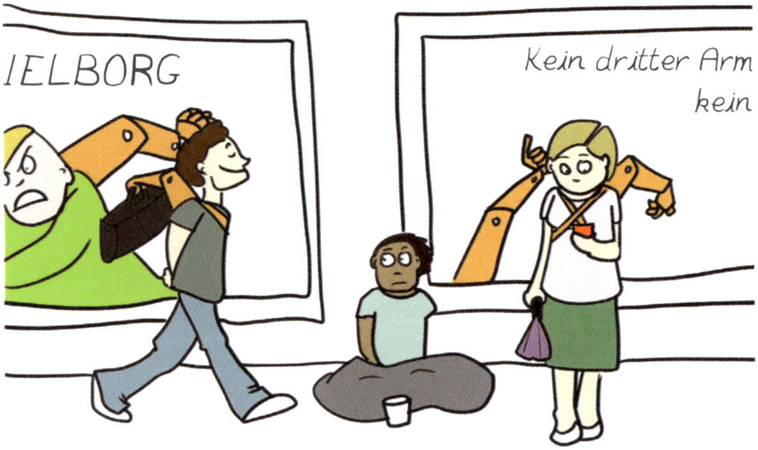

1990 wurden bereits 30% des Wertes, der durch unsere Arbeit entsteht, von Eigentümer*innen abgeschöpft.

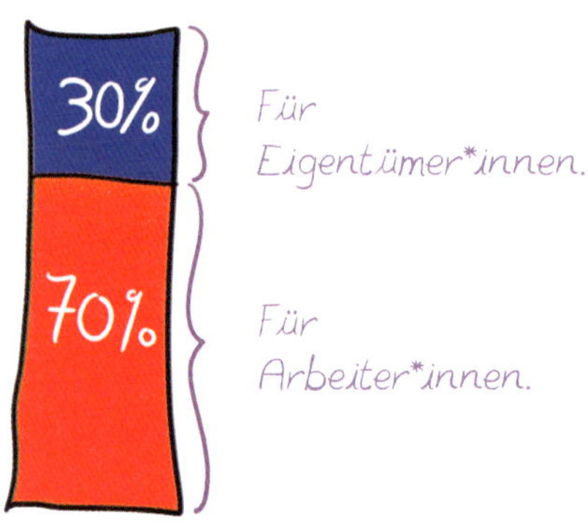

Heute ist dieser Anteil sogar auf 40% gestiegen. Sie werden nie genug bekommen und wir werden immer genauso arm bleiben! Denn obwohl jetzt durch die Automatisierung mehr produziert wird,

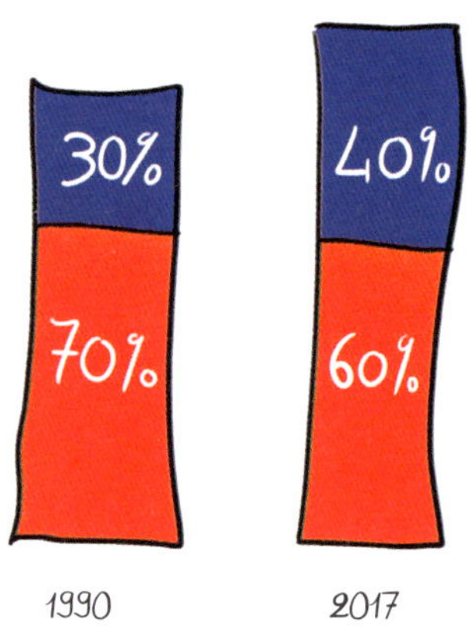

profitieren davon nur die Eigentümer*innen, nicht wir.

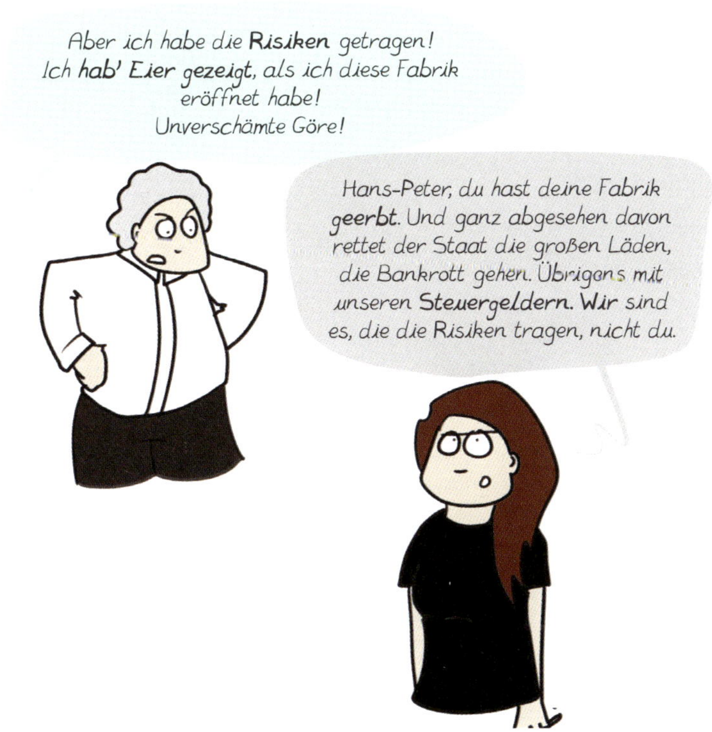
Aber ich habe die **Risiken** getragen! Ich **hab' Eier gezeigt**, als ich diese Fabrik eröffnet habe! Unverschämte Göre!
Hans-Peter, du hast deine Fabrik **geerbt**. Und ganz abgesehen davon rettet der Staat die großen Läden, die Bankrott gehen. Übrigens mit unseren **Steuergeldern**. **Wir** sind es, die die Risiken tragen, nicht du.

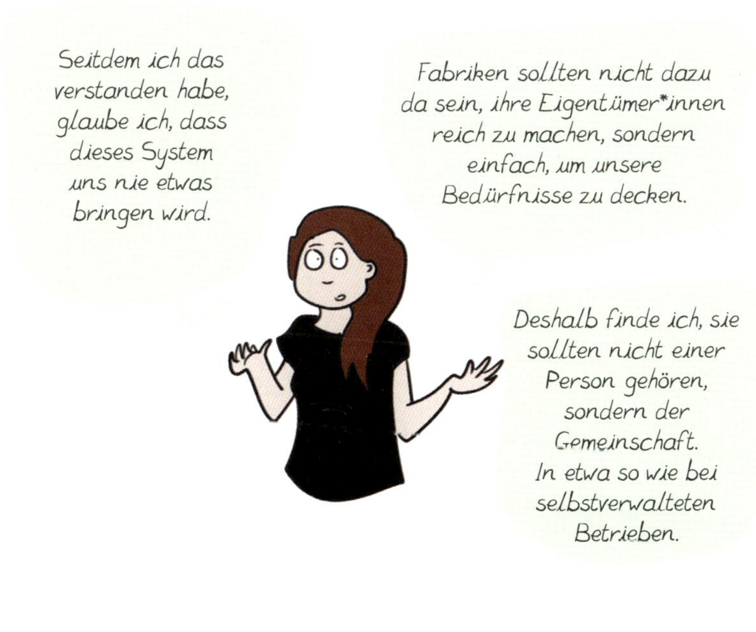
Seitdem ich das verstanden habe, glaube ich, dass dieses System uns nie etwas bringen wird.
Fabriken sollten nicht dazu da sein, ihre Eigentümer*innen reich zu machen, sondern einfach, um unsere Bedürfnisse zu decken.
Deshalb finde ich, sie sollten nicht einer Person gehören, sondern der Gemeinschaft. In etwa so wie bei selbstverwalteten Betrieben.

Dann würden wir gemeinsam entscheiden, welche Bullshit Jobs wir abschaffen können.

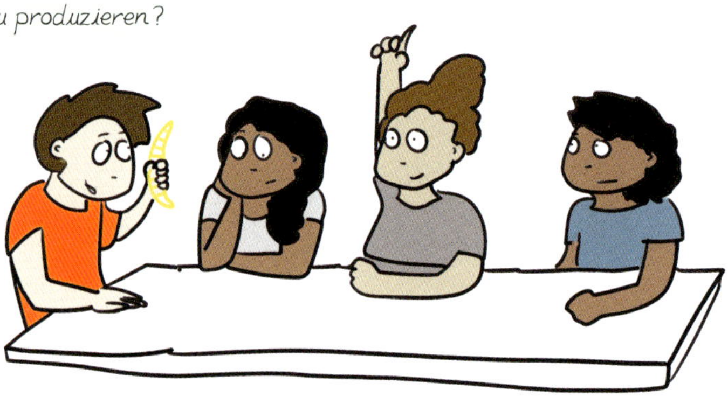

(Ich persönlich würde dagegen stimmen, aber hey, Teil einer Gemeinschaft zu sein, heißt ja gerade, dass jede*r mitreden darf!)

Wenn einmal alle Bullshit Jobs festgestellt und abgeschafft sind,

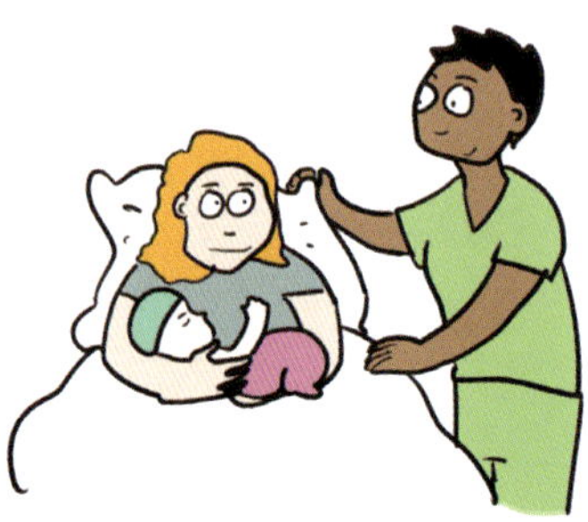

können wir mehr Zeit mit Aufgaben verbringen, die einen wirklichen Nutzen für uns haben, wie Pflege, Bildung und Erziehung. Und vor allem könnten wir alle **viel weniger arbeiten**.

Und weniger zu arbeiten, würde natürlich nicht bedeuten, weniger gut zu leben. Da man ja nur die Bullshit Jobs abschaffen würde, würden alle sinnvollen Dinge nach wie vor hergestellt werden.

Wohnraum ...

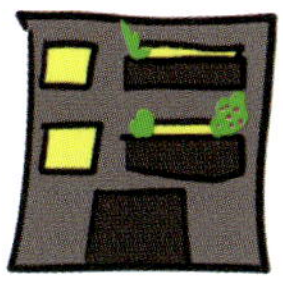

Lebensmittel ...

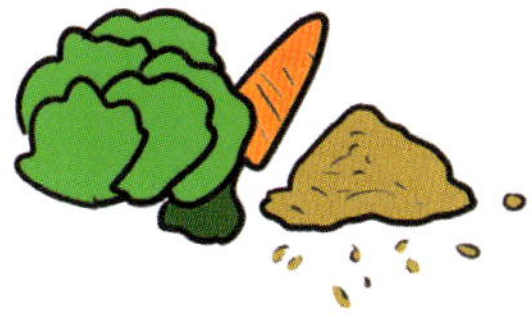

Unterhaltung ...

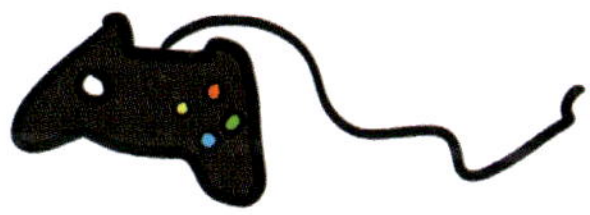

Und es gäbe genug davon für alle.

Es gäbe nur keine Eigentümer*innen mehr, die sich dabei bereichern würden.

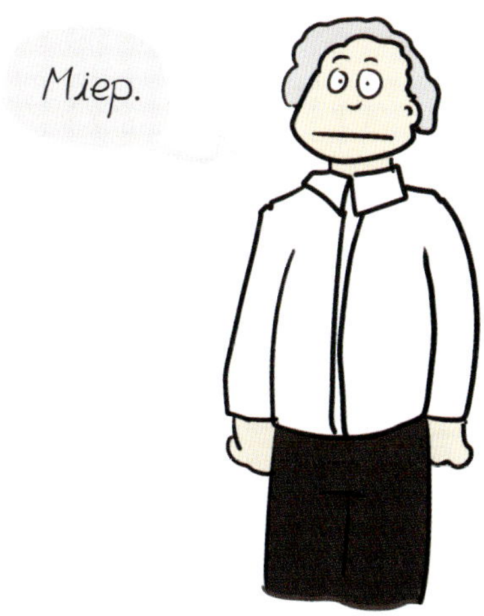

Sorry, Hans-Peter.

Natürlich sind die Eigentümer*innen da etwas anderer Meinung. Sie tun alles in ihrer Macht Stehende, um euch Glauben zu machen, dass die Gesellschaft ohne sie untergehen würde

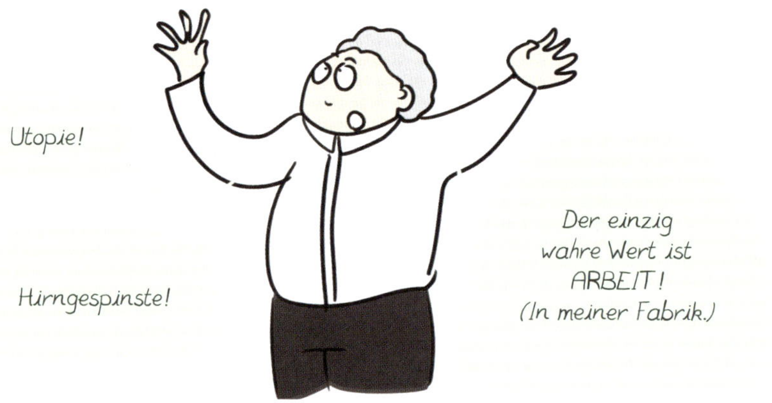

und dass die einzige Lebensweise für uns darin bestehe, sich bis zum Tod abzurackern (oder beinahe).

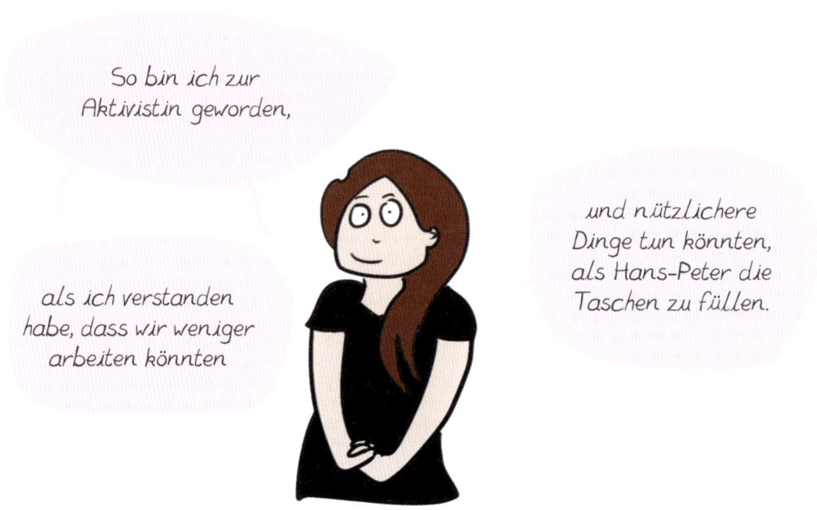

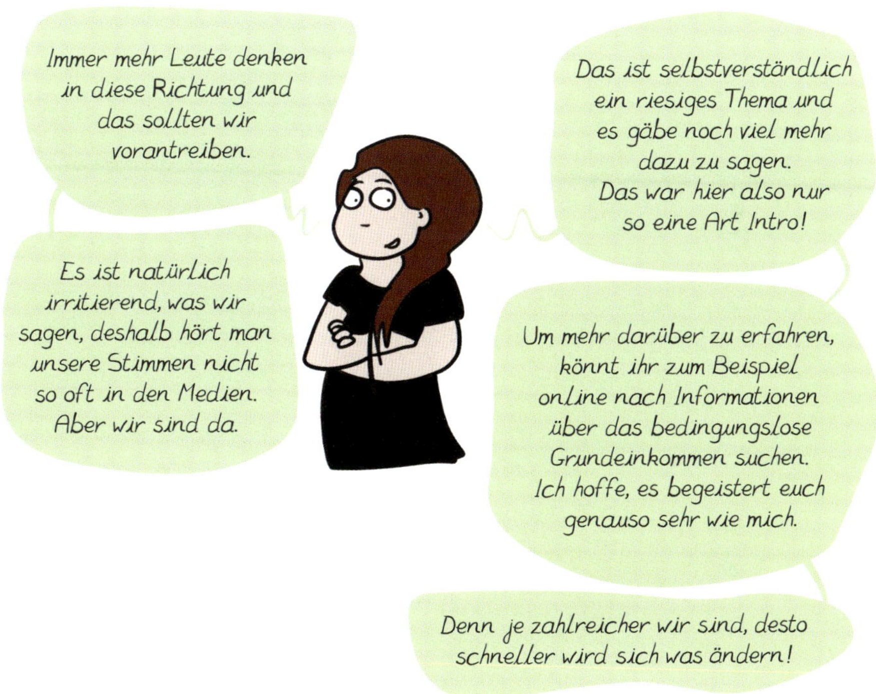
Immer mehr Leute denken in diese Richtung und das sollten wir vorantreiben.
Es ist natürlich irritierend, was wir sagen, deshalb hört man unsere Stimmen nicht so oft in den Medien. Aber wir sind da.
Das ist selbstverständlich ein riesiges Thema und es gäbe noch viel mehr dazu zu sagen. Das war hier also nur so eine Art Intro!
Um mehr darüber zu erfahren, könnt ihr zum Beispiel online nach Informationen über das bedingungslose Grundeinkommen suchen. Ich hoffe, es begeistert euch genauso sehr wie mich.
Denn je zahlreicher wir sind, desto schneller wird sich was ändern!

9

Mach den Vulva-Check

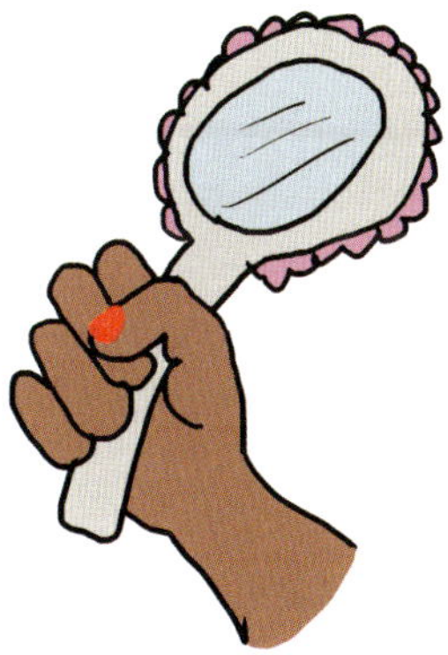

Es ist immer noch Sommer 2016, der militante Aktivismus ist so gut wie erloschen. Die Demonstrationen und »Nuit Debout«[1] wurden durch die Gewalt und die Repressionen von Polizei und Staat zerschlagen. Mein Geist wandert umher und ich entscheide mich, eine meiner besten anatomischen Entdeckungen zu teilen: die Klitoris!

1 Anm. d. Ü.: »Nuit Debout« (in etwa: »die Nacht über wach bleiben«) war eine gesellschaftliche Protestbewegung gegen arbeitsrechtliche Reformen in Frankreich im Jahr 2016.

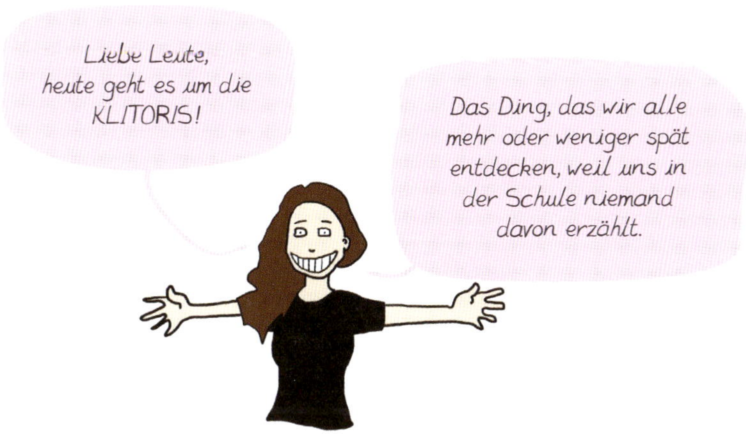
Liebe Leute, heute geht es um die KLITORIS!
Das Ding, das wir alle mehr oder weniger spät entdecken, weil uns in der Schule niemand davon erzählt.

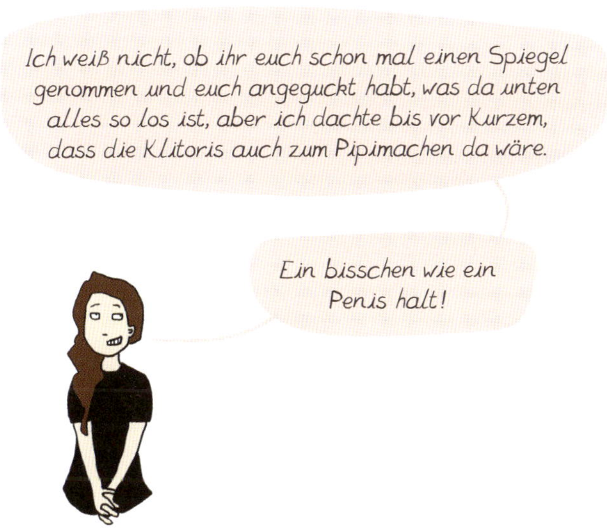
Ich weiß nicht, ob ihr euch schon mal einen Spiegel genommen und euch angeguckt habt, was da unten alles so los ist, aber ich dachte bis vor Kurzem, dass die Klitoris auch zum Pipimachen da wäre.
Ein bisschen wie ein Penis halt!

Ich erspare euch die Details, aber ein paar Unstimmigkeiten haben mich jedenfalls daran zweifeln lassen, also habe ich mir das Ganze mal aus der Nähe angesehen.

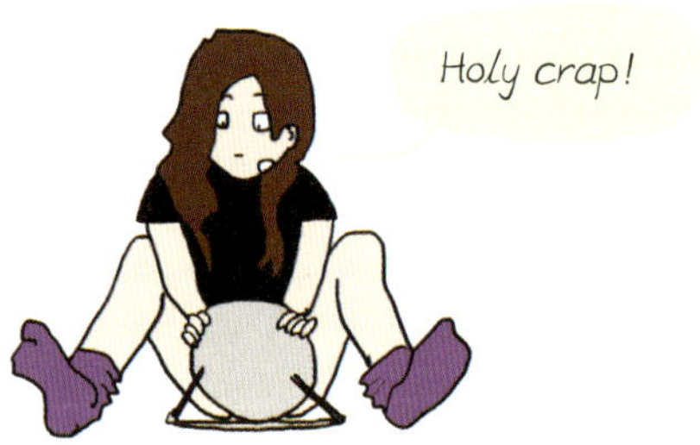

Also für alle, die so unwissend sind wie ich, so sieht eine Vulva aus:

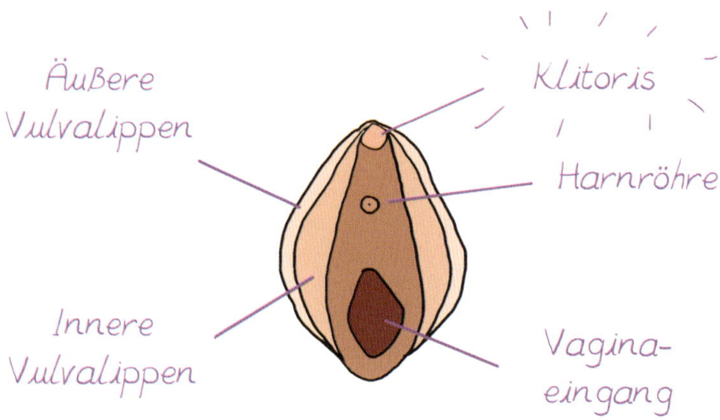

Wie kann so ein kleines Teil einen intergalaktischen Tsunami in dir auslösen?

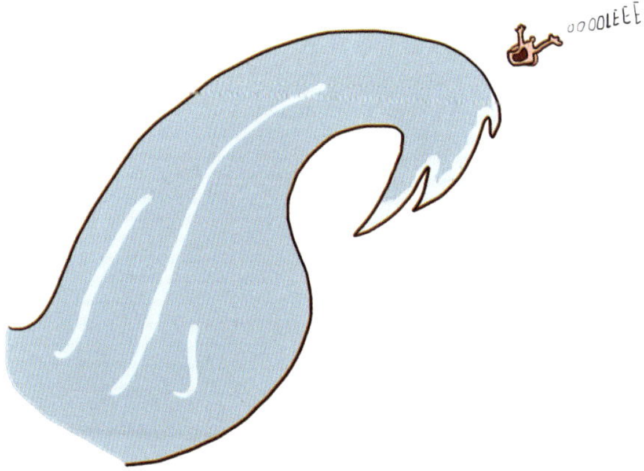

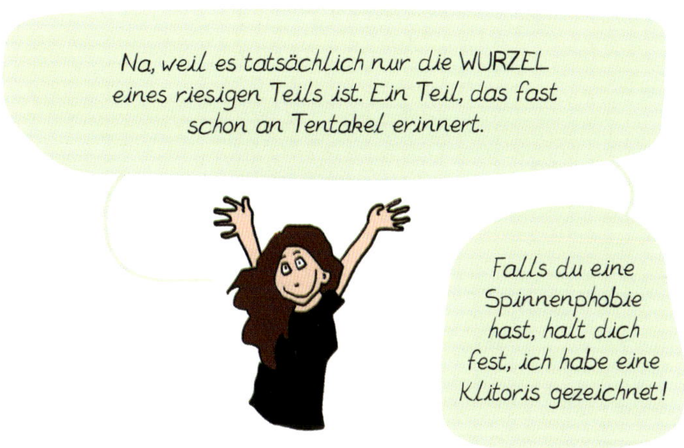

TADAAAAA

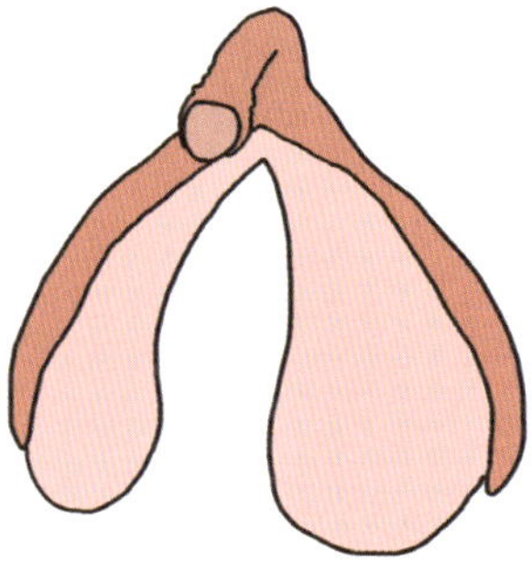

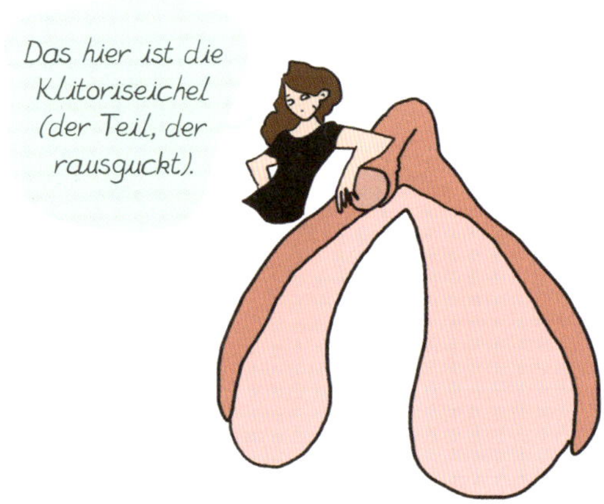
Das hier ist die Klitoriseichel (der Teil, der rausguckt).

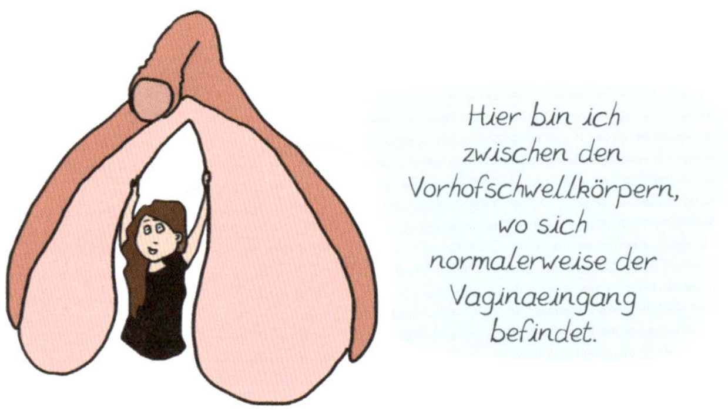
Hier bin ich zwischen den Vorhofschwellkörpern, wo sich normalerweise der Vaginaeingang befindet.

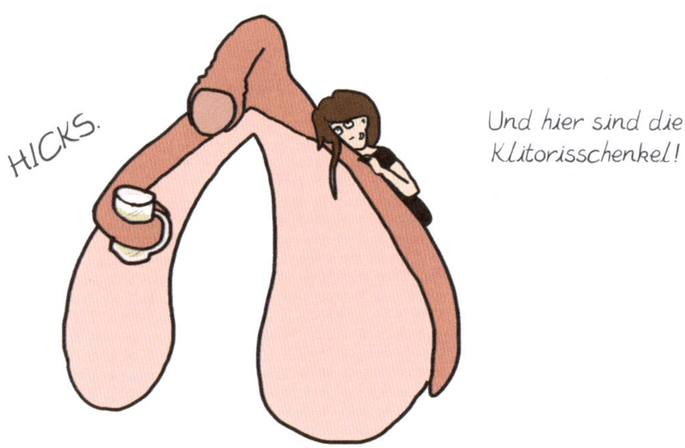
HICKS.
Und hier sind die Klitorisschenkel!

Und so kann eine Kleine-aber-eigentlich-sehr-große Sache euch so viel Lust bereiten, ohne dass unbedingt der Teil berührt werden muss, den man von außen sieht.

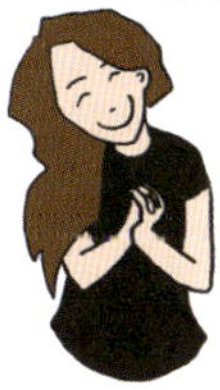

Wird die Klitoriseichel stimuliert, fließt Blut in die Schwellkörper und so werden bei der vaginalen und analen Penetration Empfindungen hervorgerufen.

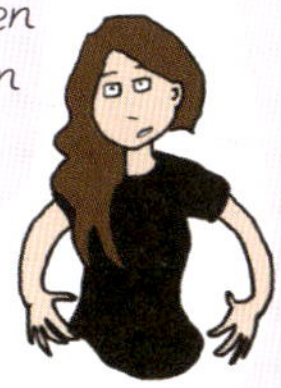

Der sogenannte »vaginale« Orgasmus entsteht also nicht in der Vagina, sondern durch den innen liegenden Teil der Klitoris. Allerdings erleben viele den gar nicht, weil unsere Sensibilität von vielen Faktoren abhängt …

Es wird angenommen, dass unsere Empfindungen mit den Skene-Drüsen zusammenhängen könnten. Die findet man in unterschiedlicher Häufigkeit entlang der ganzen Harnröhre

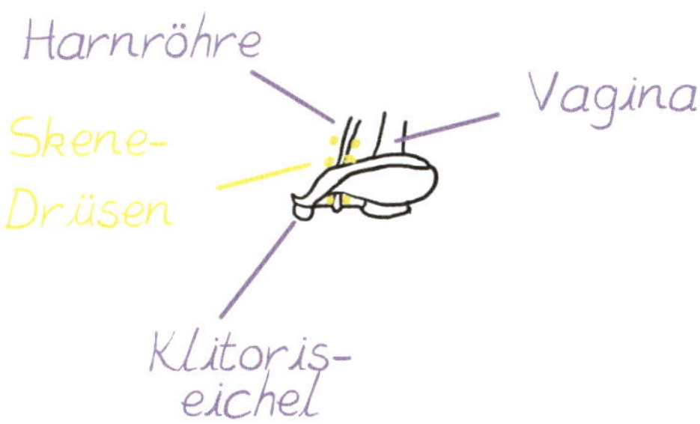

und sie gelten als Quelle des weiblichen Ejakulats.

Nicht zu verwechseln mit dem Vaginalsekret, das die Bartholinischen Drüsen bei Erregung absondern!

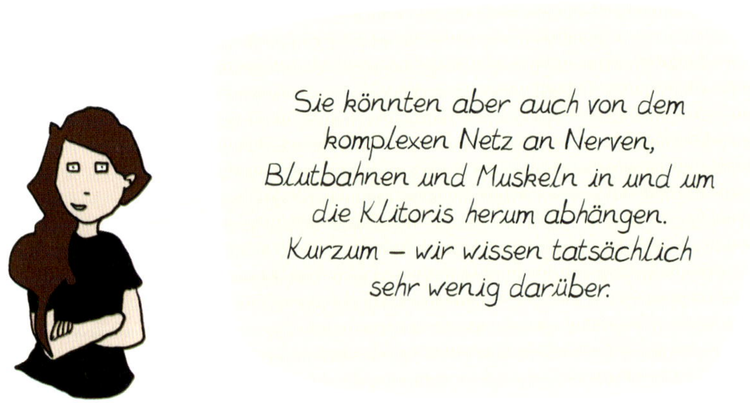
Sie könnten aber auch von dem komplexen Netz an Nerven, Blutbahnen und Muskeln in und um die Klitoris herum abhängen. Kurzum – wir wissen tatsächlich sehr wenig darüber.

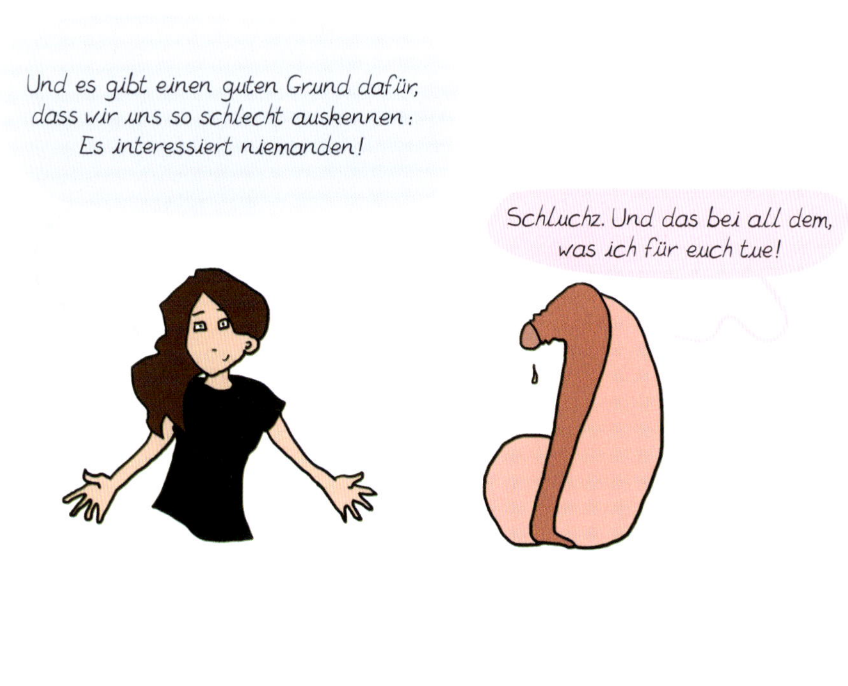
Und es gibt einen guten Grund dafür, dass wir uns so schlecht auskennen: Es interessiert niemanden!
Schluchz. Und das bei all dem, was ich für euch tue!

Dabei ist die Klitoris seit dem 16. Jahrhundert bekannt. Damals glaubt man, dass Frauen einen Orgasmus haben müssen, um schwanger zu werden. Sagen wir es anders: Damals müssen sich die Herren durchaus etwas Mühe geben.

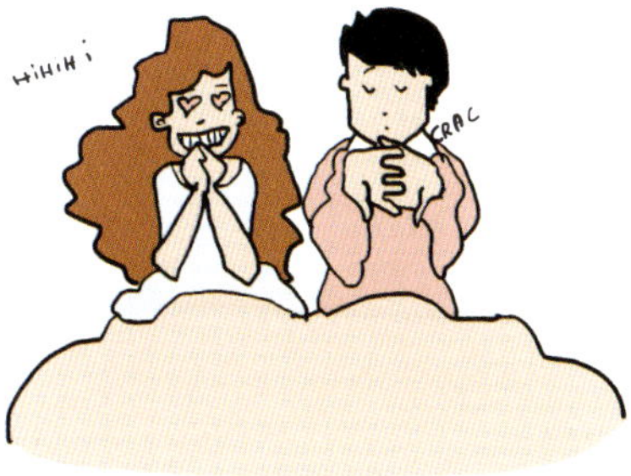

Aber nach und nach sorgt man sich, da die Damen anscheinend ein wenig zu gut auf den Penis verzichten können.

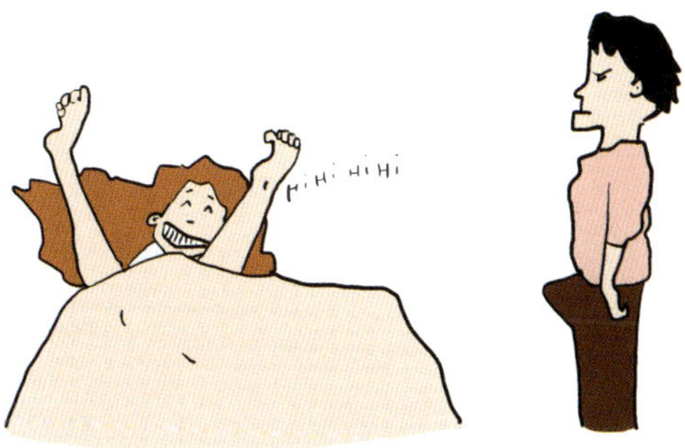

Also wird Masturbation verboten und man beginnt, Frauen zu beschneiden. In Deutschland wird im 19. Jahrhundert Mädchen einfach die ganze Klitoris entfernt, wenn sie sich gerne anfassen.

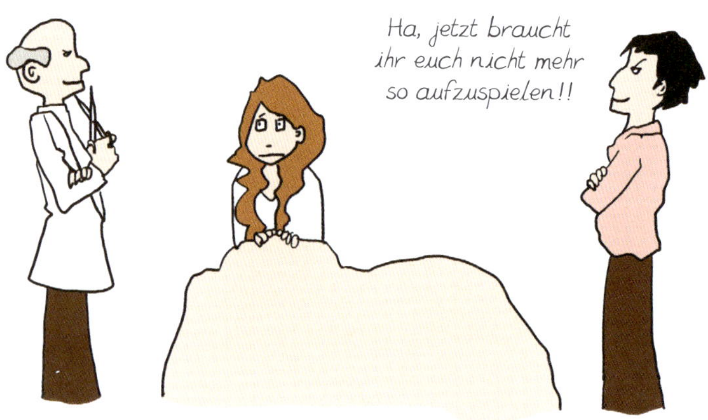

Und im 20. Jahrhundert stellt man schließlich fest, dass der Orgasmus gar nichts mit der Fruchtbarkeit zu tun hat.

Also wird das Wort »Klitoris« gleich ganz aus dem Wörterbuch gestrichen.

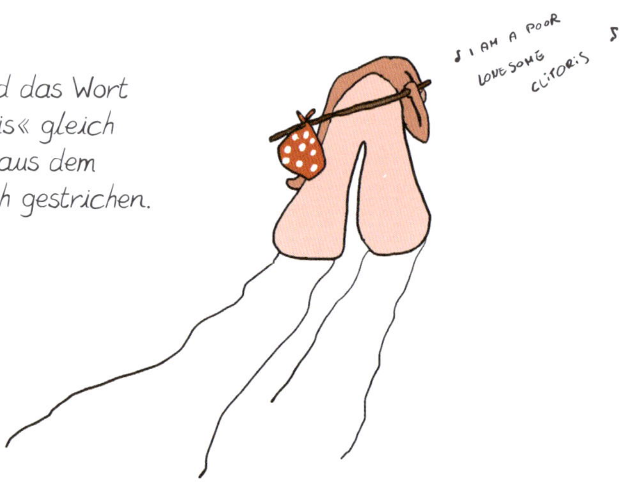

Freud bestimmt dann, dass der klitorale Orgasmus nur bei kleinen Mädchen vorkommt und dass echte Frauen nur dann zum Höhepunkt kommen, wenn man sie penetriert.

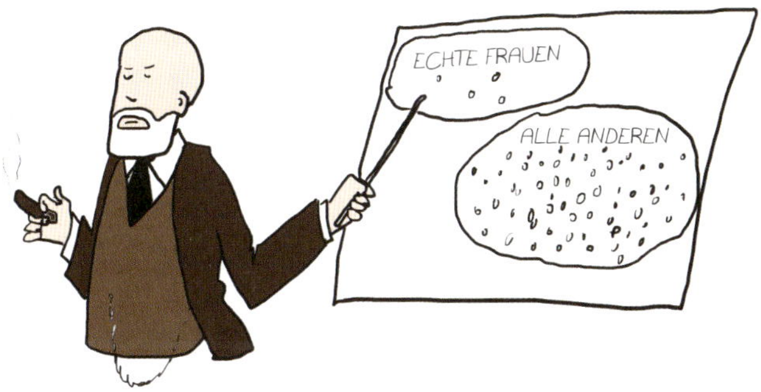

Und wo stehen wir heute?

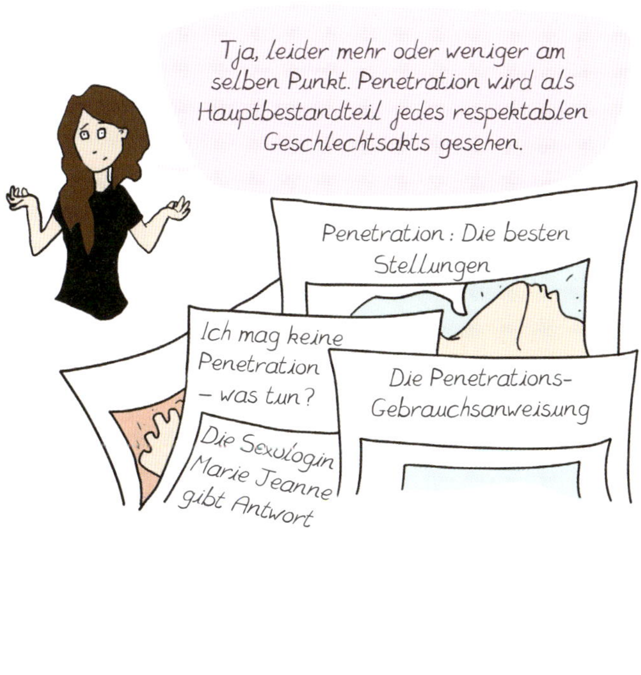

Die Klitoris ist der tote Winkel aller wissenschaftlichen Literatur und fehlt in den Schulbüchern.

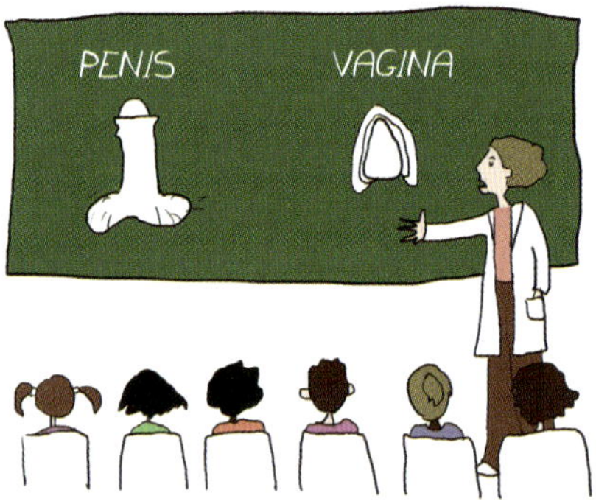

Wozu sollte man sich auch mit einem Organ »ohne Funktion« beschäftigen?

So ist das für die Wissenschaft.
Und für den Rest der Menschheit?

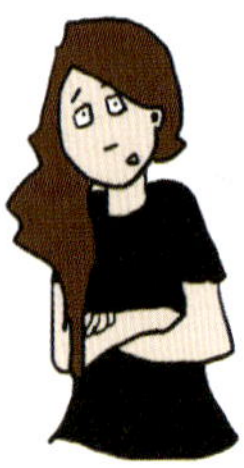

Tja, da ist es ähnlich. 2002 überarbeitet Shere Hite ihre 1976 veröffentlichte Studie zur Sexualität:
Nichts hat sich verändert.

Sie stellt unter anderem fest:

- 95% der Frauen bekommen einen Orgasmus durch Masturbation, aber nur 44% mit ihrem Partner.
- 64% der Frauen sind der Meinung, dass ihrem Partner ihre Lust gleichgültig ist.
- Und 70% der Frauen kommen nicht durch Penetration zum Orgasmus.

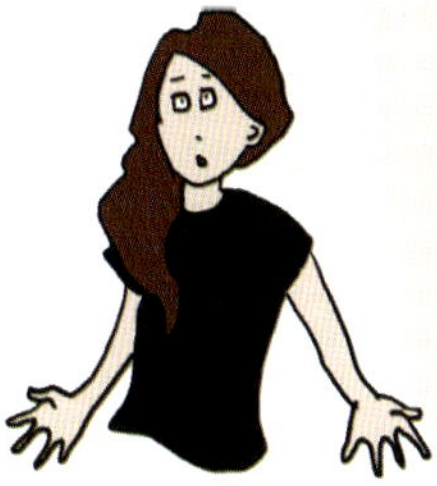

2009 bat Annie Sautivet, eine Kunstlehrerin, 300 ihrer Schüler*innen von 13/14 Jahren, die weiblichen Geschlechtsorgane zu malen. Die Mehrheit konnte die Klitoris nicht verorten. Die Hälfte der Mädchen in der 8. Klasse und ein Viertel der Mädchen in der 9. wussten nicht, dass sie eine haben.

Das ist auch kein Wunder, es wird ja nichts dafür getan, dass wir mehr darüber wissen.

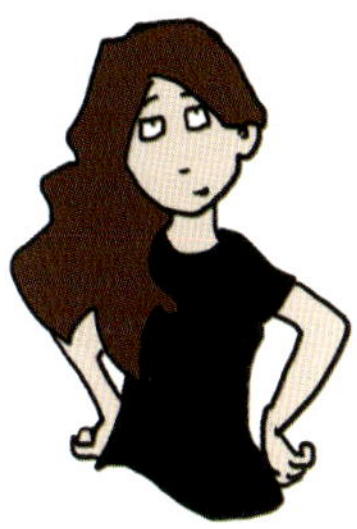

Wir besitzen das einzige Organ, das ganz allein der sexuellen Lust dient, und niemand schert sich drum!

Also ist es vielleicht Zeit, sich einen Spiegel zu nehmen, und das Ganze mit unseren Partner*innen (oder ohne sie!) zu erkunden ...

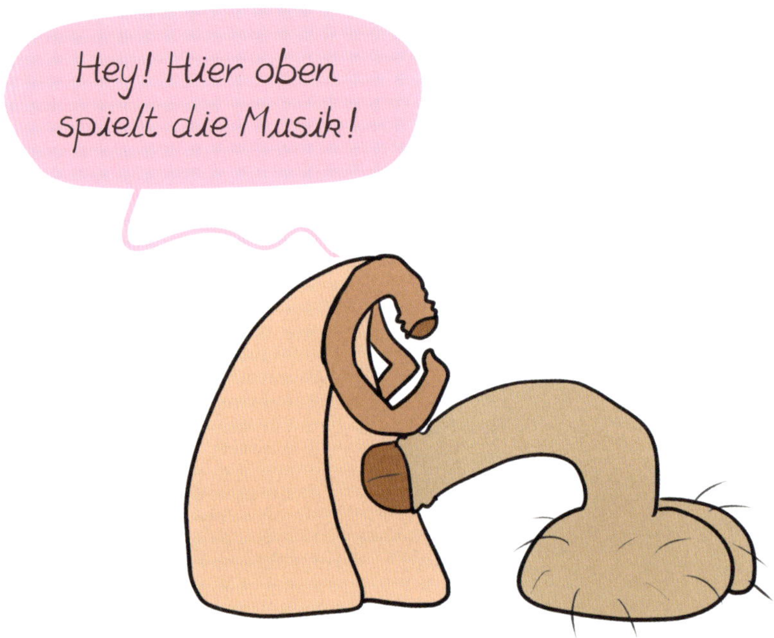
Hey! Hier oben spielt die Musik!

10

Noch so einer aus der Banlieue

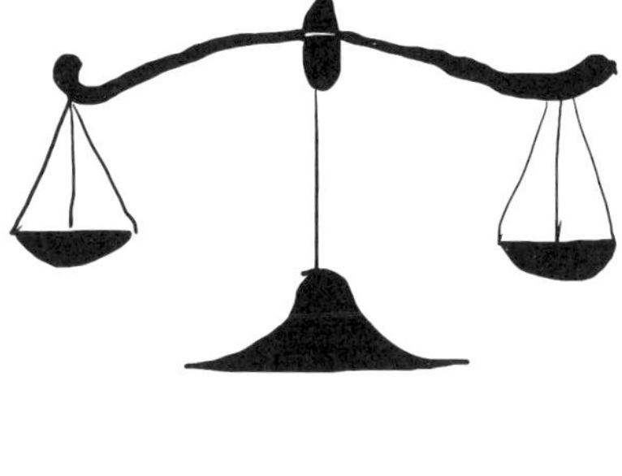

Im Juli des Jahres 2016 wird Adama Traoré, 24 Jahre alt, das nächste Opfer von Polizeigewalt.
Meine Gedanken schweifen nicht länger umher, im Gegenteil, ich entscheide mich, über die Dutzenden von Menschen zu sprechen, die jährlich der Brutalität der Polizei zum Opfer fallen.

Adama ist 24 Jahre alt. Er wohnt
in Beaumont-sur-Oise, einer ruhigen kleinen Kommune
im französischen Departement Val-d'Oise, nördlich von Paris.

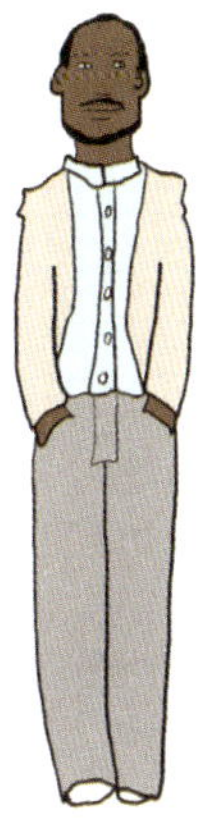

Am 19. Juli, seinem Geburtstag, geht Adama
gerade in der Pariser Innenstadt spazieren, als
plötzlich Polizisten auftauchen, um seinen
kleinen Bruder Bagui festzunehmen.

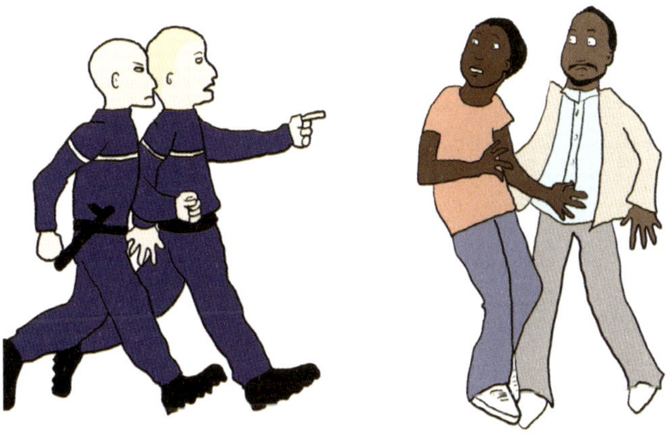

Adama hat keine Papiere dabei.
Er versucht zu fliehen.

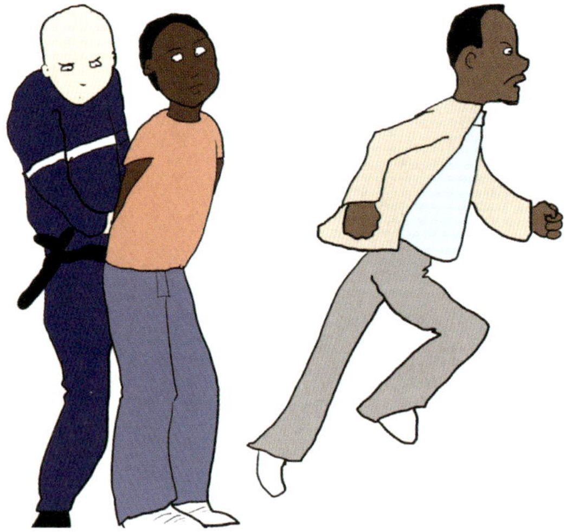

Die Polizisten holen ihn ein. Er schreit, dass er sich stellen will, aber trotzdem wird ihm auf den Kopf geschlagen, er wird in Handschellen gelegt und in den Polizeitransporter geworfen.

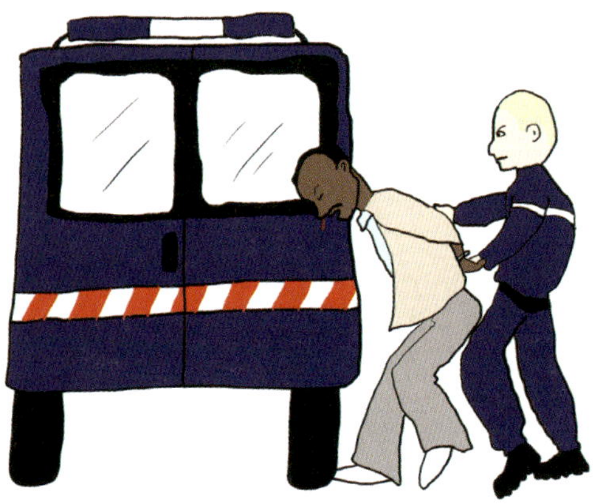

Sein Bruder Bagui wird ebenfalls auf die Polizeiwache gebracht. Dort angekommen sieht er Adama gefesselt und regungslos am Boden liegen. Er versucht, ihm zu helfen, deshalb wird er in eine andere Polizeiwache verlegt.

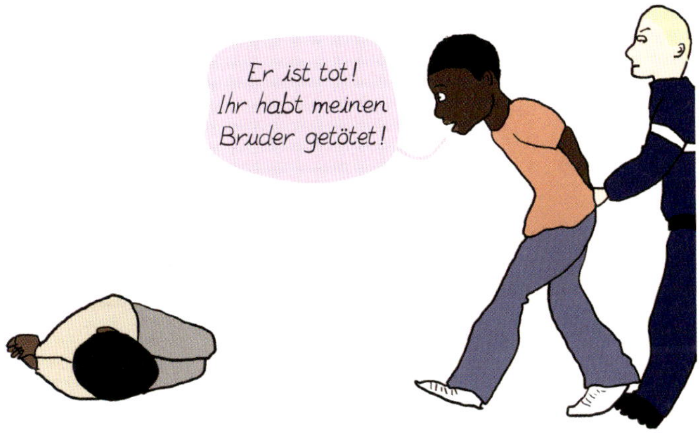

Um 21 Uhr teilt man Adamas Familie mit, dass er zusammengebrochen sei. Also gehen seine Angehörigen ins Krankenhaus.

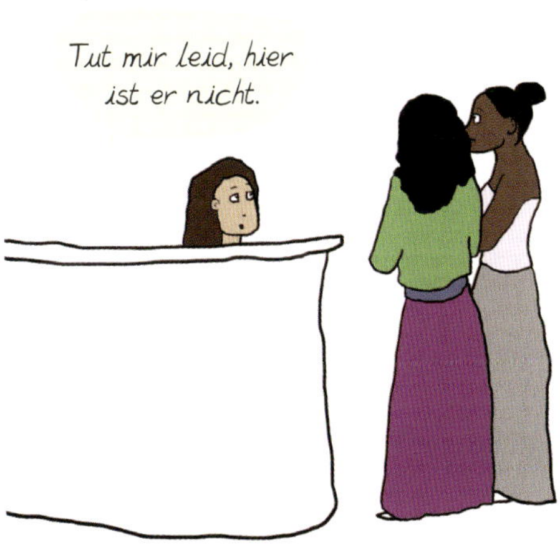

Dann gehen sie auf die Polizeiwache.

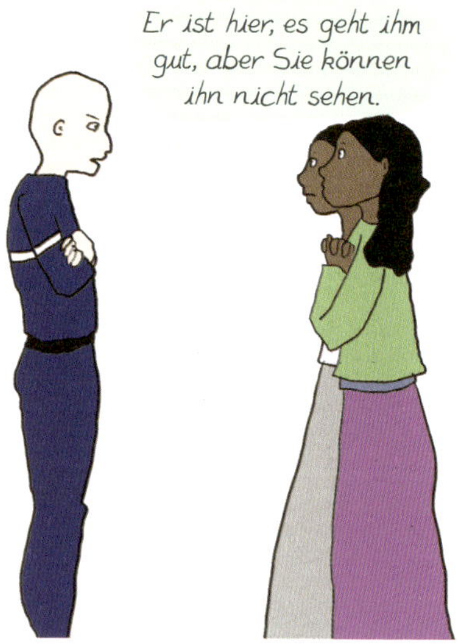

Um 23 Uhr teilt man ihnen schließlich mit, dass Adama beim Transport verstorben sei.

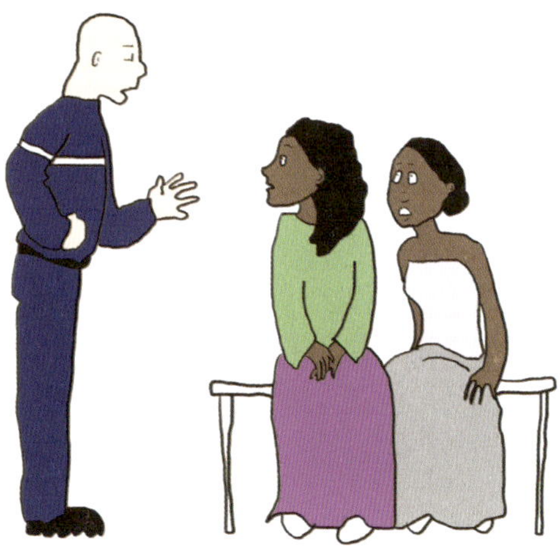

Laut Staatsanwaltschaft ist Adama im Polizeitransporter zusammengebrochen. Die Rettungskräfte seien sofort alarmiert worden, hätten aber nichts mehr tun können.

Mehrere Zeug*innen berichten hingegen, dass sie keine Rettungskräfte gesehen haben, aber bezeugen können, dass Adama auf den Kopf geschlagen wurde, während er in Handschellen auf dem Boden der Polizeiwache lag.

Am nächsten Tag kommt Adamas Familie auf die Polizeiwache, um die Leiche zu sehen, wird aber unter Einsatz von Tränengas zurückgedrängt.

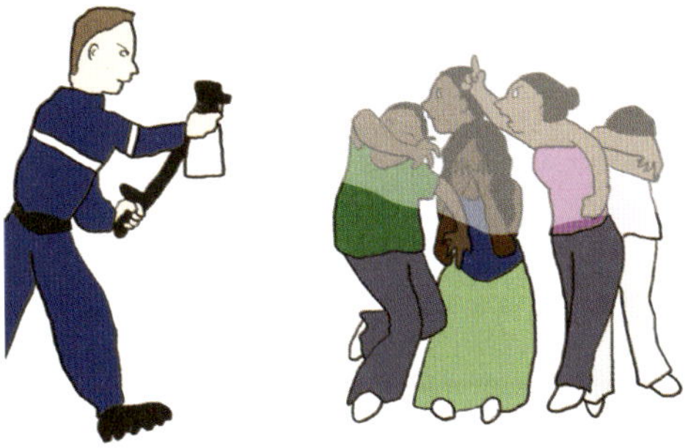

Die Autopsie ergibt »keine Anzeichen von Gewalteinwirkung« und »eine sehr schwere Infektion«, obwohl Adama laut zahlreicher Zeug*innen scheinbar bei perfekter Gesundheit war.

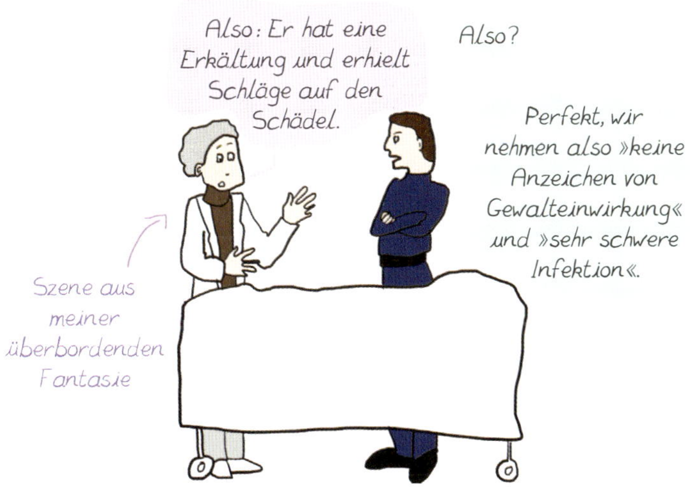

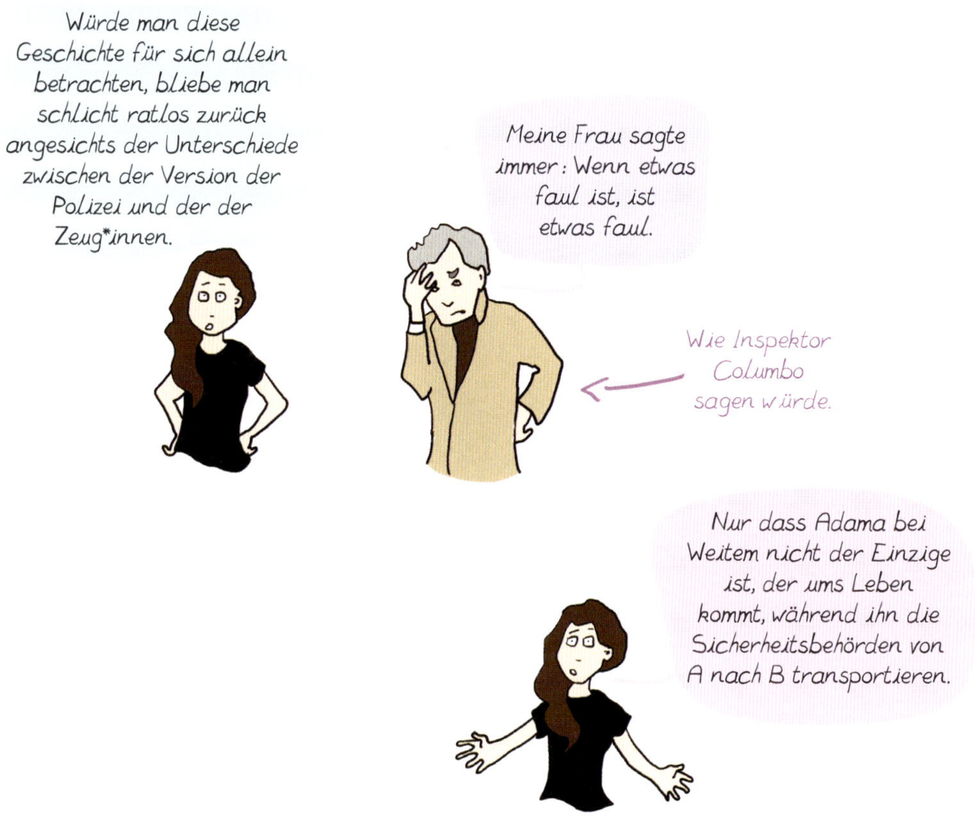

2014 stirbt Hocine Bouras während seiner Überführung zum Gericht durch einen Kopfschuss. Er habe versucht, einem Polizisten die Dienstwaffe abzunehmen. Hocine war in Handschellen.

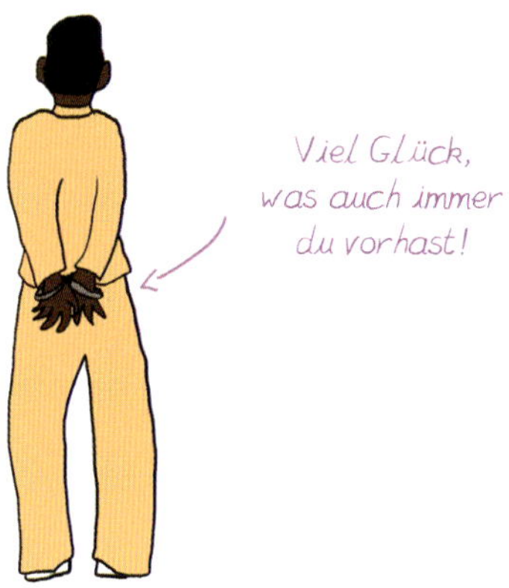

Noch ein Fall von 2014:
Abdelhak Goradia stirbt an »Herzversagen«
auf dem Weg zum Flughafen, von wo er nach Algerien
abgeschoben werden sollte.

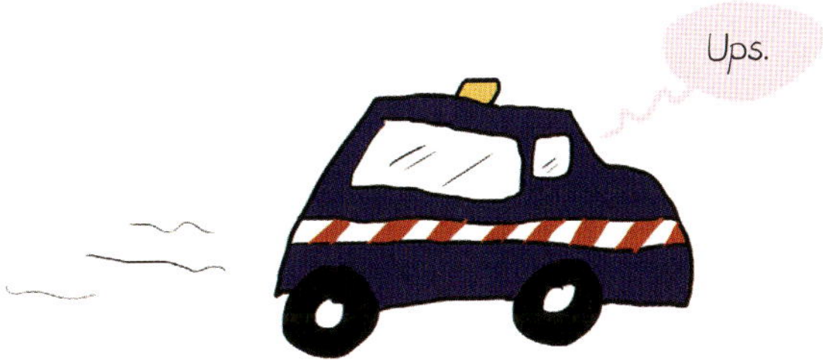

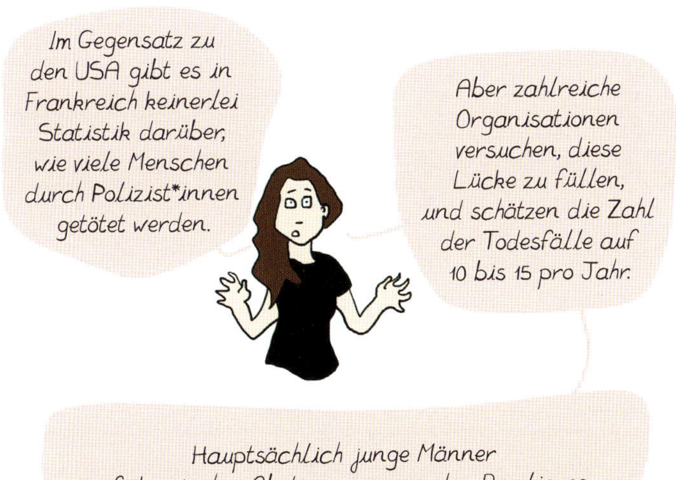

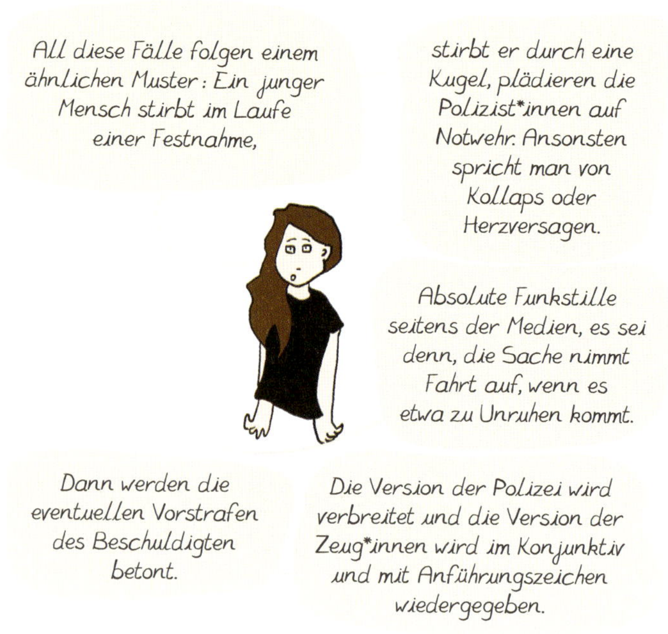

Wie die Medien greift auch die Regierung zu allen linguistischen Kniffen, um bloß nicht von Fehlverhalten durch die Sicherheitsbehörden zu sprechen. Nicht zu vergleichen mit ihrer scharfen Verurteilung des Protestierenden, der das Hemd des Air-France-Managers zerriss!

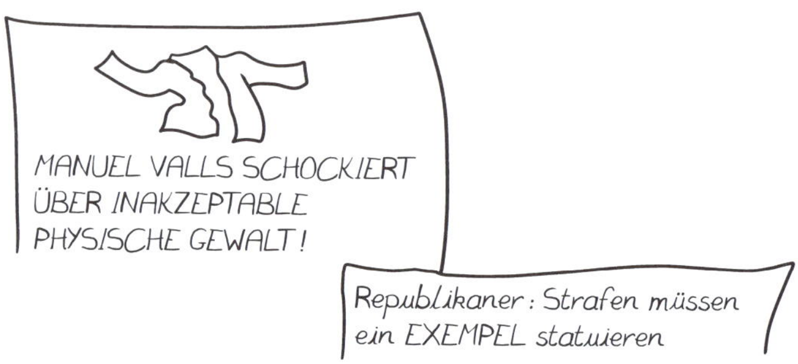

Zu den Gerichtsverfahren:

Man schätzt, dass es in 40% der Fälle nicht zu einem Gerichtsverfahren kommt.

Verurteilungen führen meist zu Bewährungsstrafen.

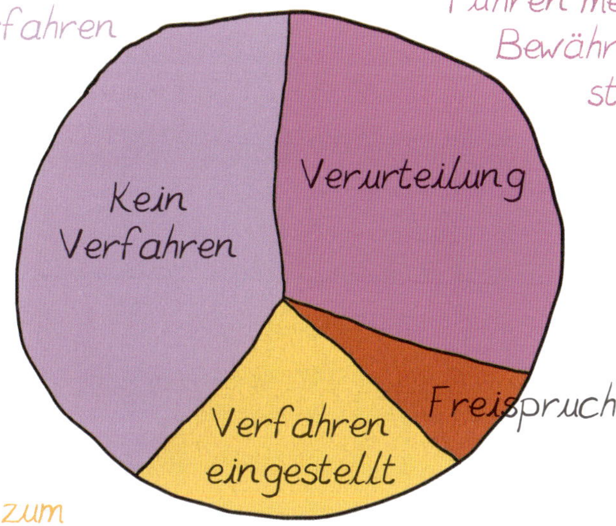

Kommt es zum Prozess, erstreckt er sich oft über mehrere Jahre und zermürbt die Angehörigen finanziell wie emotional.

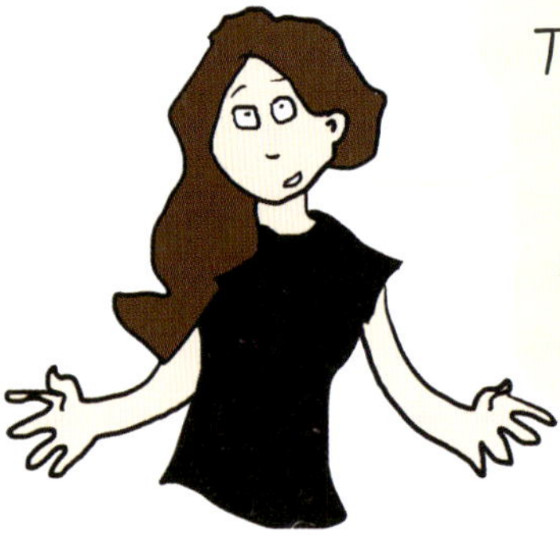

Meine instinktive Reaktion war oft dieselbe wie die der meisten anderen, die selbst nicht aus ärmeren Vierteln kommen.

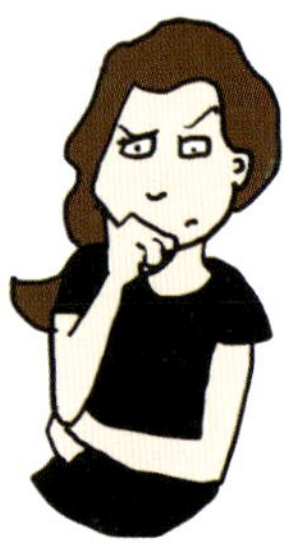

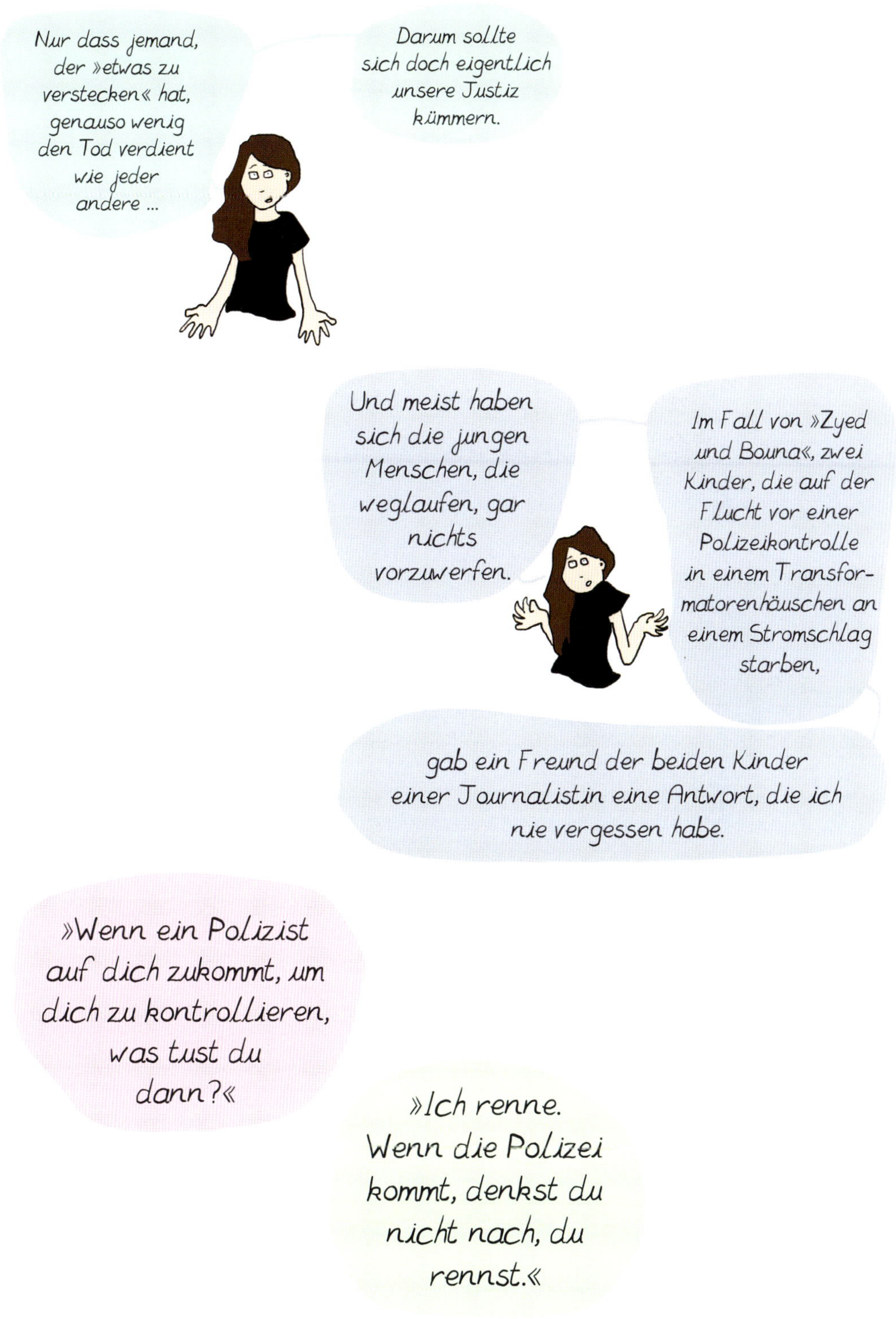
Nur dass jemand, der »etwas zu verstecken« hat, genauso wenig den Tod verdient wie jeder andere ...
Darum sollte sich doch eigentlich unsere Justiz kümmern.
Und meist haben sich die jungen Menschen, die weglaufen, gar nichts vorzuwerfen.
Im Fall von »Zyed und Bouna«, zwei Kinder, die auf der Flucht vor einer Polizeikontrolle in einem Transformatorenhäuschen an einem Stromschlag starben,
gab ein Freund der beiden Kinder einer Journalistin eine Antwort, die ich nie vergessen habe.
»Wenn ein Polizist auf dich zukommt, um dich zu kontrollieren, was tust du dann?«
»Ich renne. Wenn die Polizei kommt, denkst du nicht nach, du rennst.«

Wenn Kinder weniger Angst davor haben, in ein Trafohäuschen zu fliehen, als vor den Polizist*innen, die sie verfolgen, beginnt man sich zu fragen, wen die Polizei eigentlich beschützt ...

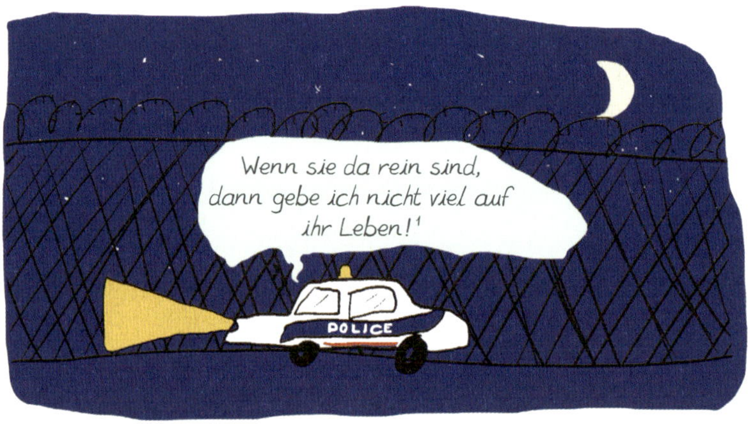

1 Anm. d. Ü.: Der Funkspruch mit der Aussage »Wenn sie auf das EDF-Gelände [Stromkonzern] gehen, dann gebe ich nicht viel auf ihr Leben« wurde aufgezeichnet. Der Polizist, der den Funkspruch absetzte, und seine Kollegin, die ihn empfing, wurden von den Familien der beiden 15- und 17-jährigen Opfer wegen unterlassener Hilfeleistung angeklagt. 2015, 10 Jahre nach dem Tod von Zyed und Bouna, kam der Freispruch: Die Staatsanwaltschaft glaubte den beiden Angeklagten, nichts von einer Gefahr für die beiden Jugendlichen gewusst zu haben.

Keine Lust mehr, 5 mal am Tag
kontrolliert zu werden?
Genug von Polizeigewahrsam?

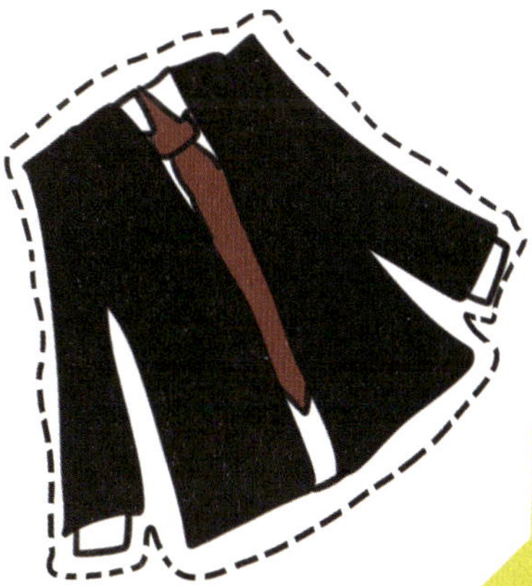

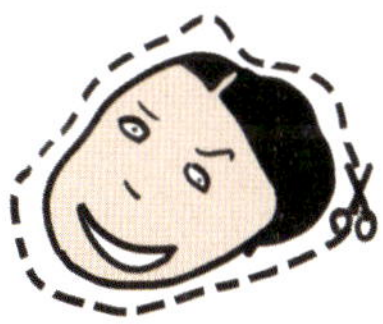

Hier ein
Geschenk für dich:
eine Verkleidung
als weißer Mann
zum Ausschneiden!

11

Entspann dich!

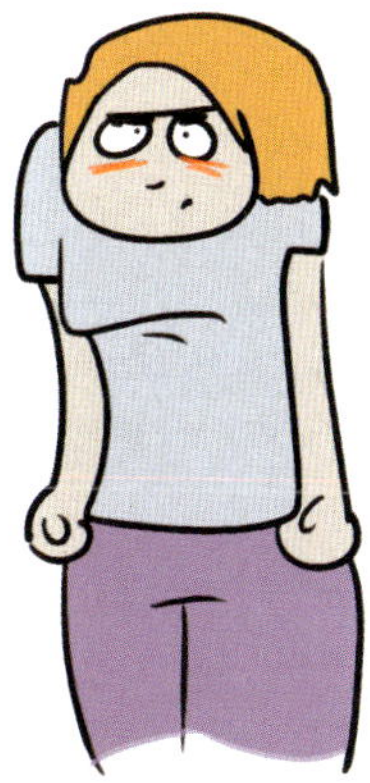

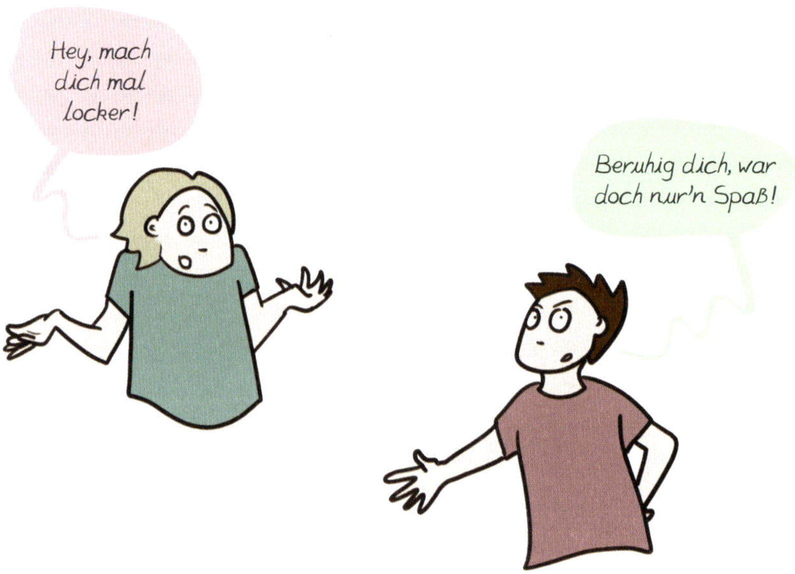
Hey, mach dich mal locker!
Beruhig dich, war doch nur'n Spaß!

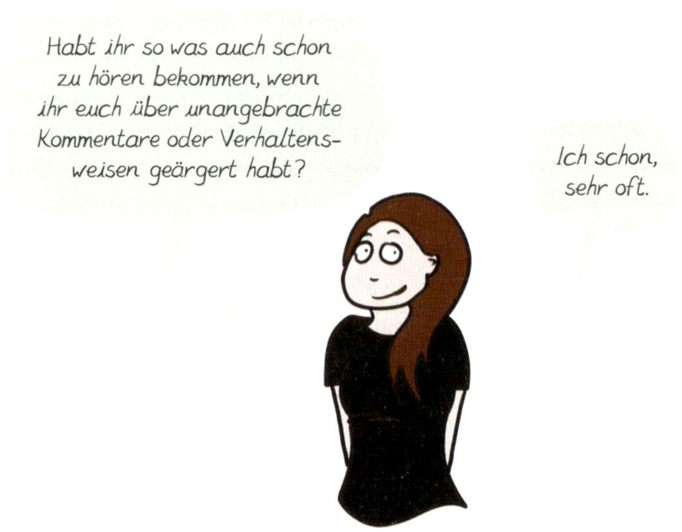
Habt ihr so was auch schon zu hören bekommen, wenn ihr euch über unangebrachte Kommentare oder Verhaltens-weisen geärgert habt?
Ich schon, sehr oft.

Da gab es zum Beispiel diese Situation in der Schule, als ich mit ein paar Klassenkamerad*innen an einer Gruppenarbeit saß.

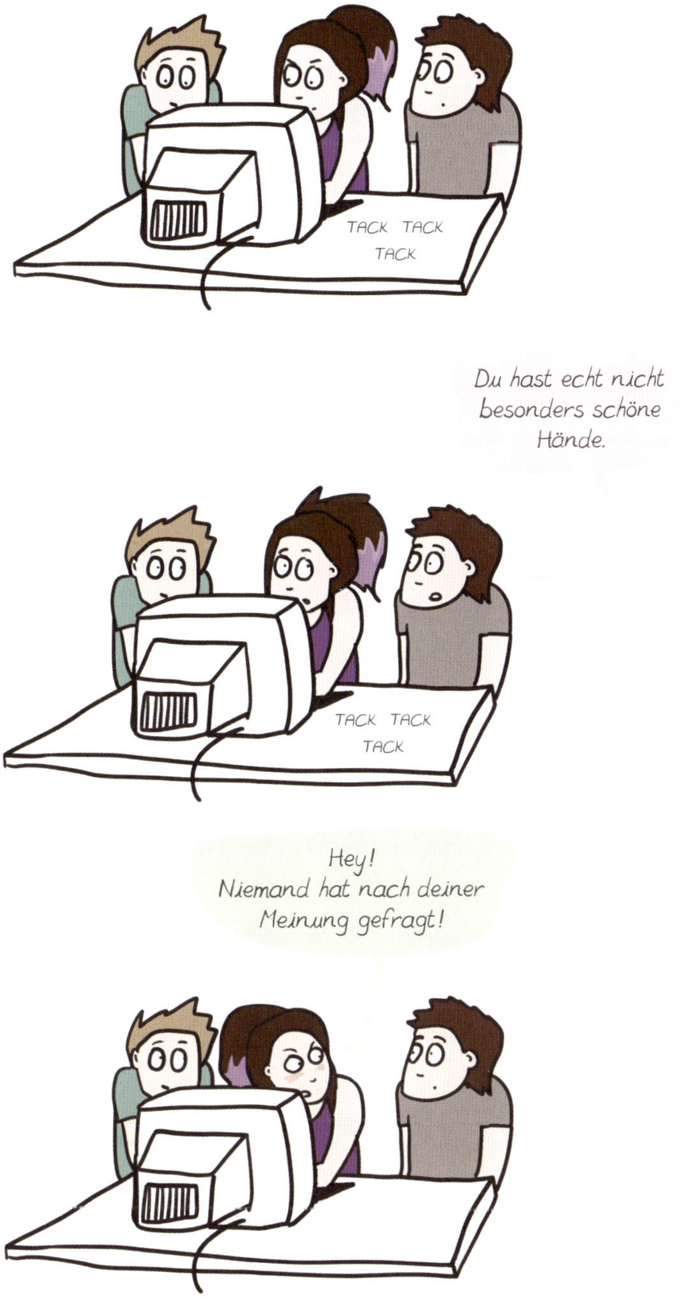

Die Antwort kam aus Reflex, ich habe nicht darüber nachgedacht.

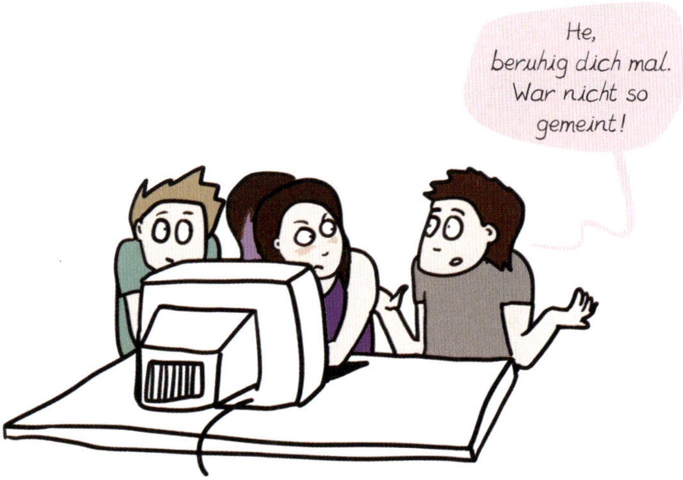

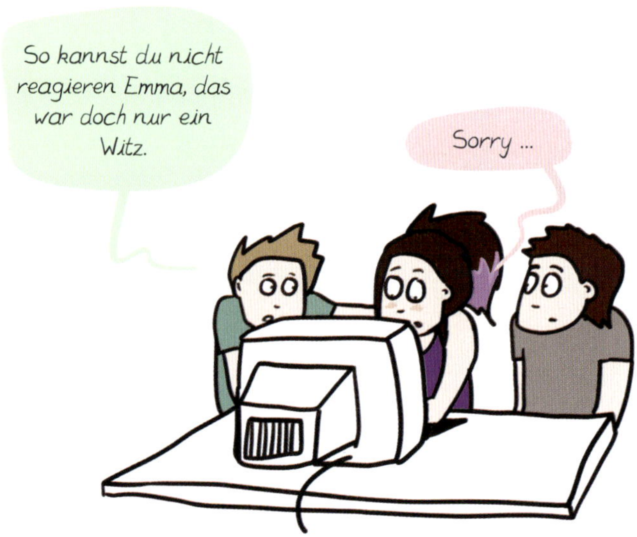

Na ja, am Ende war ich es,
die sich entschuldigen musste.

Als Jugendliche ist mir so was immer wieder passiert.

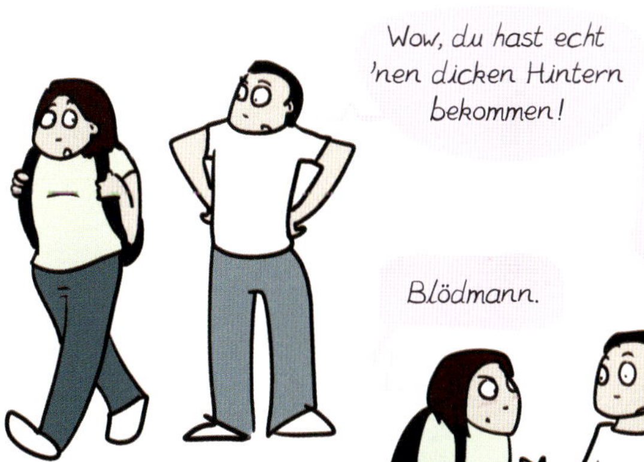

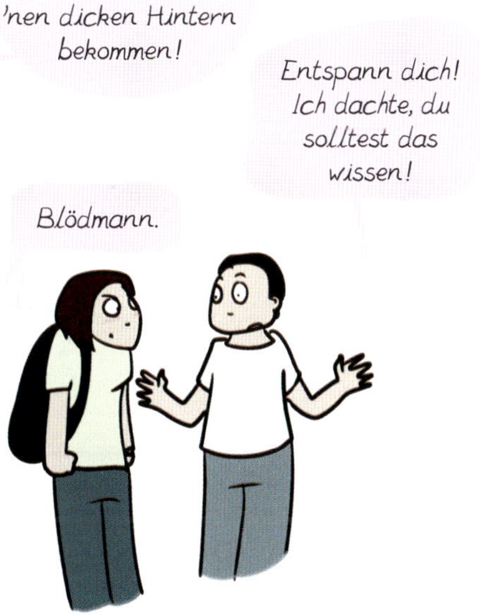

Jedes Mal schien nicht der Angriff, sondern meine Abwehrreaktion unangebracht zu sein.

Und am Ende war ich dann die Schuldige.

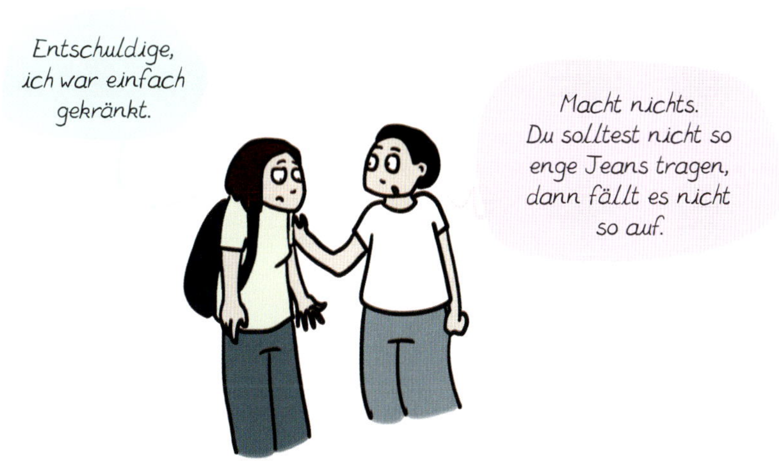

War ich einfach nur zu empfindlich und verstand solche Witze und »Ratschläge« falsch?

Nennen wir die Dinge beim Namen: Eine verletzte Person glauben zu machen, dass sie selbst die Schuldige sei, ist **emotionale Manipulation**.

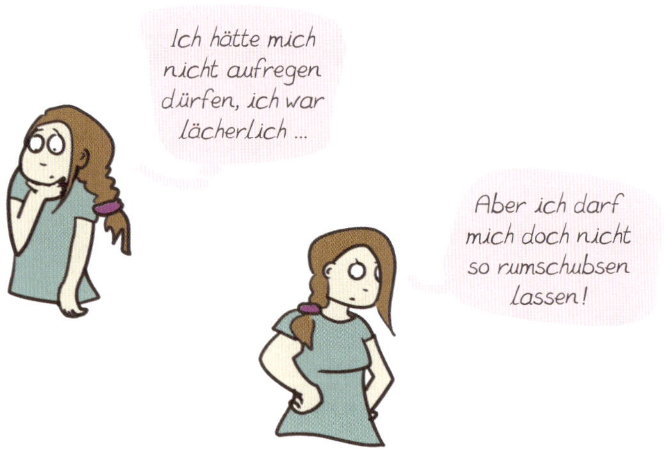

Und wenn wir das regelmäßig erleben, kann es schnell passieren, dass wir die Orientierung verlieren.

Sich dafür entschuldigen zu müssen, verletzt zu werden, ist so beschämend, …

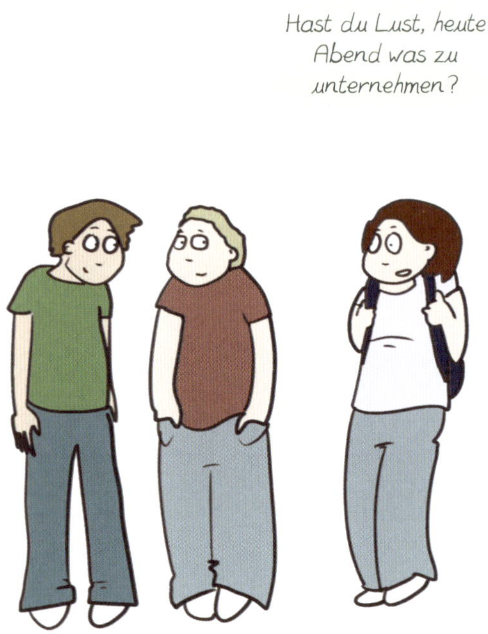

dass man irgendwann schließlich gar nicht mehr auf solche Provokationen reagiert.

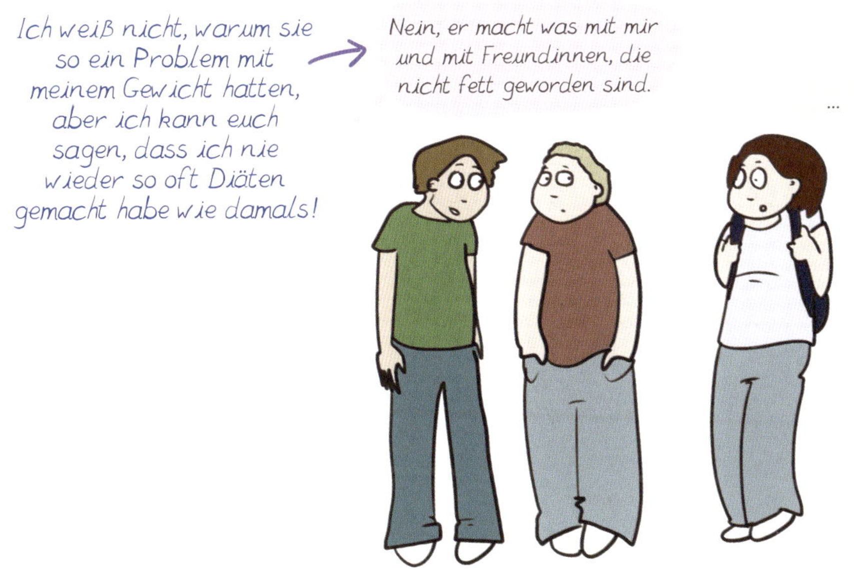

Heute bin ich, wie viele Frauen, gar nicht mehr in der Lage, Situationen zu erkennen, in denen ich ein Recht darauf habe, wütend zu werden.

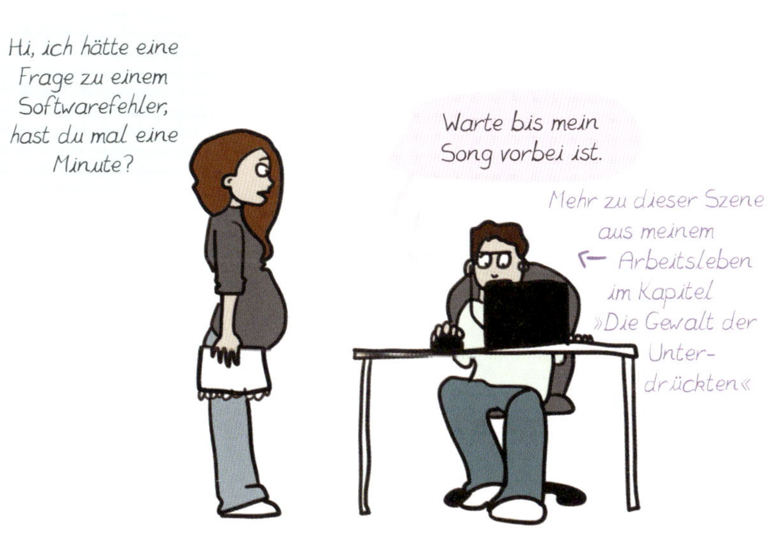

Die gesellschaftliche Kontrolle unserer Emotionen beginnt bereits in der Kindheit. Bei Jungen wird Aggressivität sehr früh als normal angesehen. Es ist einer der Charakterzüge, die als notwendig gelten, um »ein Mann zu werden«.

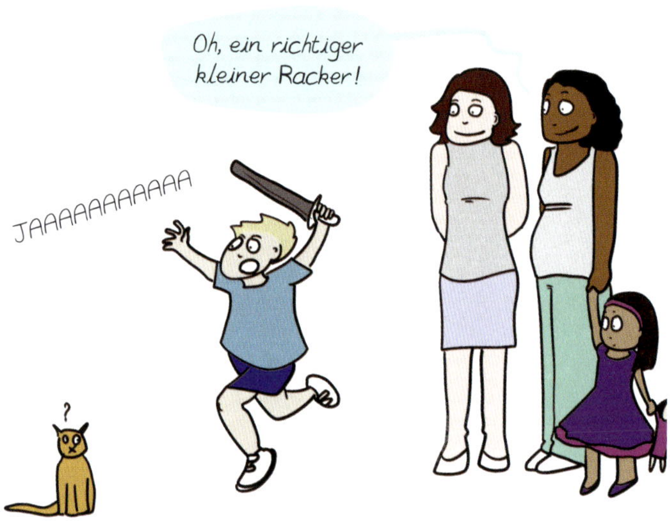

Später zahlen sie einen hohen Preis für dieses Stereotyp. Zunächst mal, weil all diejenigen, die dem nicht entsprechen und somit als »unechte Männer« gelten, vielen Erniedrigungen ausgesetzt werden ...

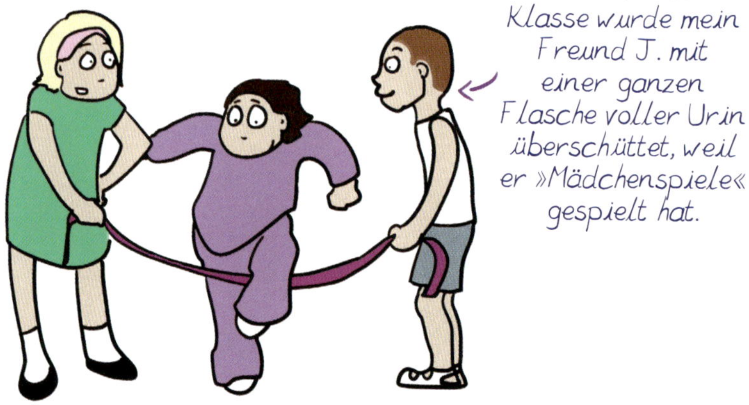

... und auch weil die anderen, um diesem Schicksal zu entgehen, versuchen, ihre Männlichkeit durch gewalttätiges und risikofreudiges Verhalten zu beweisen.

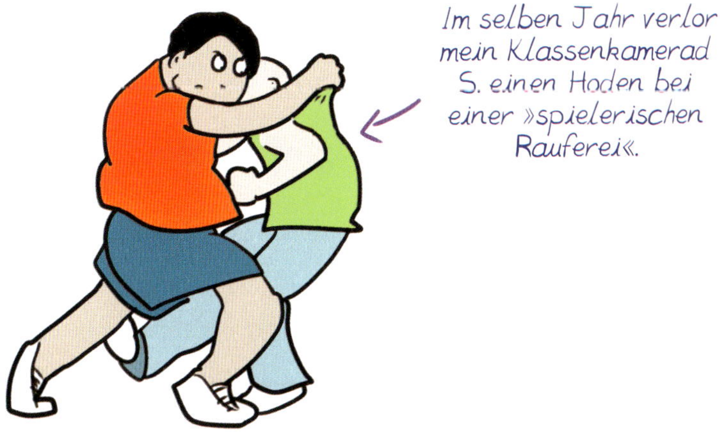

Kleine Mädchen haben diese Probleme nicht, denn bei ihnen wird jedes kleinste Anzeichen von Aggression sofort kritisiert.

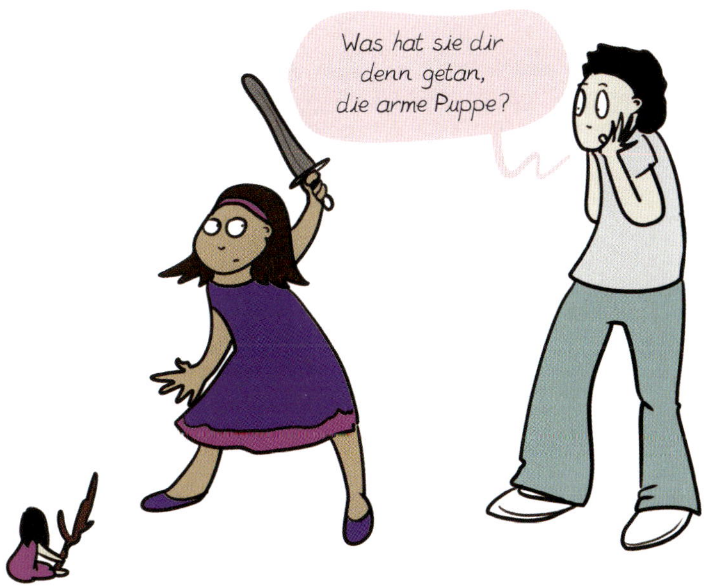

Ihr Leben lang wird man sie dazu ermuntern, sanftmütig zu bleiben, und jegliche Aggression wird als unangemessen dargestellt. Wird eine erwachsene Frau mal wütend, gilt sie als **emotional und irrational**. Ihre Reaktion wird nicht als normal angesehen.

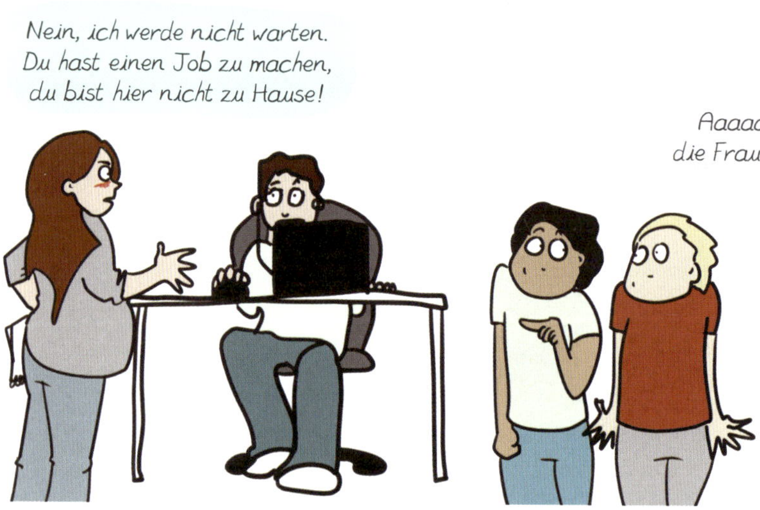

Und man wird es immer darauf schieben, dass wir unsere Tage haben …

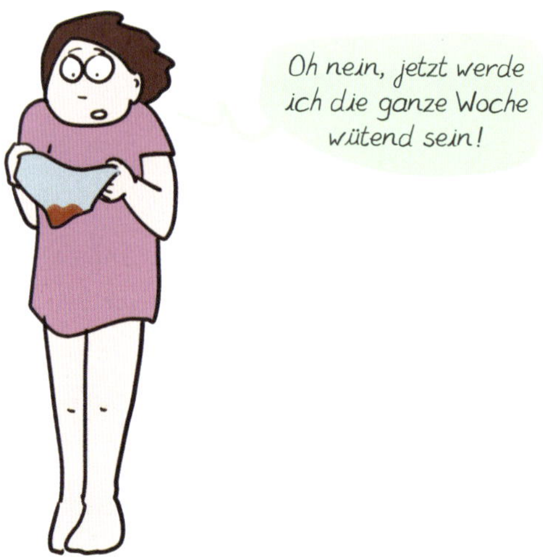

… oder sagen, dass wir »ein Problem« hätten. Aber das Problem wird immer in unseren Köpfen oder in unseren Körpern sein und niemals im Außen verortet werden.

Wir haben uns sogar ein spezielles Vokabular für Frauen einfallen lassen, die wütend werden. Zum Beispiel »hysterisch«, das vom Wort »Uterus« abstammt und nur für uns erfunden wurde!

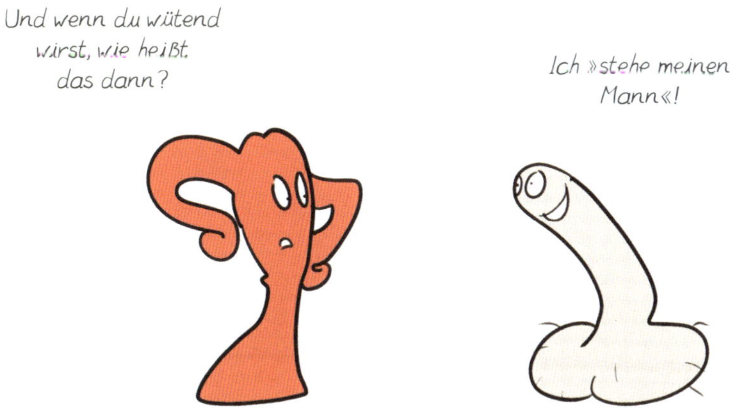

Oder die berüchtigte »Megäre« oder »Furie«, wie man früher Frauen nannte, die den Nerv hatten, sich zu weigern, die ganze Hausarbeit zu machen.

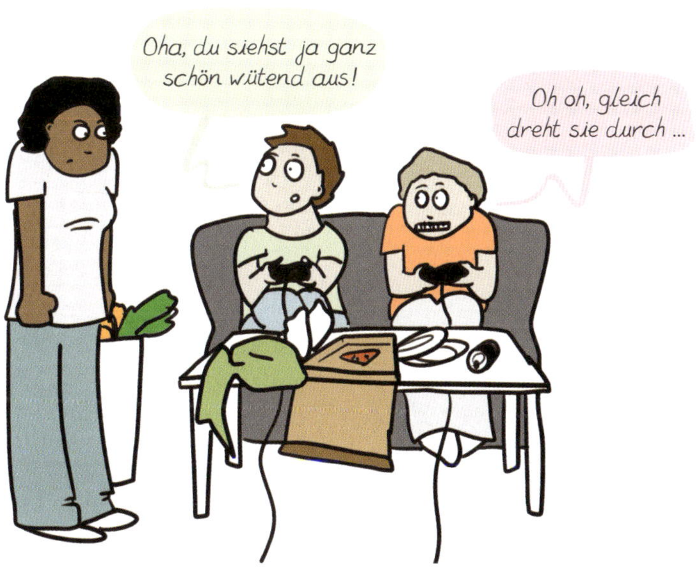

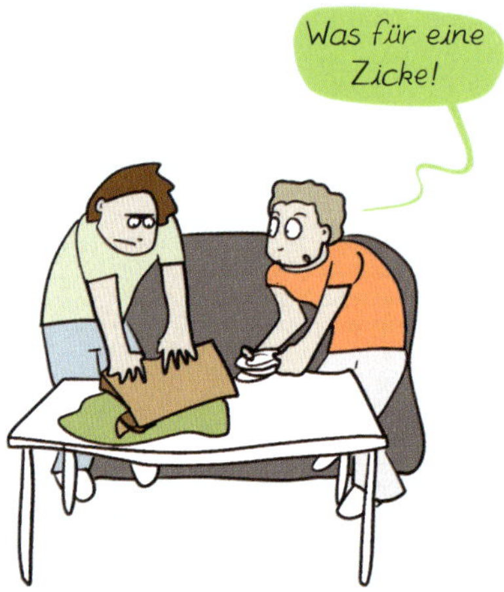

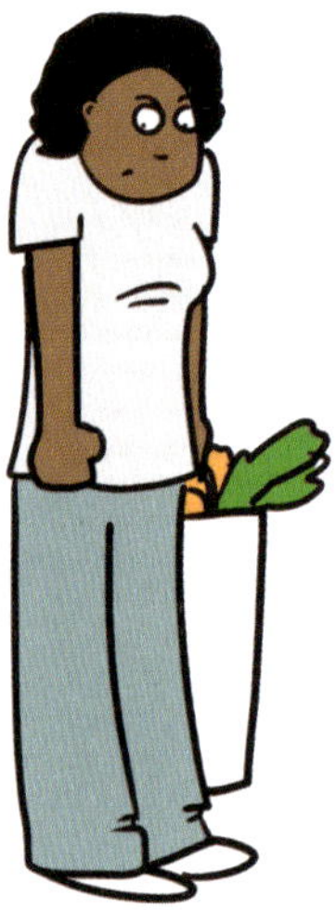

Wir haben keine Lust, für hysterisch oder zickig gehalten zu werden. Also halten wir am Ende den Mund …

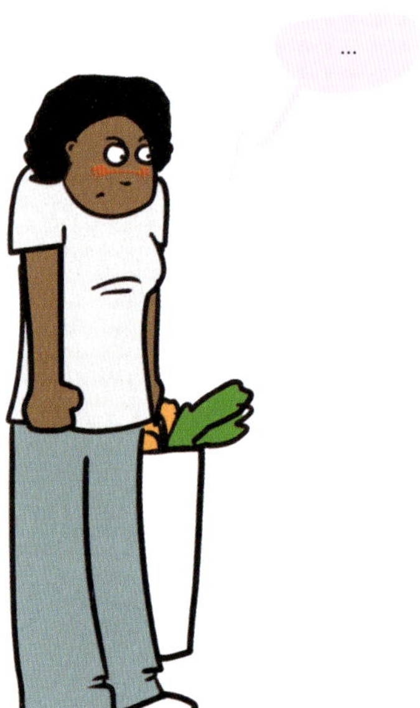

… oder drücken unsere Emotionen verschachtelt und geglättet aus, damit wir nicht aggressiv wirken.

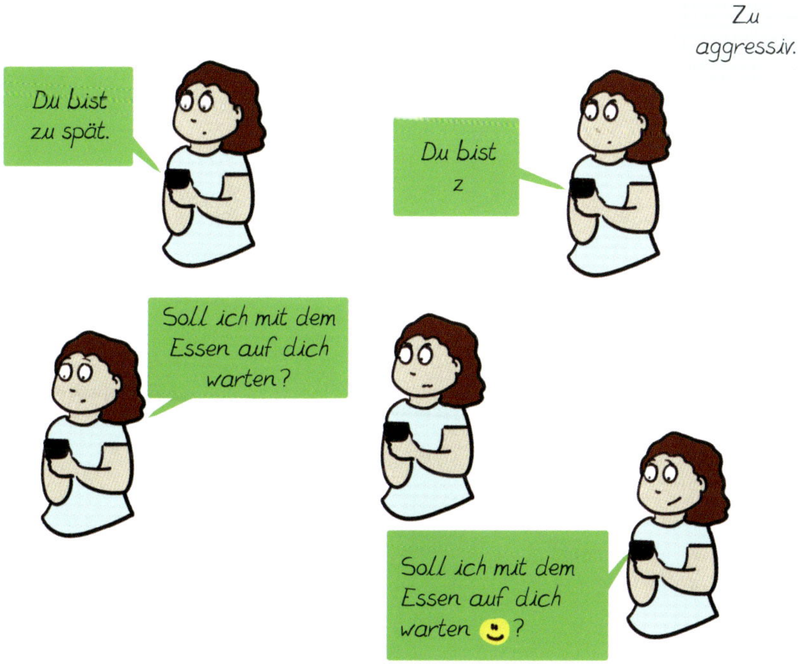

Manchmal sagen wir sogar das genaue Gegenteil von dem, was wir fühlen.

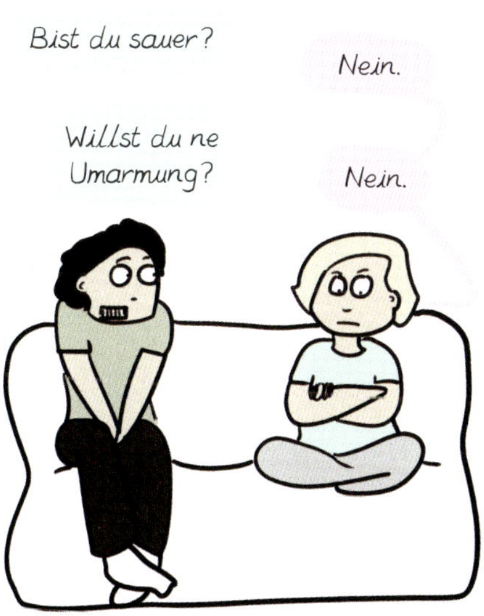

Ich will damit nicht sagen, dass wir uns unbedingt anschreien sollten ...

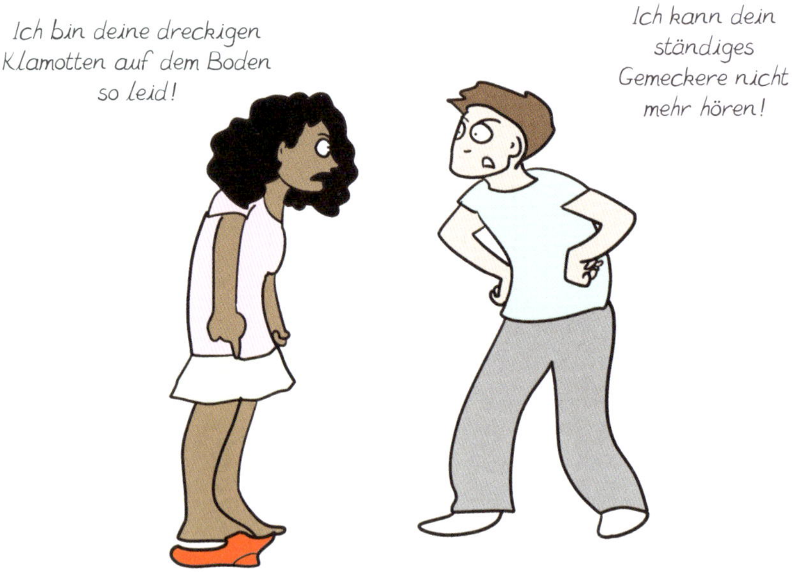

Aber unsere Wut zu steuern, bedeutet nicht, sie zu unterdrücken!

Schon allein aus dem Grund, weil sie uns dann am Ende immer wie ein Bumerang wieder einholt ...

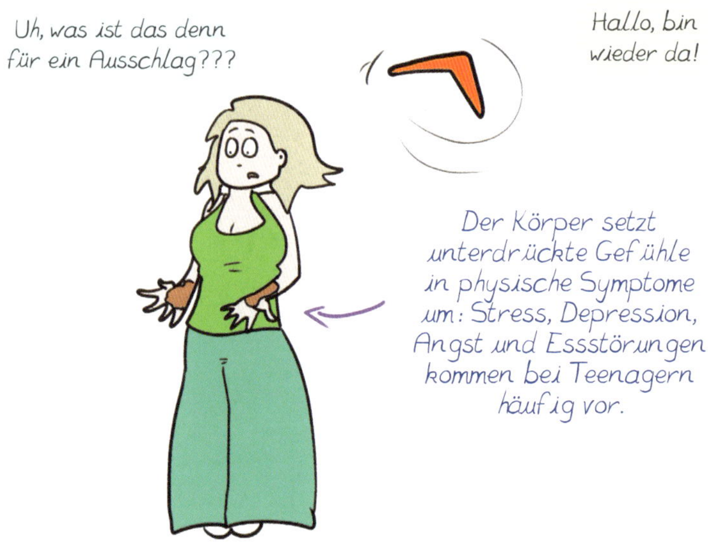

… und vor allem, weil sie eine **gesunde** Emotion in Reaktion auf eine ganze Reihe von Dingen ist, denen wir ausgesetzt sind: Respektlosigkeit, Provokationen und physische oder verbale Angriffe.

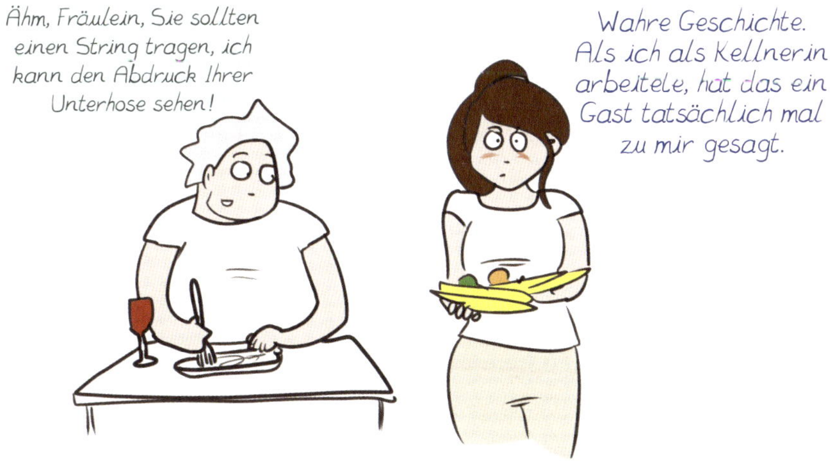

Und wenn wir uns daran gewöhnen, diese Reaktion zu unterdrücken, erstarren wir in Situationen, in denen wir angegriffen werden,

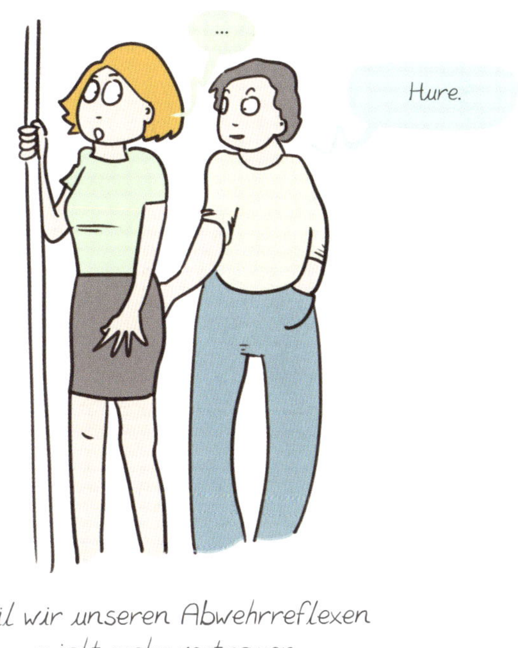

weil wir unseren Abwehrreflexen nicht mehr vertrauen.

Jeder Tag ist ein komplexer Balanceakt zwischen der Aufforderung, uns zu wehren, und dem Vorwurf der Hysterie, wenn wir es tun.

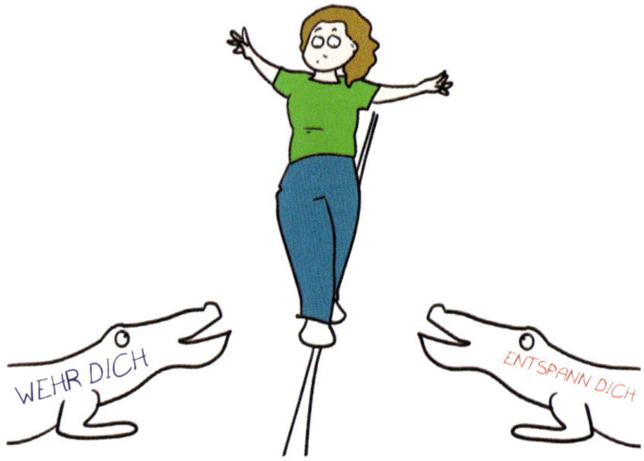

Diesen Drahtseilakt erleben wir in allen Aspekten unseres Lebens: zu Hause, in der Öffentlichkeit und natürlich am Arbeitsplatz.

In der Politik ist das besonders offensichtlich: Da können Männer brüllen, fluchen und gestikulieren,

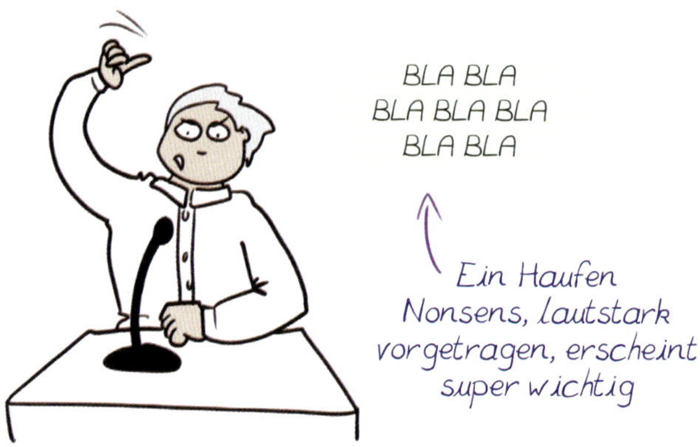

ohne zu riskieren, dass sie als hysterisch abgestempelt werden oder ihnen vorgeworfen wird, dass sie dabei hässlich aussähen. Es hilft ihnen sogar, um überzeugend zu wirken und gewählt zu werden.

Für Frauen gibt es diese Optionen schlicht nicht.

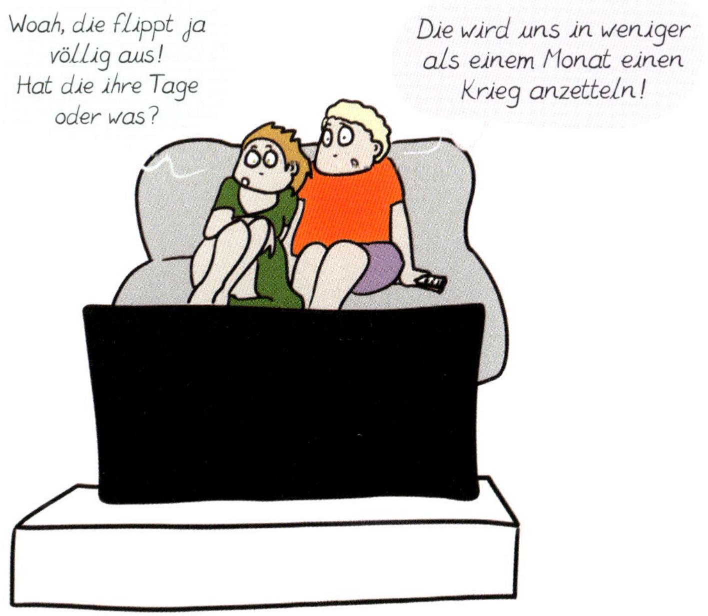

Habt ihr dieses sehr unterhaltsame Interview mit einer Trump-Unterstützerin gesehen?

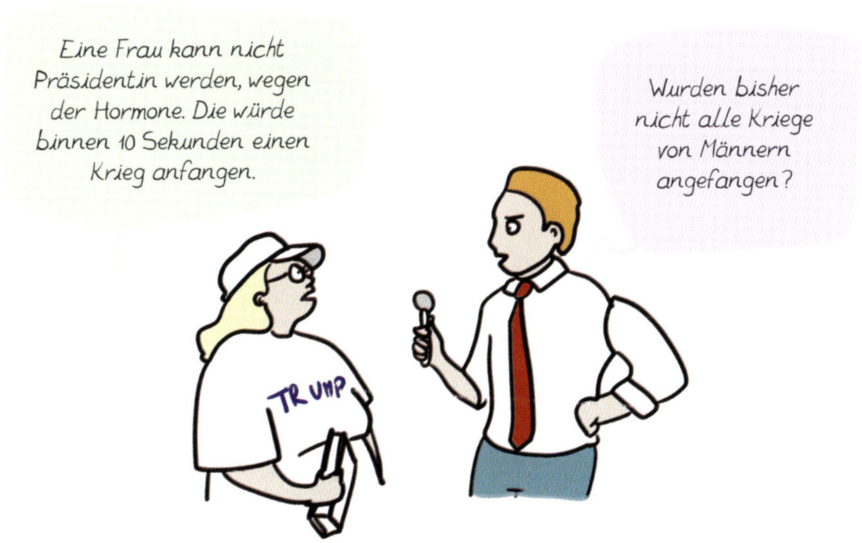

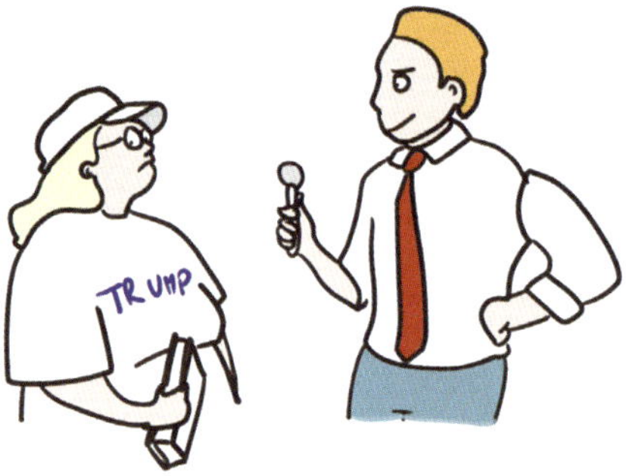

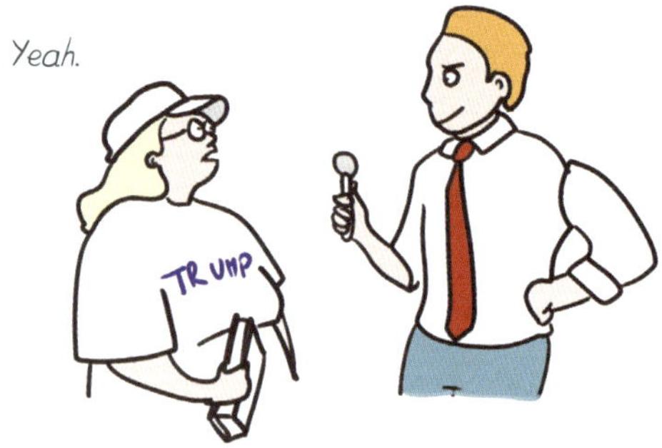

Weibliche Politikerinnen sind sich dieser Stereotype bewusst und passen sich an. Keine weibliche Kandidatin würde es wagen, herumzuschreien …

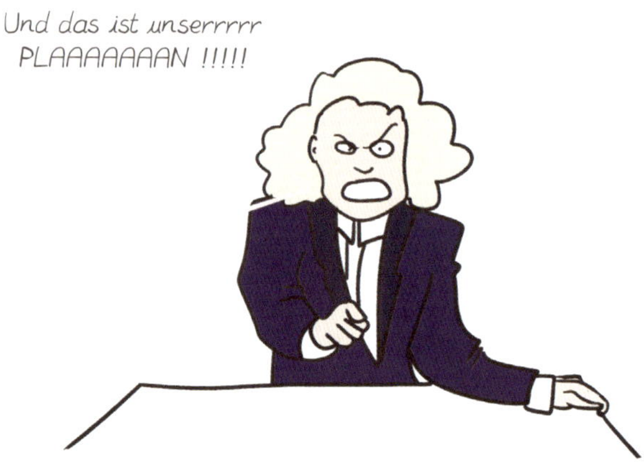

Denn während Wut männliches Charisma verstärkt, vermindert sie die Glaubwürdigkeit von Frauen. Und das wissen die Männer ganz genau.

2015 wurde eine aufschlussreiche Studie durchgeführt: 200 Studierende nahmen an der Simulation einer virtuellen Gerichtsverhandlung teil. Man zeigte ihnen

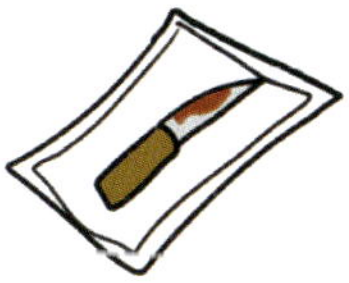

Fotos von Beweisstücken

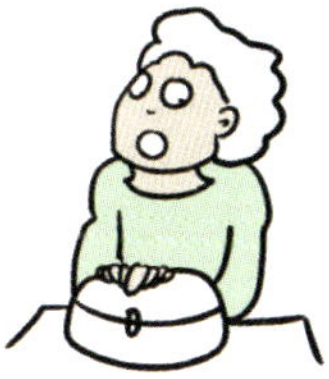

Zeugenaussagen

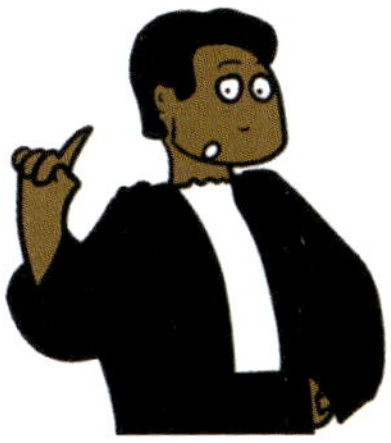

und die Plädoyers der Anwält*innen.

Die Studierenden diskutierten den Fall dann mit 4 Jurymitgliedern: 3 davon waren ihrer Meinung, eines war anderer Meinung.

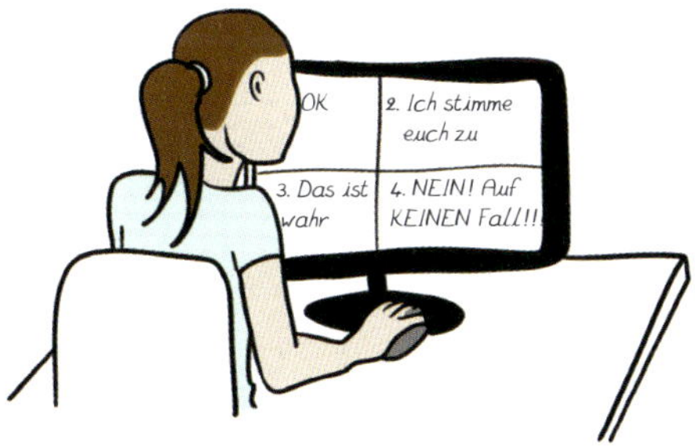

Das Jurymitglied, das anderer Meinung war, drückte sich sehr wütend aus und verwendete dazu eine Schreibweise mit vielen Großbuchstaben und Ausrufezeichen.

In Wirklichkeit waren es keine echten Menschen, die diese Standpunkte vertraten, sondern es handelte sich um vorprogrammierte Antworten, die auf dem Bildschirm erschienen. Bei allen Studienteilnehmer*innnen antwortete das wütende Jurymitglied auf dieselbe Art, mit denselben Großbuchstaben und Ausrufezeichen. Aber …

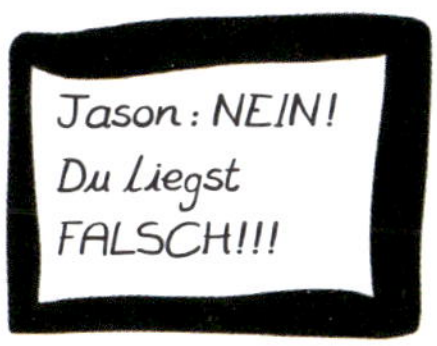

bei der Hälfte der Fälle hieß das Jurymitglied **Jason** …

und bei der anderen Hälfte **Alicia**.

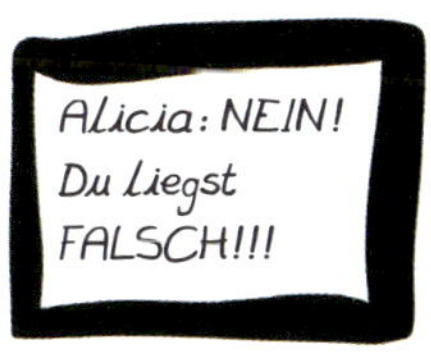

Am Ende des Experiments konnte der wütende Jason 18% der Studierenden umstimmen …

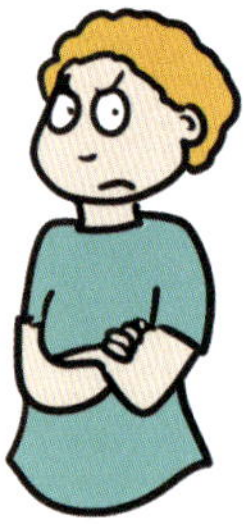

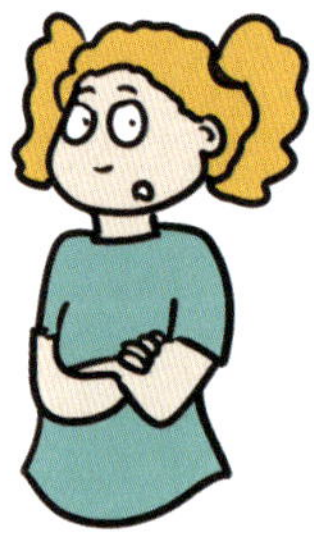

und Alicia **null**.

Nicht nur das, Alicias wütender Tonfall bestärkte die Studierenden sogar oftmals noch in ihrer ursprünglichen Meinung.

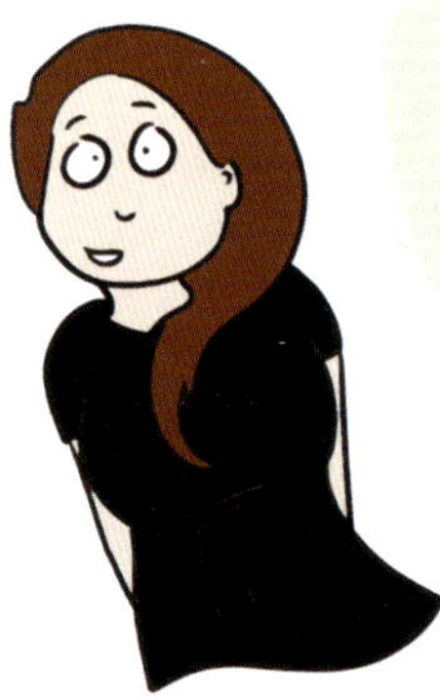

Wenn mich eine Person in eine unangenehme Situation bringt, erlaube ich mir, sie ebenfalls in eine unangenehme Situation zu bringen.
Ohne laut zu werden, ohne wütend zu werden,
aber auch ohne nachzugeben.
Das kann so eine Kleinigkeit sein, wie etwa nicht über einen Witz zu lachen und der Person höflich mitzuteilen, dass ich ihr Verhalten unangenehm finde.

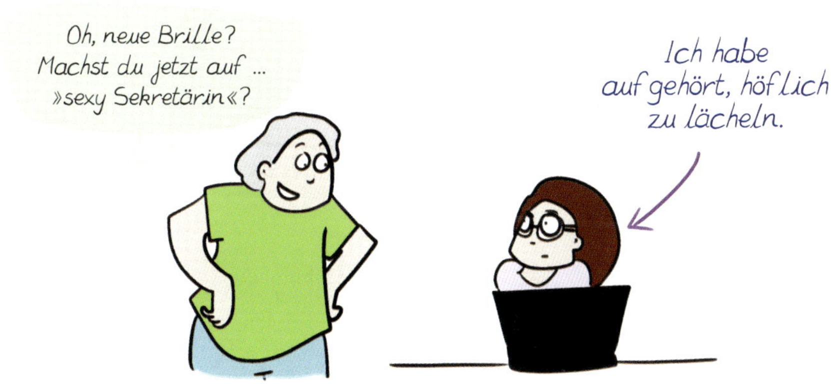

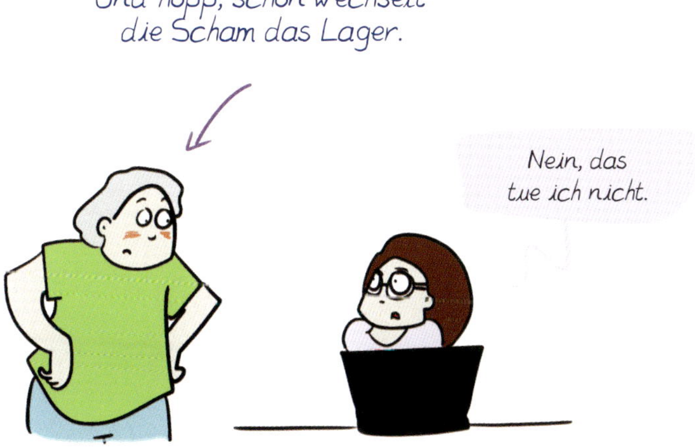

Bei der Arbeit oder in politischen Diskussionen werden Männer oft wütend auf mich. Und ich weiß, dass ich als hysterisch bezeichnet werde, wenn ich auf die gleiche Art reagiere.

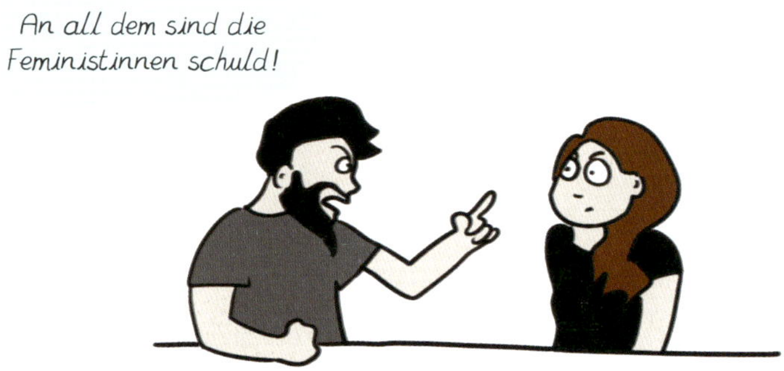

Also bringe ich meine Irritation ruhig zum Ausdruck.

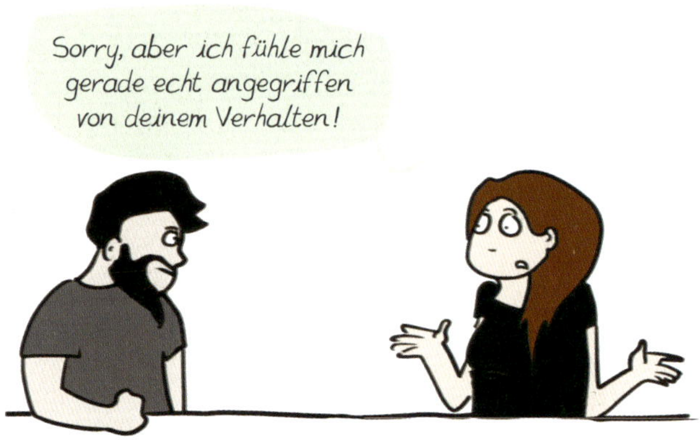

Das senkt oft die Lautstärke der Diskussion (klappt aber nicht immer).

Und ich erlaube mir außerdem, unangenehme Situationen zu beenden.

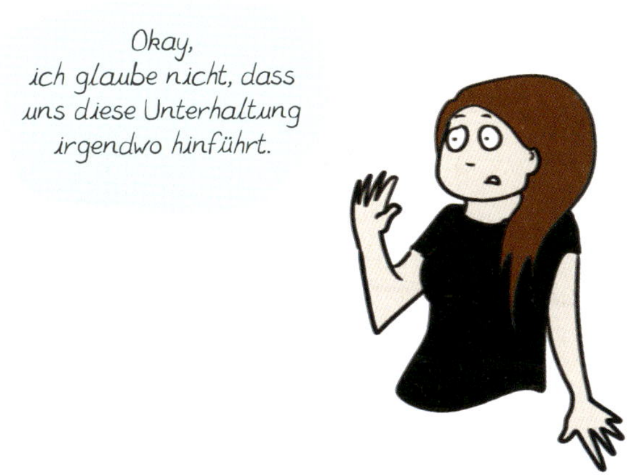

Obwohl es mir nicht immer leicht fällt, das so umzusetzen, glaube ich, dass das der beste Weg ist, damit unsere Botschaft ankommt. Das einzige Problem ist, dass es nur funktioniert, wenn das alle so machen.

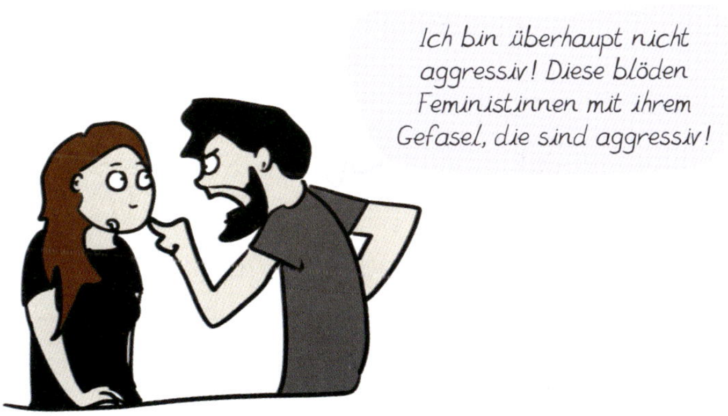

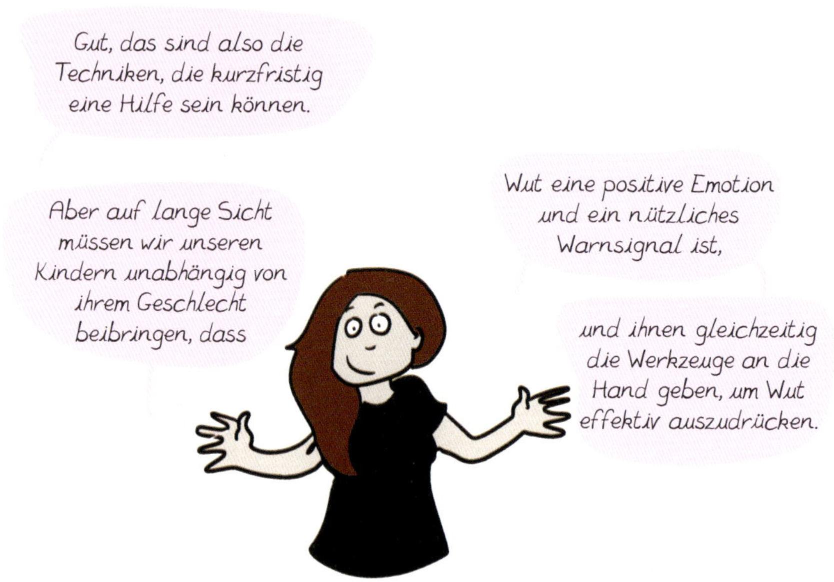
Gut, das sind also die Techniken, die kurzfristig eine Hilfe sein können.
Aber auf lange Sicht müssen wir unseren Kindern unabhängig von ihrem Geschlecht beibringen, dass
Wut eine positive Emotion und ein nützliches Warnsignal ist,
und ihnen gleichzeitig die Werkzeuge an die Hand geben, um Wut effektiv auszudrücken.

Und wenn euch
das nächste Mal
eine Frau aggressiv
vorkommt …

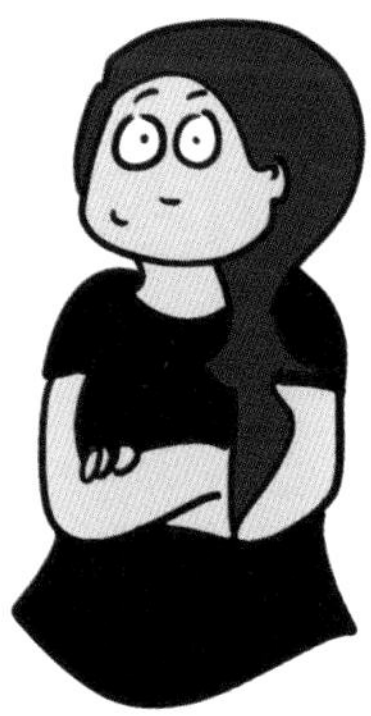

… überlegt doch mal,
ob ihr dasselbe
über einen Mann
denken würdet.

Es ist immer gut,
…
einen anderen Blick
zu wagen!

12

Der Urlaub

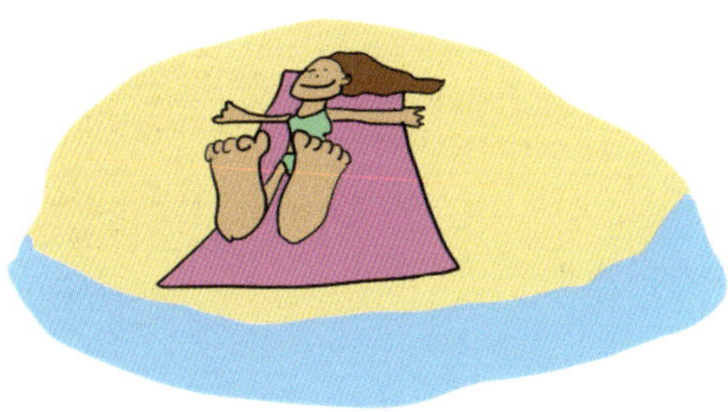

Es ist Januar 2017, mein Blog wird bald ein Jahr alt.
Ich beschließe, über eine der Erfahrungen zu sprechen,
die mich zum Feminismus gebracht haben: die Mutterschaft.

Vor 5 Jahren fing ich nach meinem Mutterschutz wieder an zu arbeiten.

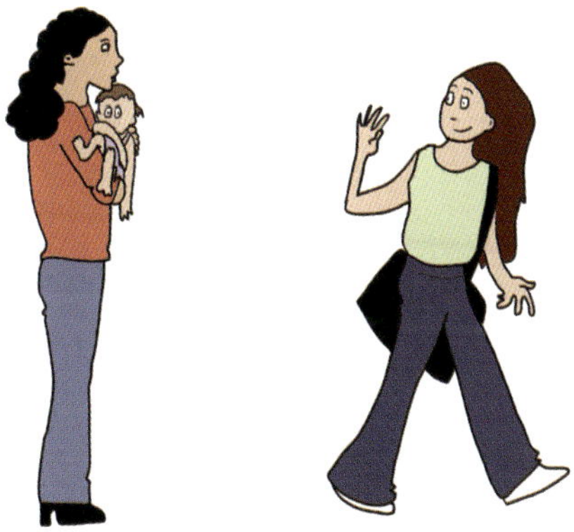

In der Mittagspause begannen meine Kolleg*innen, ihre Urlaubspläne für die Sommerferien zu diskutieren.

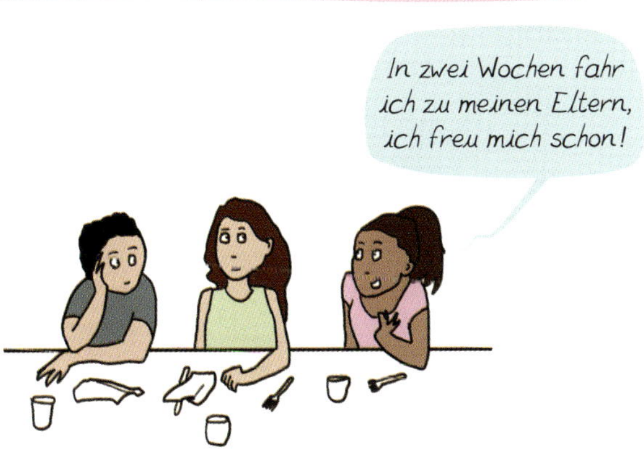

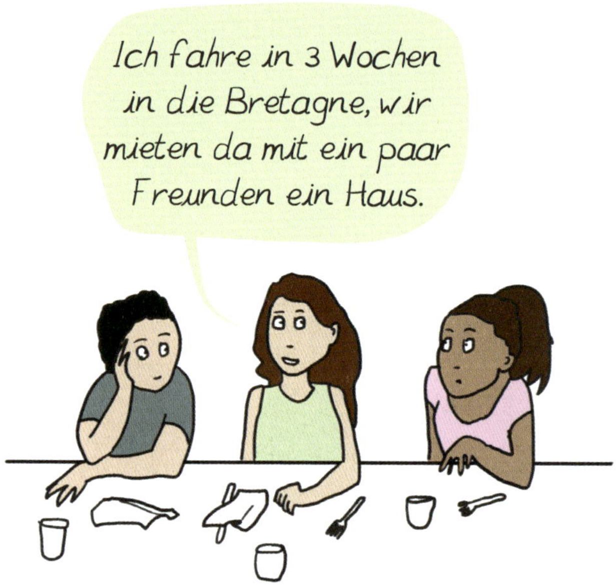
Ich fahre in 3 Wochen in die Bretagne, wir mieten da mit ein paar Freunden ein Haus.

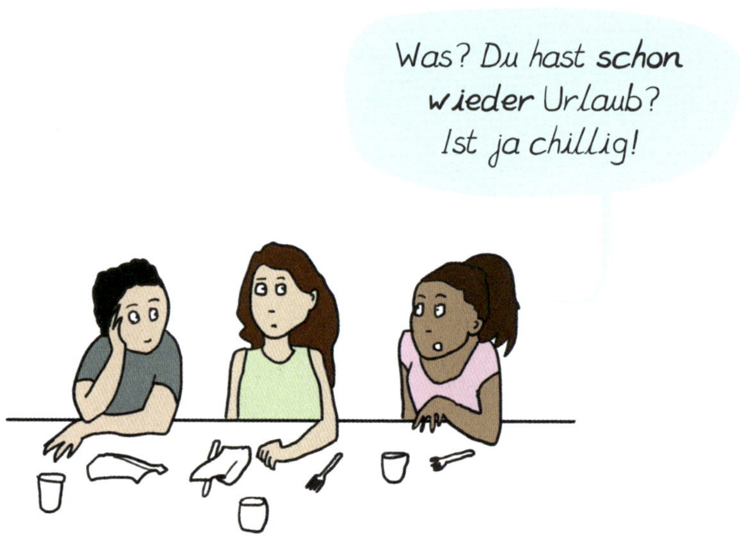
Was? Du hast **schon wieder** Urlaub? Ist ja chillig!

Ich musste sofort wieder
an die Geburt denken.

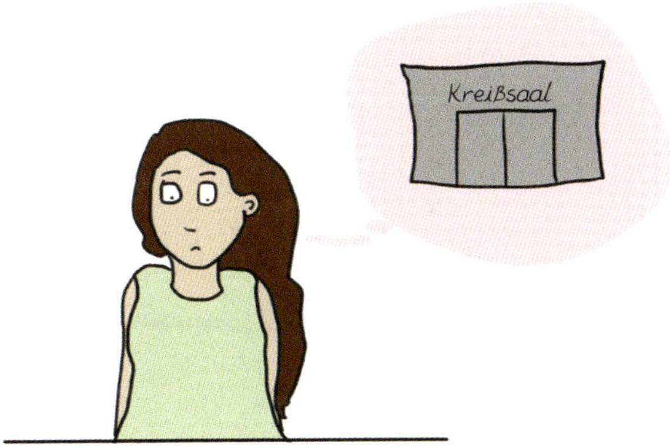

Ich hatte Glück, es ging alles sehr schnell:
Nur 6 Stunden Wehen ...

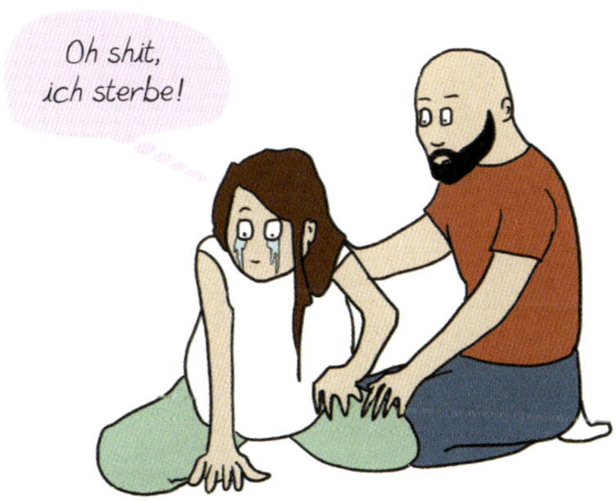

... und 20 Minuten Pressen.

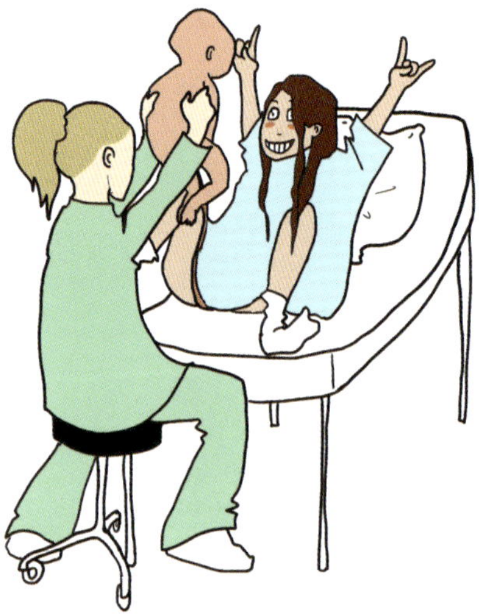

Man brachte mich mit meinem neugeborenen Sohn in ein Zimmer.

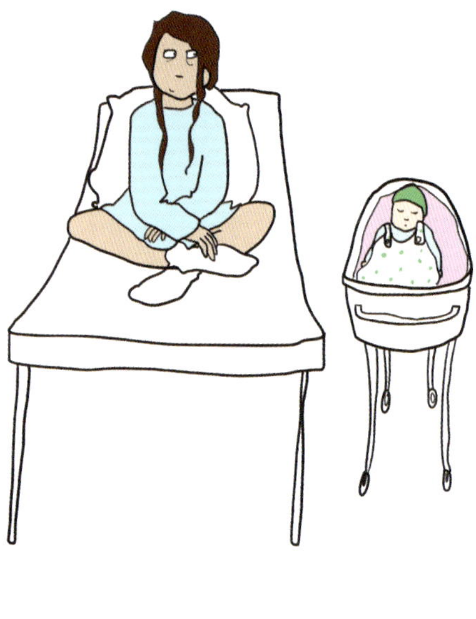

Mein Körper von vor der Schwangerschaft hatte sich offensichtlich aus dem Staub gemacht. An der Stelle meines Bauches hing nun ein leerer Beutel, von der PDA hatte ich ein riesiges Hämatom und an meiner Scheide befanden sich Nähte.

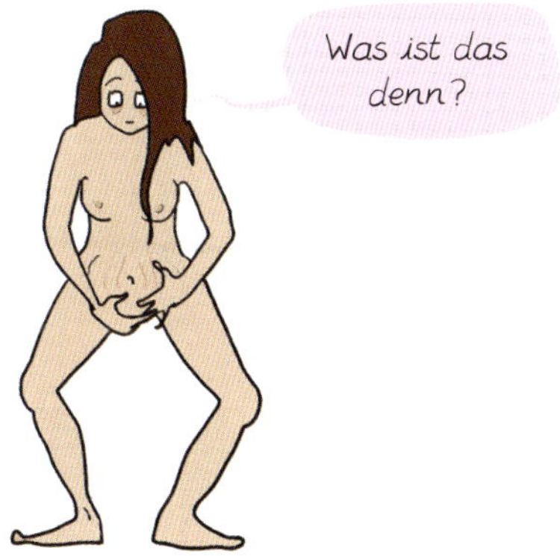

Um meinem Sex-Appeal die Krone aufzusetzen, verpasste man mir einen wunderschönen Netzslip mit einer riesigen Windeleinlage, um das ganze Blut aufzufangen, das ich noch immer verlor.

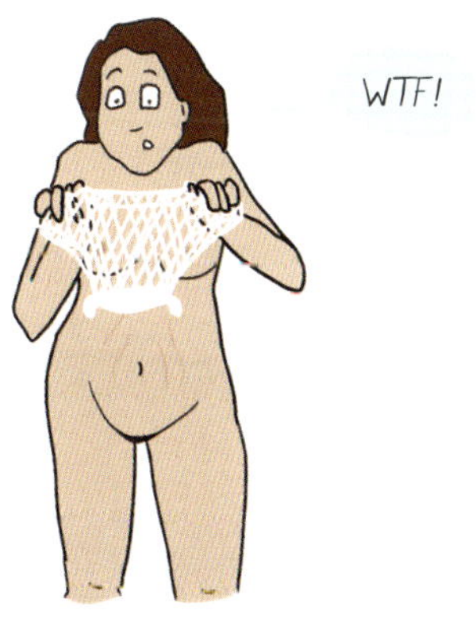

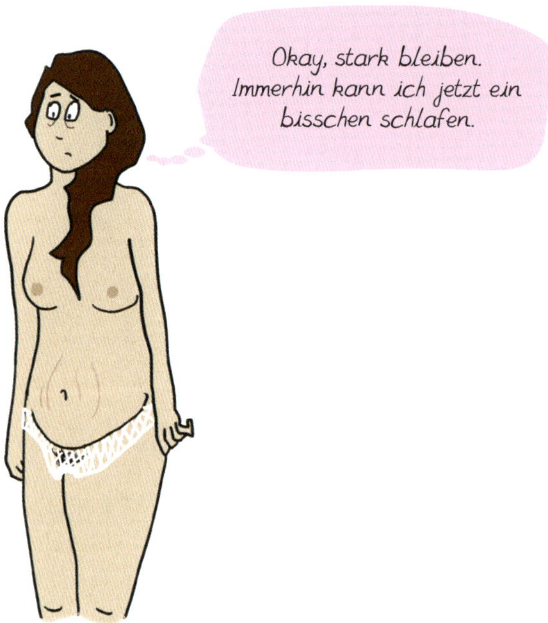

Um 20 Uhr legte ich meinen Sohn in sein Bettchen und schloss die Augen.

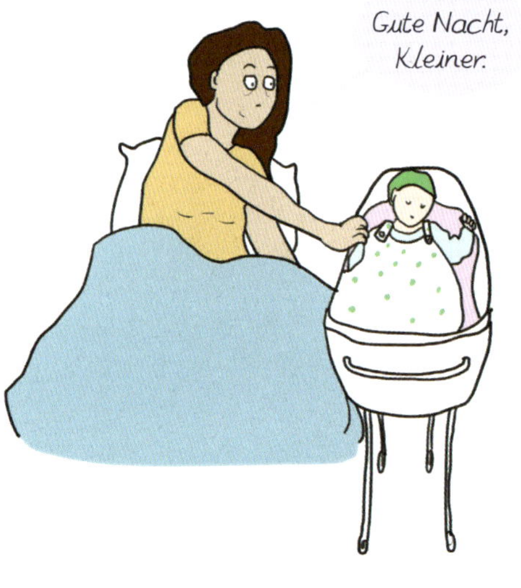

Um 21 Uhr begann er, eine Stunde lang zu schreien.

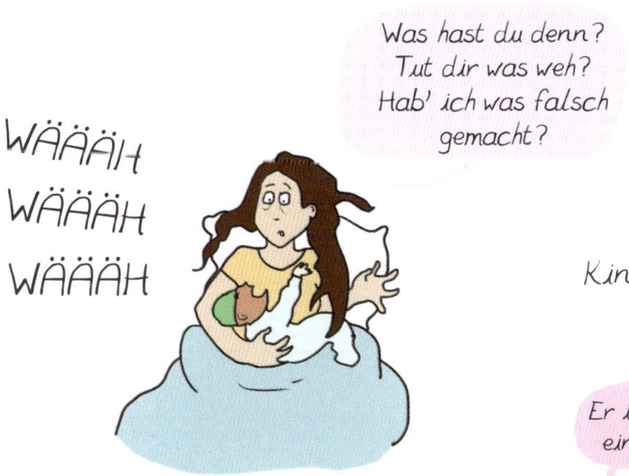

Um 23 Uhr kam eine Kinderkrankenschwester ins Zimmer.

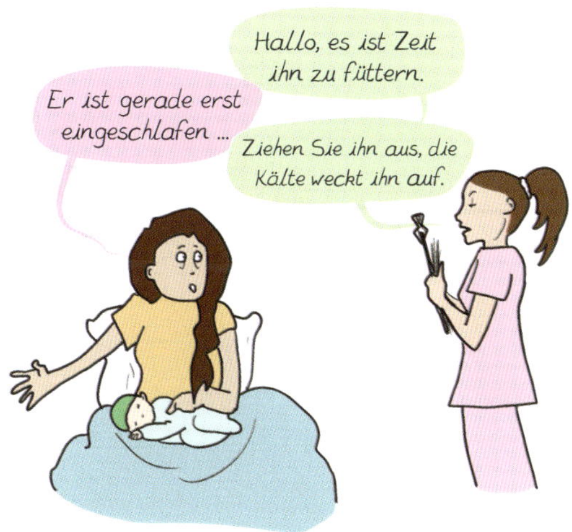

So reihten sich das Weinen und das Kommen und Gehen des Personals bis zum Morgen aneinander. Dann kam eine neue Kinderkrankenschwester ins Zimmer.

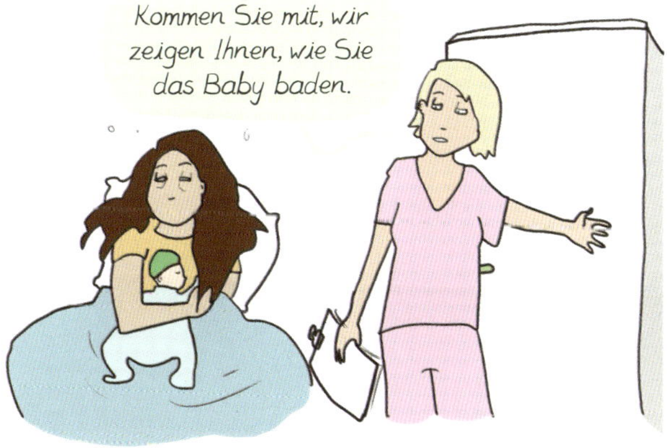

Ich hatte nicht geschlafen, konnte nichts begreifen und mir tat alles weh.

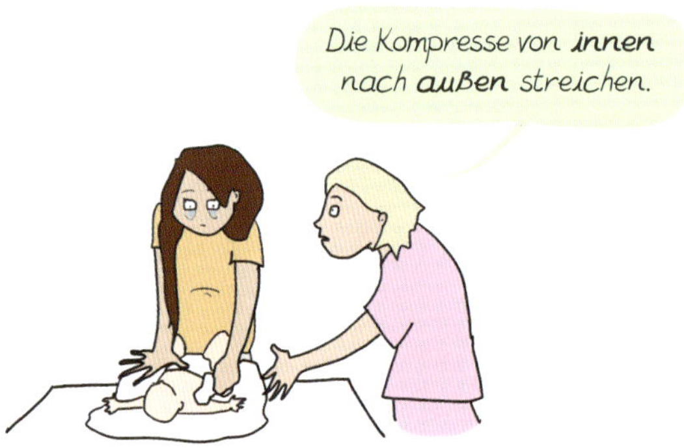

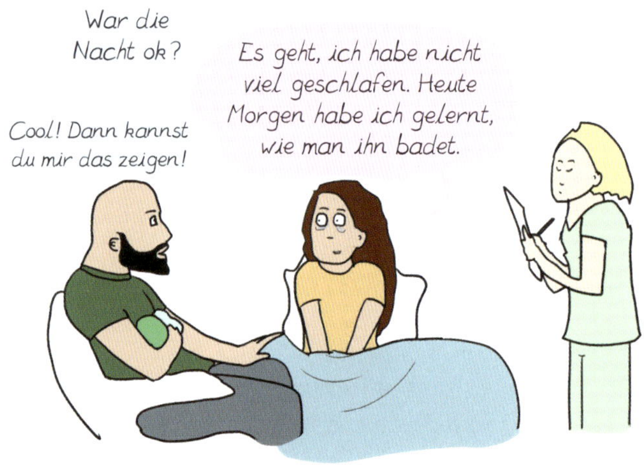

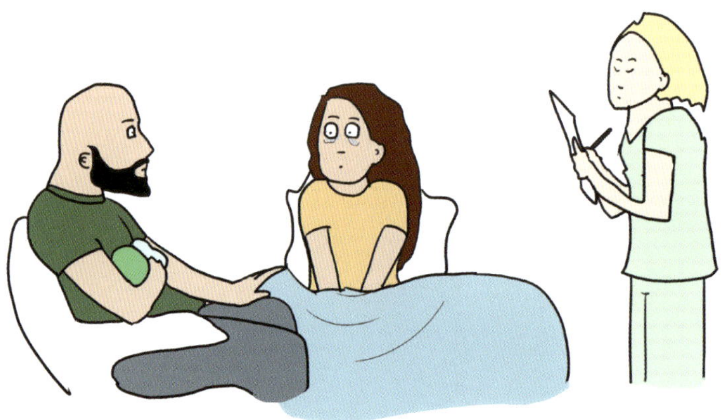

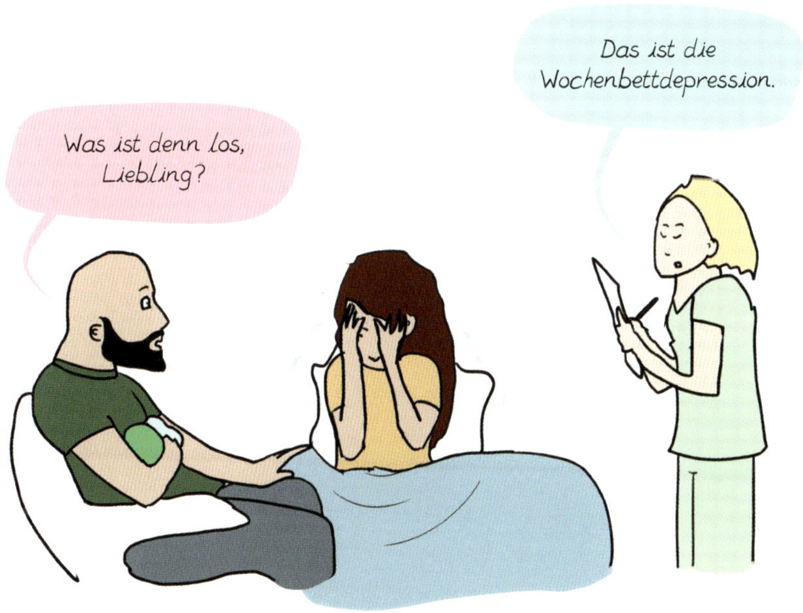

Ich verbrachte drei schlaflose Nächte auf der Entbindungsstation. Dann wurde das Zimmer für jemand anderen gebraucht, also gingen wir mit dem Kleinen nach Hause.

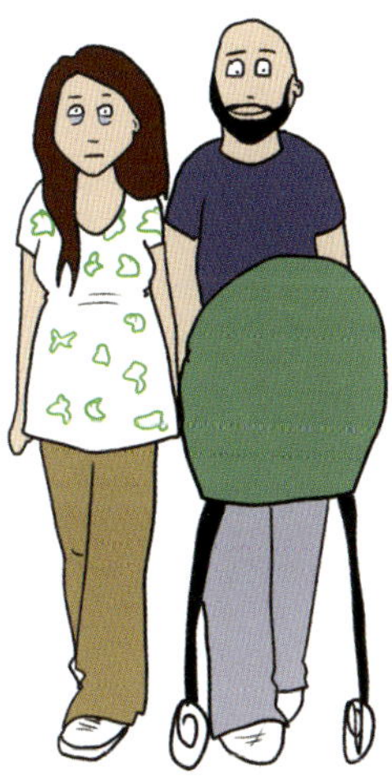

Er weinte immer noch viel.

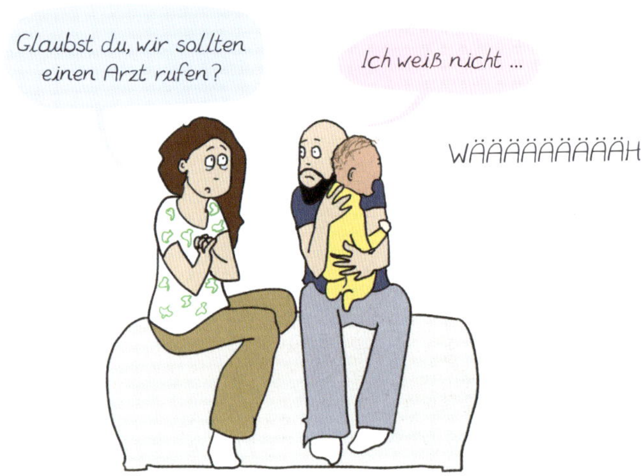

Nachts musste ich ihn alle drei Stunden füttern.

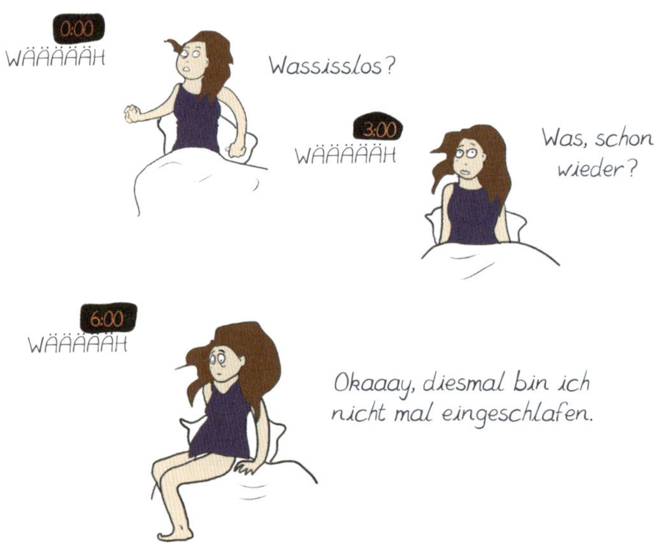

Jedes Mal fiel es mir schwer, ihn zum Einschlafen zu bringen. Und dann fiel es mir schwer, MICH zum Einschlafen zu bringen.

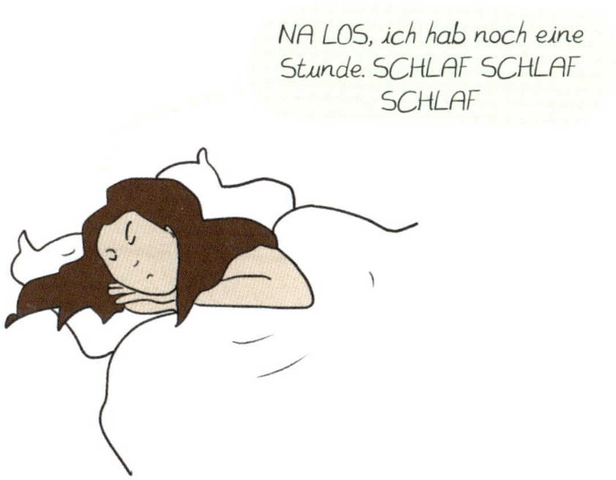

Nach 11 Tagen ging mein Freund wieder zur Arbeit.

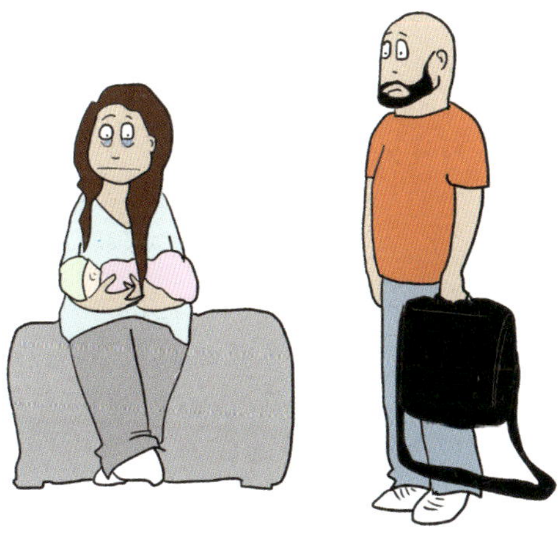

Ich verbrachte die Tage alleine mit meinem schreienden Baby. Wenn sich mein Freund abends verspätete, fühlte sich jede Minute wie eine Ewigkeit an.

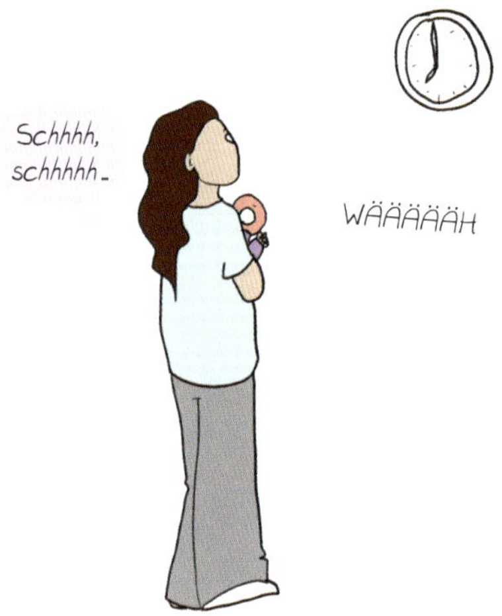

Alle hatten jede Menge Theorien dazu, wie ich damit umgehen sollte.

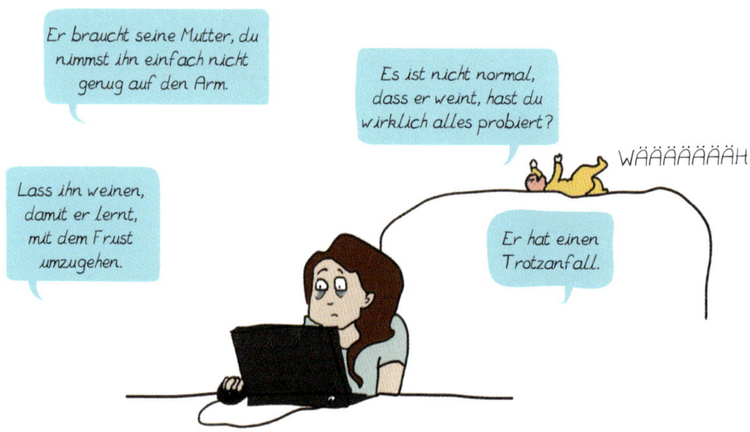

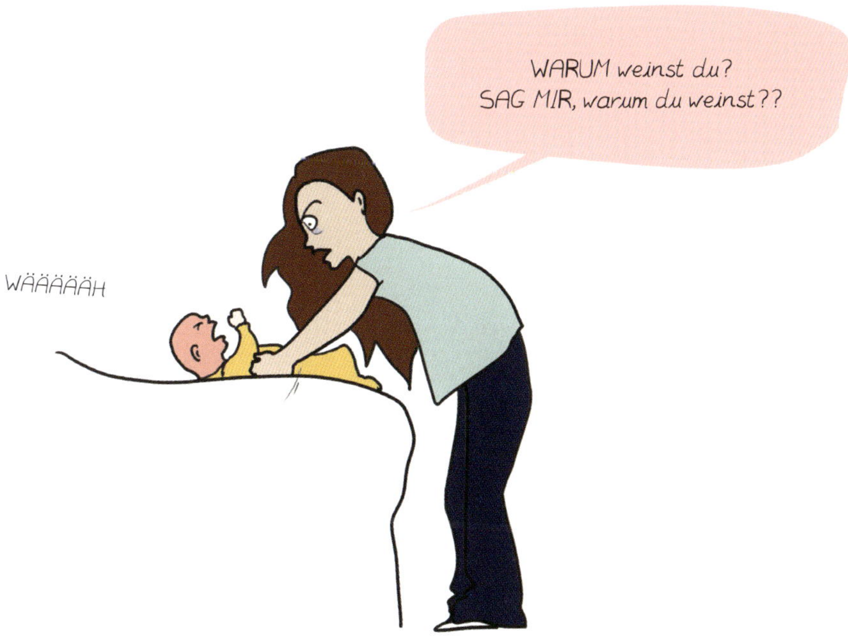
WARUM weinst du?
SAG MIR, warum du weinst??
WÄÄÄÄÄH

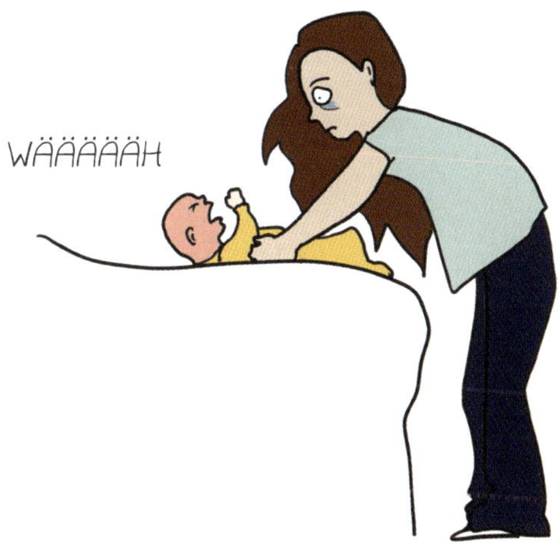
WÄÄÄÄÄH

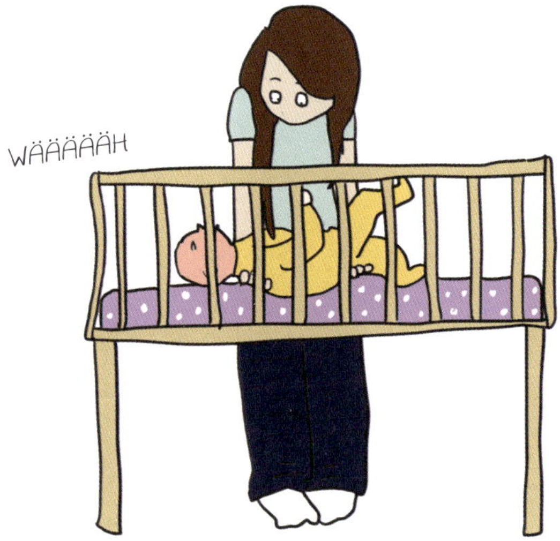
WÄÄÄÄÄH

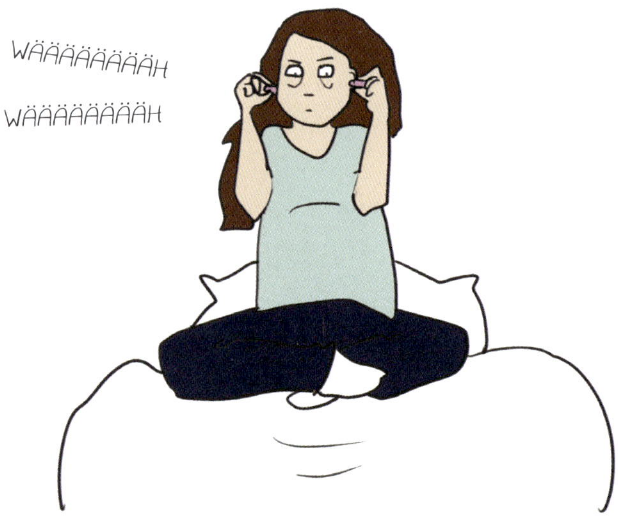
WÄÄÄÄÄÄÄÄH
WÄÄÄÄÄÄÄÄH

An diesem Tag schlief ich zum ersten Mal mehr als eine Stunde am Stück.

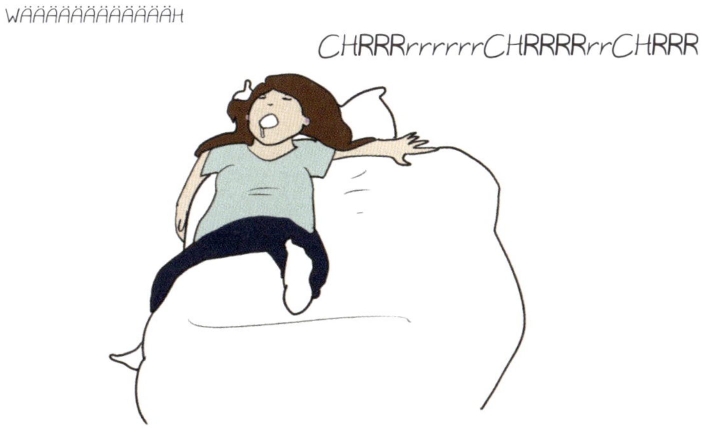

5 Wochen später begann mein Sohn, die Nächte durchzuschlafen.
Und genau da habe ich wieder angefangen zu arbeiten.

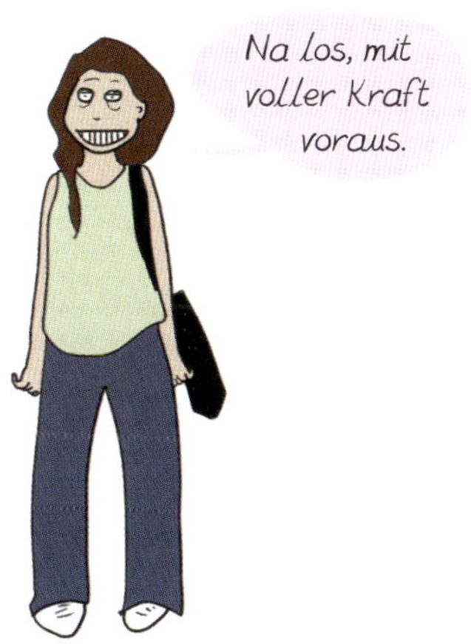

Solltet ihr also eines Tages auf die Idee kommen, von »Urlaub« statt von »Mutterschutz« zu sprechen, dann rate ich euch, nochmal darüber nachzudenken …

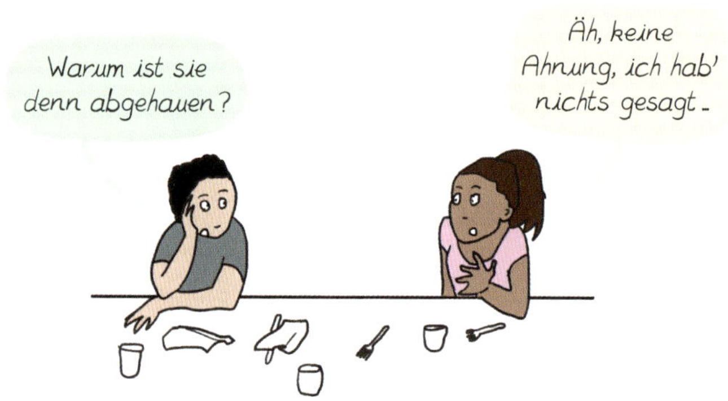

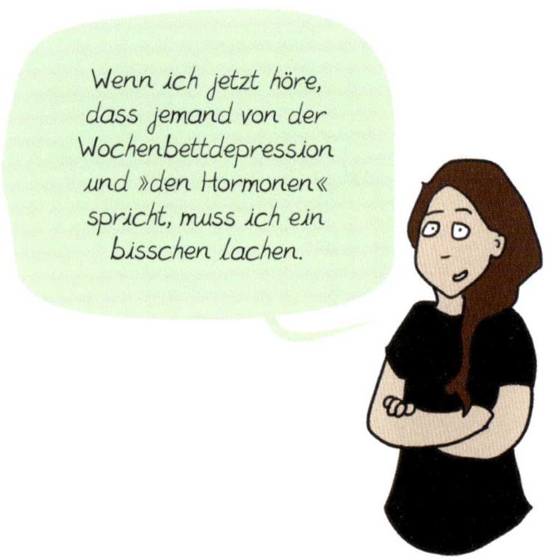

Man nehme einen x-beliebigen Menschen und unterziehe ihn einer dermaßen langen, körperlich anstrengenden und schmerzhaften Prüfung wie der Geburt. Dann stecke man ihn in einen winzigen Raum mit einem Wecker, der alle drei Stunden klingelt.

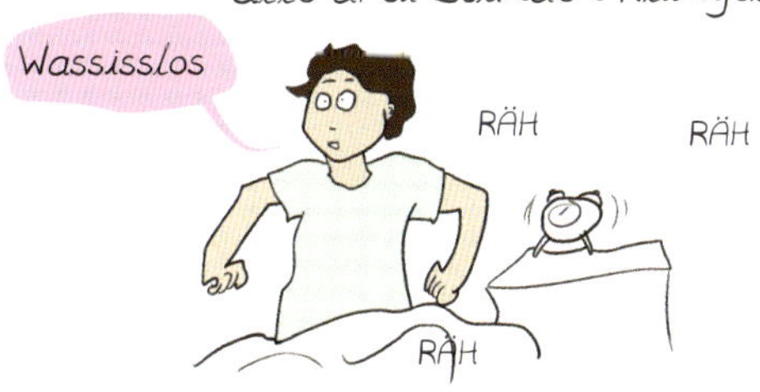

Also ich nenne das Folter.

Aber die Depression einer jungen Mutter den Hormonen zuzuschreiben, ist natürlich sehr praktisch. So wird daraus ein »normaler« Zustand mit einer wissenschaftlichen Erklärung.

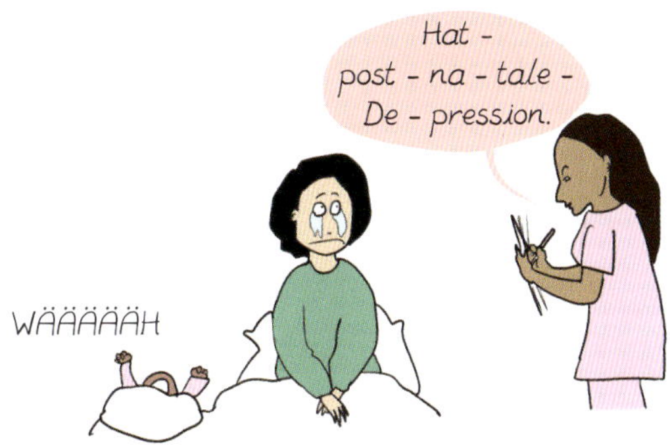

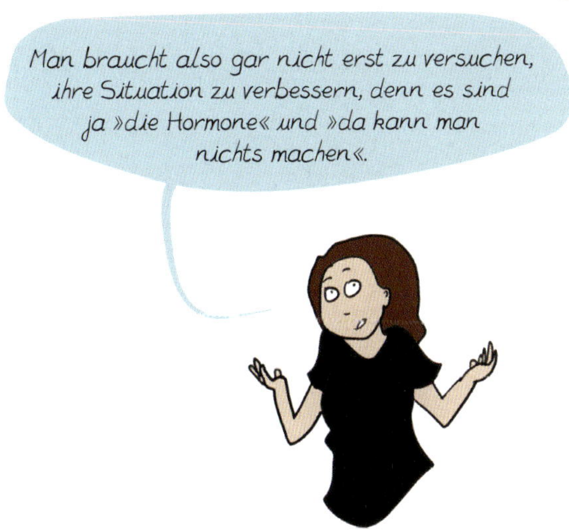

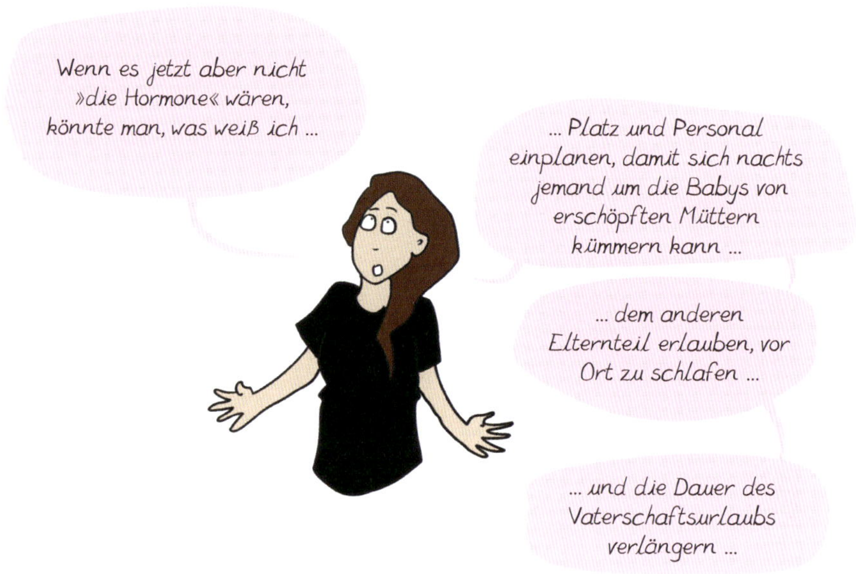
Wenn es jetzt aber nicht »die Hormone« wären, könnte man, was weiß ich …
… Platz und Personal einplanen, damit sich nachts jemand um die Babys von erschöpften Müttern kümmern kann …
… dem anderen Elternteil erlauben, vor Ort zu schlafen …
… und die Dauer des Vaterschaftsurlaubs verlängern …

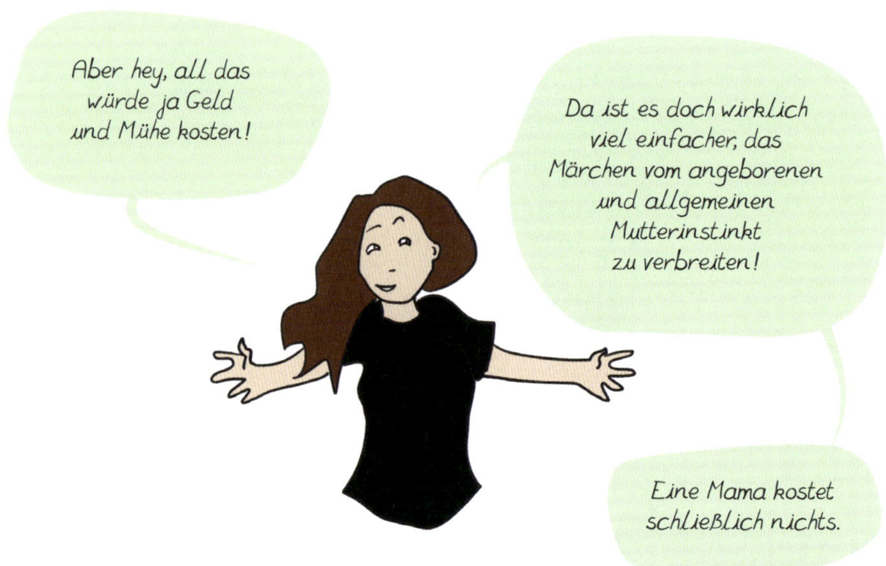
Aber hey, all das würde ja Geld und Mühe kosten!
Da ist es doch wirklich viel einfacher, das Märchen vom angeborenen und allgemeinen Mutterinstinkt zu verbreiten!
Eine Mama kostet schließlich nichts.

Nun, so ist es zumindest in Frankreich, denn es gibt sehr wohl Länder, in denen nicht die ganze Arbeit an uns alleine hängen bleibt.

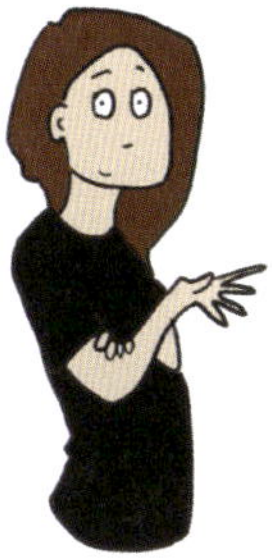

Wo sich zwei Elternteile einen teilweise bezahlten Erziehungsurlaub teilen können.

Schweden: 480 Tage, zu 80% bezahlt

Deutschland: 367 Tage, zu 66% bezahlt

Italien: 10 Monate, zu 30% bezahlt

... wait for it ...

Frankreich: 6 Monate, »entschädigt« mit

...

390,52 Euro.

In Schweden ist außerdem auf den Entbindungsstationen ein Bett für den anderen Elternteil vorgesehen.

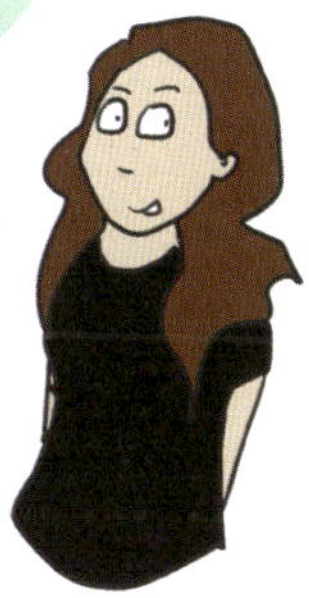

Und in Deutschland kommt in den ersten 12 Tagen nach der Entbindung fast täglich eine Hebamme zur Familie nach Hause!

Kurz gesagt, man kann es wirklich besser machen!

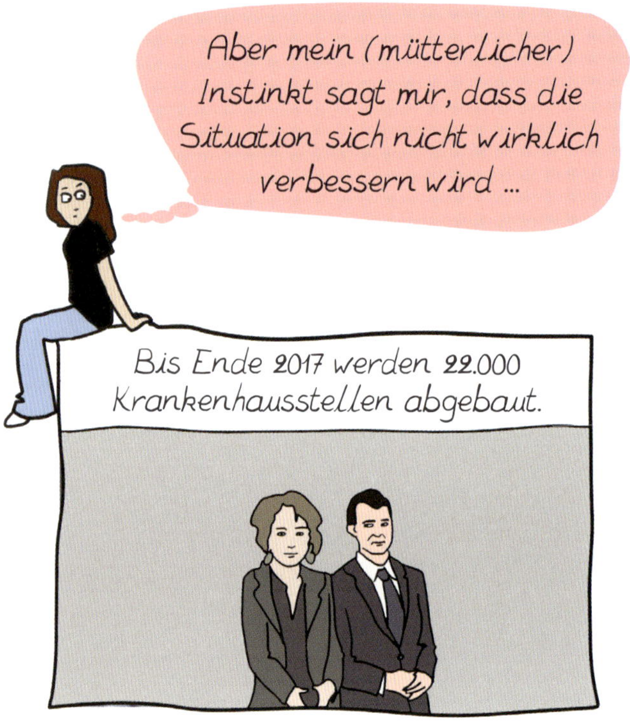
Aber mein (mütterlicher) Instinkt sagt mir, dass die Situation sich nicht wirklich verbessern wird ...
Bis Ende 2017 werden 22.000 Krankenhausstellen abgebaut.

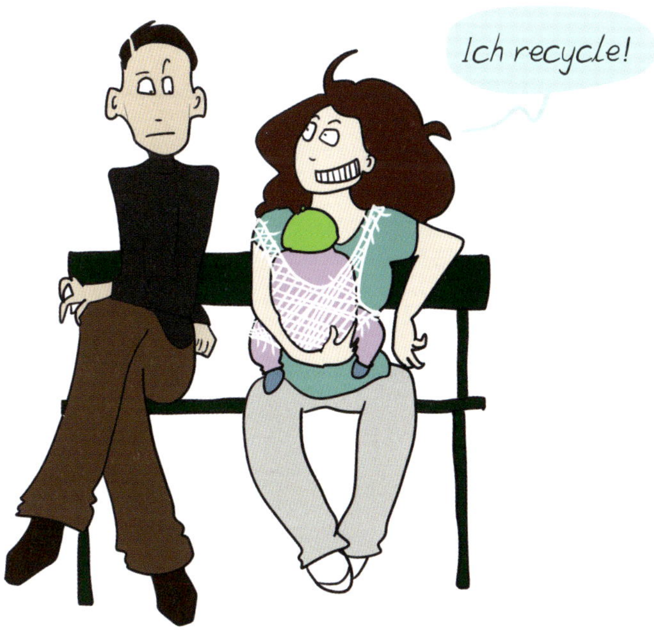
Ich recycle!

Tausend Dank an meinen bärtigen Mann
für seine kritische und bedingungslose Unterstützung,
an meine Mama und meinen Papa, dafür,
dass ihr mich abseits ausgetretener Pfade
großgezogen habt, und an alle,
die auf die ein oder andere Weise zu meinem
politischen Erwachen beigetragen haben.